墨人著

本全集保留作者手批手稿

墨人博士作品全集【全60冊】

第二十八冊 滾滾長江

文史哲出版社印行

國家圖書館出版品預行編目資料

墨人博士作品全集 / 墨人著 -- 初版 -- 臺北
市:文史哲, 民 100.12
頁： 公分
ISBN 978-957-549-987-7 (全套 60 冊：平裝)

1.現代文學 2. 中國文學 3.別集

848.6 100022602

墨人博士作品全集【全60冊】

第二十八冊 滾滾長江

著 者：墨 人
出 版 者：文 史 哲 出 版 社
http://www.lapen.com.tw
登記證字號：行政院新聞局版臺業字五三三七號
發 行 人：彭 正 雄
發 行 所：文 史 哲 出 版 社
印 刷 者：文 史 哲 出 版 社
臺北市羅斯福路一段七十二巷四號
郵政劃撥帳號：一六一八〇一七五
電話886-2-23511028 · 傳真886-2-23965656

【全60冊】定價新臺幣 36,800 元

中華民國一百年（2011）十二月初版

ISBN 978-957-549-987-7 08992

墨人博士著作品全集總目

一、散文類

二、長篇小說

三、中短篇小說散文合集

四、詩詞及論評

附：外篇

墨人的一部文學千秋史

張萬熙先生，筆名墨人，江西九江人，民國九年生。為一位享譽國內外名小說家、詩人、學者。歷任軍、公、教職。六十五歲始自從國民大會簡任一級加年功俸的資料組長兼圖書館長公職崗位退休，但已是中國文壇上一位閃亮的巨星。出版有：《全唐詩尋幽探微》、《紅樓夢的寫作技巧》、一百九十多萬字的大長篇小說《紅塵》、《白雪青山》、《春梅小史》；詩集：《哀祖國》；散文集：《小園昨夜又東風》……。民國五十年、五十一年連續以短篇小說，兩次入選維也納納富出版公司出版的《世界最佳小說選集》。七十歲時自東吳大學中文系教席二度退休，仍著述不輟，為國寶級文學家。墨人博士在臺勤於創作六十多年（在大陸時期已創作十年），並以其精通儒、釋、道之學養，綜理戎機、參贊政務、作育英才，更以其對傳統文學的精湛造詣，與對新文藝的創作，在國際上贏得無數榮譽，如：美國世界大學榮譽文學博士、美國馬奎士國際大學榮譽文學博士、美國艾因斯坦國際學院榮譽人文學博士（包括哲學、文學、藝術、語言四類）、英國劍橋國際傳記中心副總裁（代表亞洲）、英國莎士比亞詩、小說與人文學獎得主，現在出版《全集》中。

壹、家世．堂號

張萬熙先生，江西省德化人（今九江），先祖玉公，明末時以提督將軍身份鎮守雁門關，蒙古騎兵入侵，戰死於東昌，後封為「河間王」。其子輔公，進士出身，歷任文官。後亦奉召領兵「三定交趾」，因戰功而封為「定興王」。其子貞公亦有兵權，因受奸人陷害，自蘇州嘉定（即今上海市一區），謫居潯陽（今江西九江）。祖宗牌位對聯為：嘉定源流遠，潯陽歲月長；右書「清河郡」、左寫「百忍堂」。

貳、來臺灣的過程

民國三十八年，時局甚亂，張萬熙先生攜家帶眷，在兵荒馬亂人心惶惶時，張先生從湖南長沙火車站，先將一千多度的近視眼弱妻，與四個七歲以下子女，從車窗口塞進車廂，自己則擠在廁所內動彈不得，千辛萬苦的從湖南長沙搭火車南下廣州，從廣州登商輪來臺。七月三日抵基隆，由同學顧天一先生，接到臺北縣永和鎮鄉下暫住。

參、在臺灣一甲子奮鬥的過程

一、初到臺灣的生活

家小安頓妥後，張萬熙先生先到臺北萬華，一家新創刊的《經濟快報》擔任主編，但因財務不濟，四個月不到便草草結束。幸而另謀新職，舉家遷往左營擔任海軍總司令辦公室秘書，負責紀錄整理所有軍務會報紀錄。

民國四十六年，張先生自左營來臺北任職國防部史政局編纂《北伐戰史》（歷時五年多浩大工程，編成綠布面精裝本、封面燙金字《北伐戰史》叢書），完成後在「八二三」炮戰前夕又調任國防部總政治部，主管陸、海、空、聯勤文宣業務，四十七歲自軍中正式退役後轉任文官，在臺北市中山堂的國民大會主編研究世界各國憲法政治的十六開大本的《憲政思潮》，作者、譯者都是台灣大學、政治大學的教授、系主任，首開政治學術化先例。

張先生從左營遷到臺北大直海軍眷舍，只是由克難的甘蔗板隔間眷舍改爲磚牆眷舍，大小一般，但邊間有一片不小的空地，子女也大了，不能再擠在一間房屋內，因此，張先生加蓋了三間竹屋安頓他們。但眷舍右上方山上是一大片白色天主教公墓，在心理上有一種「與鬼爲鄰」的感覺。張夫人有一千多度的近視眼，她看不清楚，子女看見嘴裡不講，心裡都不舒服。張先生自軍中假退役後，只拿八成俸。

張先生因爲有稿費、版稅，還有些積蓄，除在左營被姓譚的同學騙走二百銀元外，剩下的積蓄還可以做點別的事。因爲住左營時在銀行裡存了不少舊臺幣，那時左營中學附近的土地只要三塊多錢一坪，張先生可以買一萬多坪。但那時政府的口號是「一年準備，兩年反攻，三年掃蕩，五年成功。」張先生信以爲真，三十歲左右的人還是「少不更事」，平時又忙著上班、寫作，實在不懂政治、經濟大事，以爲政府和「最高領袖」不會騙人，五年以內真的可以回大陸，張先生又有「戰士授田證」。沒想到一改用新臺幣，張先生就損失一半存款，呼天不應。但天理不容，姓譚的同學不但無后，也死了三十多年，更沒沒無聞。張先生作人、看人的準則是：無論幹什麼都是「誠信」第一，因果比法律更公平、更準。欺人不可欺心，否則自食其果。

二、退休後的寫作生活

張先生四十七歲自軍職退休後，轉任台北市中山堂國大會主編十六開大本研究各國憲法政治的《憲政思潮》十八年，時任簡任一級資料組長兼圖書館長。並在東吳大學兼任副教授二十年、香港廣大學院指導教授、講座教授、指導論文寫作、不必上課。六十四歲時即請求自公職提前退休，以業務重要不准，但取得國民大會秘書長（北京朝陽大學法律系畢業）何宜武先生的首肯，六十五歲依法退休。當時國民大會、立法院、監察院簡任一級主管多延至七十歲退休，因所主管業務富有政治性，與單純的行政工作不同，六十五歲時張先生雖達法定退休年齡，還是延長了四個月才正式退休，何秘書長宜武大惑不解地問張先生：「別人請求延長退休而不可得，你爲什麼反而要求退休？」張先生答以「專心寫作」，何秘書長才坦然不疑。退休後日夜寫作，因胸有成竹，很快完成了一百九十多萬字的大長篇小說《紅塵》，在鼎盛時期的《臺灣新生報》連載四年多，開中國新聞史中報紙連載最大長篇小說先河。但報社還不敢出版，經讀者熱烈反映，才出版前三大冊。當年十二月即獲行政院新聞局「著作金鼎獎」與嘉新文化基金會「優良著作獎」，亦無前例。《台灣新生報》又出九十三章至一百二十二章，只好名爲《續集》。墨人在書前題五言律詩一首：

浩劫未埋身，揮淚寫紅塵，非名非利客，孰晉孰秦人？
毀譽何清問？吉凶自有因。天心應可測，憂道不憂貧。

二〇〇四年初，巴黎 youfeng 書局出版豪華典雅的法文本《紅塵》，亦開「五四」以來中文作家大長篇小說進入西方文學世界重鎮先河。時爲巴黎舉辦「中國文化年」期間，兩岸作家多由政府資助出席，張先生未獲任何資助，亦未出席，但法文本《紅塵》卻在會場展出，實為一大諷刺。張先生一生「只問耕耘，不問收穫」的寫作態度，七十多年來始終如一，不受任何外在因素影響。

肆、特殊事蹟與貢獻

一、《紅塵》出版與中法文學交流

《紅塵》寫作時間跨度長達一世紀，由清朝末年的北京龍氏家族的翰林第開始，寫到八國聯軍、滿清覆亡、民國初建、八年抗日、國共分治下的大陸與臺灣，續談臺灣的建設發展、開放大陸探親等政策。空間廣度更遍及大陸、臺灣、日本、緬甸、印度，是一部中外罕見的當代文學鉅著。墨人五十七歲時應邀出席在西方文藝復興聖地佛羅倫斯所舉辦的首屆國際文藝交流大會，會後環遊地球一周。七十歲時應邀訪問中國大陸四十天，次年即出版《大陸文學之旅》。《紅塵》一書最早於臺灣新生報連載四年多，並由該報連出三版，臺灣新生報易主後，將版權交由昭明出版社出版定本六卷。由於本書以百年來外患內亂的血淚史為背景，寫出中國人在歷史劇變下所顯露的生命態度、文化認知、人性的進取與沉淪，引起中外許多讀者極大共鳴與回響。

旅法學者王家煜博士是法國研究中國思想的權威，曾參與中國古典文學的法文百科全書翻譯工作，他認為深入的文化交流仍必須透過文學，而其關鍵就在於翻譯工作。從五四運動以來，中西文化交流一直是西書中譯的單向發展。直到九十年代文建會提出「中書外譯」計畫，臺灣作家才逐漸被介紹到西方，如此文學鉅著的翻譯，算是一個開始。

王家煜在巴黎大學任教中國上古思想史，他指出《紅塵》一書中所引用的詩詞以及蘊含中國思想的博大精深，是翻譯過程中最費工夫的部分。爲此，他遍尋參考資料，並與學者、詩人討論，歷時十年終於完成《紅塵》的翻譯工作，本書得以出版，感到無比的欣慰。他笑著說，這可說是「十年寒窗」。

《紅塵》法文譯本分上下兩大冊，已由法國最重要的中法文書局「友豐書店」出版。友豐負責人潘立輝謙沖寡言，三十年多來，因對中法文化交流有重大貢獻而獲得法國授予文化「騎士勳章」的榮譽。他於五年前開始成立出版部，成爲歐洲一家以出版中國圖書法文譯著爲主業的華人出版社。

潘立輝表示，王家煜先生的法文譯筆典雅、優美而流暢，使他收到「紅塵」譯稿時，愛得不忍釋手，他以一星期的時間一口氣看完，經常讀到凌晨四點。他表示出版此書不惜成本，不太可能賺錢，卻感到十分驕傲，因爲本書能讓不懂中文的旅法華人子弟，更瞭解自己文化根源的可貴之處，同時，本書的寫作技巧必對法國文壇有極大影響。

二、不擅作生意

張先生在六十五歲退休之前，完全是公餘寫作，在軍人、公務員生活中，張先生遭遇的挫折不少。軍職方面，張先生只升到中校就不做了，因爲過去稱張先生爲前輩、老長官的人都成爲張先生的上司，張先生怎麼能做？因爲張先生的現職是軍聞社資料室主任（他在南京時即任國防部新創立的「軍事新聞總社」實際編輯主任，因言守元先生是軍校六期老大哥，未學新聞，不在編輯之列）。但張先生以不求官，只求假退役，不擋人官路，這才退了下來。那時養來亨雞風氣盛行，在南京軍聞總社任外勤記者的姚秉凡先生頭腦靈活，他即時養來亨雞，張先生也「東施效顰」，結果將過去稿費積蓄全都賠光。

三、家庭生活與運動養生

張先生大兒子考取中國廣播公司編譯，結婚生子，廿七年後才退休，長孫修明取得美國南加州大學電機碩士學位，之後即在美國任電機工程師。五個子女均各婚嫁，小兒子選良以獎學金取得美國華盛頓大學化學工程博士，媳蔡傳惠爲伊利諾理工學院材料科學碩士，兩孫亦已大學畢業就業，落地生根。

張先生兩老活到九十一、九十二歲還能照顧自己。（近年以一印尼女「外勞」代做家事）張先生一伏案寫作四、五小時都不休息，與臺大外文系畢業的長子選翰兩人都信佛，六十五歲退休後即吃全素。低血壓十多年來都在五十五至五十九之間，高血壓則在一百一十左右，走路「行如風」，年輕人很多都跟不上張先生，比起初來臺灣時毫不遜色，這和張先生運動有關。因爲張先生住大直後山海軍眷舍八年，眷舍右上方有一大片白色天主教公墓，諸事不順，公家宿舍小，又當西曬，張先生靠稿費維持七口之家和五個子女的教育費。三伏天右手墊墳著毛巾，背後電扇長吹，三年下來，得了風濕病，手都舉不起來，花了不少錢都未治好。後來章斗航教授告訴張先生，圓山飯店前五百完人塚廣場上，有一位山西省主席閻錫山的保鑣王延年先生在教太極拳，勸張先生天一亮就趕到那裡學拳，一定可以治好。張先生一向從善如流，第二天清早就向王延年先生報名請教，王先生有教無類，收張先生這個年已四十的學生，王先生先不教拳，只教基本軟身功攀腿，卻受益非淺。

四、耿直的公務員性格

張先生任職時向來是「不在其位，不謀其政」。後來升簡任一級組長，有一位「地下律師」的專員，平時鑽研六法全書，混吃混喝，與西門町混混都有來往，他的前任爲大畫家齊白石女婿，平日公私不分，是非不明，借錢不還，沒有口德，人緣太差，又常約那位「地下律師」專員到家中打牌。那專員平日不簽到，甚至將簽到簿撕毀他都不哼一聲，因爲爲他多報年齡，屆齡退休時想更改年齡，但是得罪人太多，金錢方面更不清楚，所以不准再改年齡，組長由張先生繼任。

張先生第一次主持組務會報時，那位地下律師就在會報中攻擊圖書科長，張先生立即申斥，並宣佈記過。簽報上去處長都不敢得罪那地下律師，又說這是小事，想馬虎過去，張先生以秘書處名譽紀律爲重，非記過不可，讓他去法院告張先生好了。何宜武祕書長是學法的，他看了張先生簽呈同意記過，那位地下律師「專員」不但不敢告，只暗中找一位不明事理的國大「代表」來找張先生的麻煩。因事先有人告訴他，張先生完全不理那位代表，他站在張先生辦公室門口不敢進來，幾分鐘後悄然而退。人不怕鬼，鬼就怕人。諺云：「一正壓三邪」，這是經驗之談。直到張先生退休，那位專員都不敢惹事生非，西門町流氓也沒有找張先生的麻煩，當年的代表十之八九已上「西天」，張先生活到九十二歲還走路「行如風」，一坐到書桌，能連續寫作四、五小時而不倦，不然張先生怎麼能在兩岸出版約三千萬字的作品？

原載新文豐《紮根台灣六十年》，墨人民國一百年十一月十三日校正）

墨人博士作品全集

文學是千秋藝業
秦皇漢武今何在
李白杜甫仍風流

全集共分四大類
一、散文類 二、小說類
三、文學理論類
四、新詩古典詩詞類

我出生於一個「萬般皆下品，惟有讀書高」的傳統文化家庭，且深受佛家思想影響，因祖母信佛，兩個姑母先後出家，大姑母是帶著賠嫁的錢購買依山傍水風景很好，上名山廬山的必經之地的「天后宮」出家的，小姑母的廟則在鬧中取靜的市區。我是父母求神拜佛後出生的男子，並寄名佛下，乳名聖保，上有二姊下有一妹都夭折了，在那個重男輕女的時代！我自然水漲船高了。我記得四、五歲時一位面目清秀，三十來歲文質彬彬的李瞎子替我算命，母親問李瞎子，我的命根穩不穩？能不能養大成人？李瞎子說我十歲行運，幼年難免多病，可以養大成人，但是會遠走高飛。母親聽了憂喜交集，在那個時代不但妻以夫貴。也以子貴，有兒子在身邊就多了一層保障。母親的心理壓力很大，李瞎子的「遠走高飛」那句話可不是一句好話。

到現在八十多年了，我還記得十分清楚。母親暗自憂心。何況科舉已經廢了，不必「進京趕考」，更不會「當兵吃糧」，安安穩穩作個太平紳士或是教書先生不是很好嗎？我們張家又是大族，人多勢眾，不會受人欺侮，何況二伯父的話此法律更有權威，人人敬仰，去外地「打流」又有什麼好處？因此我剛滿六歲就正式拜孔夫子入學啓蒙，從《三字經》、《百家姓》、《千字文》、《千家詩》、《論語》、《大學》、《中庸》……《孟子》、《詩經》、《左傳》讀完了都要整本背，在十幾位學生中，也只有我一人能背，我背書如唱歌，窗外還有人偷聽，他們實在缺少娛樂。除了我父親下雨天會吹吹笛子、簫，消遣之外，沒有別的娛樂，我自幼歡喜絲竹之音，但是很少聽到。讀書的人也只有我們三房、二房兩兄弟，二伯父在城裡當紳士，偶爾下鄉排難解紛，他是一族之長，更受人尊敬，因爲他大公無私，又有一百八十公分左右的身高，眉眼自有威嚴，能言善道，他的話比法律更有效力，加之民性純樸，真是「夜不閉戶，道不失遺」。只有「夏都」廬山才有這麼好的治安。我十二歲前就讀完了四書、詩經、左傳、千家詩。我最喜歡的是《千家詩》和《詩經》。

關關雎鳩，在河之洲，
窈窕淑女，君子好逑。

我覺得這種詩和講話差不多，可是更有韻味。我就喜歡這個調調。《千家詩》我也喜歡，我背得更熟。開頭那首七言絕句詩就很好懂：

雲淡風清近午天，傍花隨柳過前川。
時人不識余心樂，將謂偷閒學少年。

老師不會作詩，也不講解，只教學生背，我覺得這種詩和講話差不多，但是更有韻味。我也了解大意，我以讀書爲樂，不以爲苦。這時老師方教我四聲平仄，他所知也止於此。

我也喜歡《詩經》，這是中國最古老的詩歌文學，是集中國北方詩歌的大成。可惜三千多首被孔子刪得只剩三百首。孔子的目的是：「詩三百，一言以蔽之，曰思無邪。」孔老夫子將《詩經》當作教條。詩是人的思想情感的自然流露，是最可以表現人性的。先民質樸，孔子既然知道「食色性也」，對先民的集體創作的詩歌就不必要求太嚴，以免喪失許多文學遺產和地域特性。楚辭和詩經不同，就是地域特性和風俗民情的不同。文學藝術不是求其同，而是求其異。這樣才會多彩多姿。文學不應成爲政治工具，但可以移風易俗，亦可淨化人心。我十二歲以前所受的基礎教育，獲益良多，但也出現了一大危機，沒有老師能再教下玄。幸而有一位年近二十歲的姓王的學生在廬山一未立案的國學院求學，他問我想不想去？我自然想去，但廬山夏涼，冬天太冷，父親知道我的心意，並不反對，他對新式的人手是刀尺的教育沒有興趣，我便在飄雪的寒冬同姓王的爬上廬山，我生在平原，這是第一次爬上高山。

在廬山我有幸遇到一位湖南岳陽籍的閻毅字任之的好老師，他只有三十二歲，飽讀詩書，與民國初期的江西大詩人散原老人唱和，他的王字也寫的好。有一天他要六七十位年齡大小不一的學生各寫一首絕句給他看，我寫了一首五絕交上去，廬山松樹不少，我生在平原是看不到松樹的，我是即景生情，信手寫來，想不到閻老師特別將我從大教室調到他的書房去，在他右邊靠牆壁另加一桌一椅，教我讀書寫字，並且將我的名字「熹」改爲「熙」，視我如子。原來是他很欣賞我那首五絕中的「疏松月影亂」這一句。我只有十二歲，不懂人情世故，也不了解他的深意。時任漢口市長張群的侄子張繼文還小我一歲，卻是個天不怕、地不怕的小太保，江西省主席熊式輝的兩個小舅子大我幾歲，閻老師的侄子卻高齡二十八歲。學歷也很懸殊，有上過大學的、高中的，多是對國學有興趣，支持學校的袞袞諸公也都是有心人士，新式學校教育日漸西化，國粹將難傳承，所以創辦了這樣一個尚未立案的國學院，也未大張旗鼓正式掛牌招生，但聞風而至的要人子弟不少，校方也本著「有教無類」的原則施教，閻老師也是義務施教，他與隱居廬山的要人嚴立三先生也有交往。（抗日戰爭一開始嚴立三即出山任湖北省主席，諸閻老師任省政府秘書，此是後話。）同學中權貴子弟亦多，我雖不是當代權貴子弟，但九江先組玉公以提督將軍身分抵抗蒙古騎兵入侵雁門關戰死東昌（雁門關內北京以西縣名，一九九〇年我應邀訪問大陸四十天時去過。）而封河間王；其子輔公。

以進士身分出仕，後亦應昭領兵三定交趾而封定興王；其子貞公亦有兵權，因受政客讒害而自嘉定謫居潯陽。大詩人白居易亦曾謫爲江州司馬，我另一筆名即用江州司馬。我是黃帝第五子揮的後裔，他因善造弓箭而賜姓張。遠祖張良是推薦韓信爲劉邦擊敗楚霸王項羽的漢初三傑之首。他有知人之明，深知劉邦可以共患難，不能共安樂，所以悄然引退，作逍遙遊，不像韓信爲劉邦拼命打天下，立下汗馬功勞，雖封三齊王卻死於未央宮呂后之手。這就是不知進退的後果。我很敬佩張良這位遠祖，抗日戰爭初期（一九三八）我爲不作「亡國奴」，即輾轉赴臨時首都武昌以優異成績考取軍校，一位落榜的姓熊的同學帶我們過江去漢口。中共未公開招生的「抗日大學」（當時國共合作抗日，中共在漢口以「抗大」名義吸收人才。）辦事處參觀，接待我們的是一位讀完大學二年級才貌雙全，口才奇佳的女生獨對我說負責保送我免試進「抗大」一期，因未提其他同學，我不去。一年後我又在軍校提前一個月畢業，因我又考取陪都重慶中央政府培養高級軍政幹部的中央訓練團，而特設的新聞「新聞研究班」第一期，與我同期的有爲新詩奉獻心力的覃子豪兄（可惜五十二歲早逝）和中央社東京分社主任兼國際記者協會主席的李嘉兄。他在我訪問東京時曾與我合影留念，並親贈我精裝《日本專欄》三本。他七十歲時過世，這兩張照片我都編入「全集」一百九十多萬字的空前大長篇小說（紅塵）照片類中。而今在台同學只有兩位了。

民國二十八年（一九三九）九月我以軍官、記者雙重身分，奉派到第三戰區最前線的第三十二集團軍上官雲相總部所在地，唐宋八大家之一，又是大政治家王安石，尊稱王荆公的家鄉臨川，（屬撫州市）作軍事記者，時年十九歲，因第一篇戰地特寫《臨川新貌》經第三戰區長官都主辦的行銷甚廣的《前線日報》發表，隨即由淪陷區上海市美國人經營的《大美晚報》轉載，而轉爲文學創作，因我已意識到新聞性的作品易成「明日黃花」，文學創作則可大可久，我爲了寫大長篇《紅塵》、六十四歲時就請求提前退休，學法出身的秘書長何宜武先生大惑不解，他對我說：

「別人想幹你這個工作我都不給他，你爲什麼要退？」我幹了十幾年他只知道我是個奉公守法的張萬熙，不知道我是「作家」墨人，有一次國立師範大學校長劉真先生告訴他張萬熙就是墨人，劉校長看了我在當時的「中國時報」發表的幾篇有關中國文化的理論文章，他希望我繼續寫，劉校長真是有心人。沒想到他在何宜武秘書長面前過獎，使我不能提前退休，要我幹到六十五歲多四個月才退了下來。現在事隔二十多年我才提這件事。鼎盛時期的（台灣新生報）連載四年多的拙作《紅塵》出版前三冊時就同時獲得新聞局著作金鼎獎和嘉新文化基金會「優良著作獎」，劉真校長也是嘉新文化基金會的評審委員之一，他一定也是投贊成票的。「世有伯樂而後有千里馬」。我九十二歲了，現在經濟雖不景氣，但我還是重讀重校了拙作「全集」我一向只問耕耘，不問收穫，我歷任軍、公、教三種性質不同的職務，經過重重考核關卡，寫作七十三年，經過編者的考核更多，我自己從來不辦出版社。我重視分工合作。我頭腦清醒，是非分明，歷史人物中我更敬佩遠祖張良，不是劉邦。張良的進退自如我更歎服。在政治角力場中要保持頭腦清醒，人性尊嚴並非易事。我們張姓歷代名人甚多，我對遠祖張良的進退自如尤爲歎服，因此我將民國四十年在台灣出生的幼子依譜序取名選良。他早年留美取得化學工程博士學位，雖有獎學金，但生活仍然艱苦，美國地方大，出入非有汽車不可，這就不是獎學金所能應付的，我不能不額外支持，他取得化學工程博士學位與取得材料科學碩士學位的媳婦蔡傳惠雙雙回台北探親，且各有所成，幼子曾研究生產了飛機太空船用的抗高溫的纖維，媳婦則是一家公司的經理，下屬多是白人，兩孫亦各有專長，在台北出生的長孫是美國南加州大學的電機碩士，在經濟不景氣中亦獲任工程師，我不要第三代走這條文學小徑，是現實客觀環境的教訓，我何必讓第三代跟我一樣忍受生活的煎熬，這會使有文學良心的人精神崩潰的。我因經常運動，又吃全素二十多年，九十二歲還能連寫四、五小時而不倦。我寫作了七十多年，也苦中有樂，但心臟強，又無高血壓，一是得天獨厚，二是生活自我節制，我到現在血壓還是60－110之間，沒有變動，寫作也少戴老花眼鏡，走路仍然「行如風」，十分輕快，我在國民大會主編《憲政思潮》十八年，看到不少在大陸選出來的老代表，走路兩腳在地上蹉跎，這就來日不多了。個人的健康與否看他走路就可以判斷，作家寫作如在八十歲以後還不戴老花眼鏡，沒有高血壓，長命百歲絕無問題。如再能看輕名利，不在意得失，自然是仙翁了。健康長壽對任何人都很重要，對詩人作家更重要。

一九九〇年我七十歲應邀訪問大陸四十天作「文學之旅」時，首站北京，我先看望已九十高齡的老前輩散文作家，大家閨秀型的風範，平易近人，不慍不火的冰心，她也「勞改」過，但仍心平氣和。本來我也想看看老舍，但老舍已投湖而死，他的公子舒乙是中國現代文學館的副館長，他也出面接待我，還送了我一本他編寫的《老舍之死》，隨後又出席了北京詩人作家與我的座談會，參加七十賤辰的慶生宴，彈指之間卻已二十多年了。我訪問大陸四十天，次年即由台北「文史哲出版社」出版照片文字俱備的四二五頁的《大陸文學之旅》。不虛此行。大陸文友看了這本書的無不驚異，他們想不到我七十一高齡還有這樣的快筆，而又公正詳實。他們不知我行前的準備工作花了多少時間，也不知道我一開筆就很快。

我拜會的第二位是跌斷了右臂的詩人艾青，他住協和醫院，我們一見如故，他是浙江金華人，卻體格高大，性情直爽如燕趙之士，完全不像南方金華人。我們一見面他就緊握著我的手不放，侃侃而談，我不知道他編《詩刊》時選過我的新詩。在此之前我交往過的詩人作家不少，沒有像他如此豪放真誠，我告別時他突然放聲大哭，陪我去看他的北京新華社社長族侄張選國先生，陪我四十天作《大陸文學之旅》的廣州電視台深圳站站長高麗華女士，文字攝影記者譚海屏先生等多人，不但我爲艾青感傷，陪同我去看艾青的人也心有戚戚焉，所幸他去世後安葬在八寶山中共要人公墓，他是大陸唯一的詩人作家有此殊榮。台灣單身詩人同上校軍文黃仲琮先生，死後屍臭才有人知道，他小我二歲，如我不生前買好八坪墓地，連子女也只好將我兩老草草火化，這是與我共患難一生的老伴死也不甘心的，抗日戰爭時她父親就是我單獨送上江西南城北門外義山土葬的。這是中國人「入土爲安」的共識。也許有讀者會問這和文學創作有什麼關係？但文學創作不是單純的文字工作，而是作者整個文化觀、文學觀，人生觀的具體表現，不可分離。詩人作家不能「瞎子摸象」，還要有「舉一反三」的能力。我做人很低調。寫作也不唱高調，但也會作不平之鳴、仗義直言。我不鄉愿，我重視一步一個腳印，「打高空」可以譁眾邀寵於一時，但「旁觀者清」，讀者中藏龍臥虎，那些不輕易表態的多是高人。高人一旦直言不隱，會使洋洋自得者現出原形。作品一旦公諸於世，一切後果都要由作者自己負責，這也是天經地義的事。

我寫作七十多年無功無祿，我因熬夜寫作頭暈住馬偕醫院一個星期也沒有人知道，更不像大陸的當代作家、詩人是有給制，有同教授的待過，而稿費、版稅都歸作者所有。依據民國九十八年一月十日「中國時報」A十四版「二〇〇八年中國作家富豪榜單」二十五名收入人民幣的數字統計，第一高的郭敬明一年是一千三百萬人民幣，第二名鄭淵潔是一千一百萬人民幣，第三名楊紅櫻是九百八十萬人民幣。最少的第二十五名的李西閩也有一百萬人民幣，以人民幣與台幣最近的匯率近一比四・五而言，現在大陸作家一年的收入就如此之多，是我一九九〇年應邀訪問大陸四十天作文學之旅時所未想像到的，而現在的台灣作家與我年紀相近的二十年前即已停筆，原因之一是發表出版兩難，二是年齡太大了。民國九十八年（二〇〇九）以前就有張漱菡（本名欣禾）、尹雪曼、劉枋、王書川、艾雯、嚴友梅六位去世，嚴友梅還小我四、五歲，小我兩歲的小說家楊念慈則行動不便，鬍鬚相當長，可以賣老了。我托天佑，又自我節制，二十多年來吃全素，又未停止運動，也未停筆，最近在台北榮民總醫院驗血檢查，健康正常。我也有我的養生之道，每天吃枸杞子明目，吃南瓜子抑制攝護腺肥大，多走路、少坐車，伏案寫作四、五小時而不疲倦，此非一日之功。

民國九十八（二〇〇九）己丑，是我來台六十周年，這六十年來只搬過兩次家，第一次從左營搬到台北大直海軍眷舍，在那一大片天主教白色公墓之下，我原先不重視風水，也無錢自購住宅，想不到鄰居的子女有得神經病的，有在金門車禍死亡的，大人有坐牢的，有槍斃的，也有得神經病的，我退役養雞也賠光了過去稿費的積蓄，讀台大外文系的大兒子也生病，我則諸事不順，直到搬到大屯山下坐北朝南的兩層樓的獨門獨院自宅後，自然諸事順遂，我退休後更能安心寫作，遠離台北市區，真是「市遠無兼味，地僻客來稀。」同里鄰的多是市井小民，但治安很好，誰也不知道我是爬格子的，連警察先生也不光顧舍下，除了近十年常有人打電話來騙我，幸未上大當外，我安心過自己的生活。當年「移民潮」去不了美國的也會去加拿大，我是「美國人」的祖父，我不移民美國，更別說去加拿大了。娑婆世界無常，早年即移民美國的琦君（本名潘希真）、彭歌，最後還是回到台灣來了，這不能說台灣是「天堂」，以我的體驗而言是台北市氣候宜人，夏天三十四度以上的日子少，冬天十度以下的日子也很少，老年人更不能適應零度以下的氣溫，我只有冬天上大屯山、七星山頂才能見雪。有高血壓、心臟病的老人更不能適應。我不想做美國公民，做台灣平民六十多年，也沒有自卑感。

娑婆世界是一個無常的世界，天有不測風雲，人有旦夕禍福，老子早說過：「福兮禍所倚，禍兮福所伏。」禍福無門，唯人自招。我一生不起歪念，更不損人利己，與人爲善。雖常吃暗虧，只當作上了一課。這個花花世界是我學不完的大教室，萬丈紅塵其中也有黑洞，我心存善念，更不造文字孽，不投機取巧，不違背良知，蒼天自有公斷，我本著文學良心寫作，盡其在我而已，讀者是最好的裁判。

民國一〇〇年（二〇一一）辛卯七月二十九日下午六時二十三分於紅塵寄廬

1951 年墨人 31 歲與夫人曾麗春女士（30 歲）結婚十周年紀念合影於左營

墨人博士七十壽辰與夫人曾麗春女士合影。此照為大翻譯家、文學理論家黃文範先生所攝，並在照片背後題「南山北海惟仁者壽」。

民國二十九年(1940)作者
墨人在江西南城戎裝照。

1939 年墨人即自戰時陪都四川
重慶奉派至江西臨川王安石家
鄉，第三戰區前線任軍事記者創
辦軍報，提供抗日官兵精神食
糧。時年 19 歲。

2010 年「五四」作者墨人 91 歲在花蓮和南寺家人合影

2003 年 8 月 26 日作者墨人（中）在含鄱口觀山景點與
作者長女韻華、長子選翰、三女韻湘、二女韻真合影。

2005 年 2 月作者次子選良（右一）回台北與父（右二）及
作者夫人（中）三女韻湘（左二）二女韻真（左一）合影。

作者墨人在書房留影，時年八十五歲。

《墨人博士大長篇小說〈紅塵〉法文譯本封面照片》

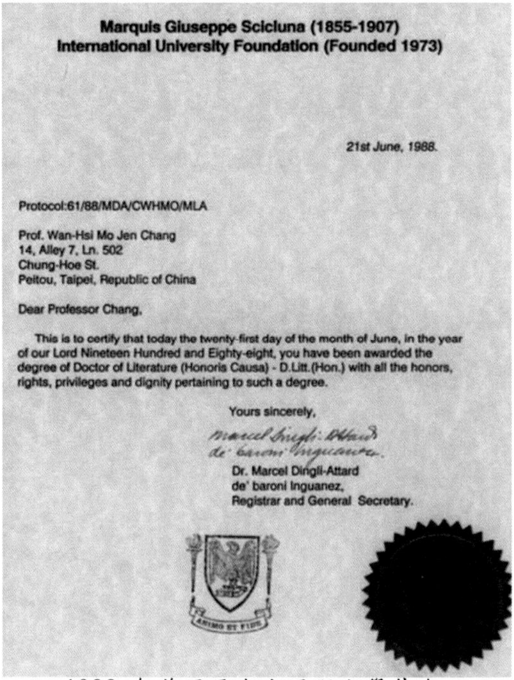

Marquis Giuseppe Scicluna (1855-1907)
International University Foundation (Founded 1973)

21st June, 1988.

Protocol:61/88/MDA/CWHMO/MLA

Prof. Wan-Hsi Mo Jen Chang
14, Alley 7, Ln. 502
Chung-Hoe St.
Peitou, Taipei, Republic of China

Dear Professor Chang,

This is to certify that today the twenty-first day of the month of June, in the year of our Lord Nineteen Hundred and Eighty-eight, you have been awarded the degree of Doctor of Literature (Honoris Causa) - D.Litt.(Hon.) with all the honors, rights, privileges and dignity pertaining to such a degree.

Yours sincerely,

Dr. Marcel Dingli-Attard
de' baroni Inguanez,
Registrar and General Secretary.

1988 年美國馬奎士國際大學基金會，授予張萬熙墨人教授榮譽文學博士學位證書。

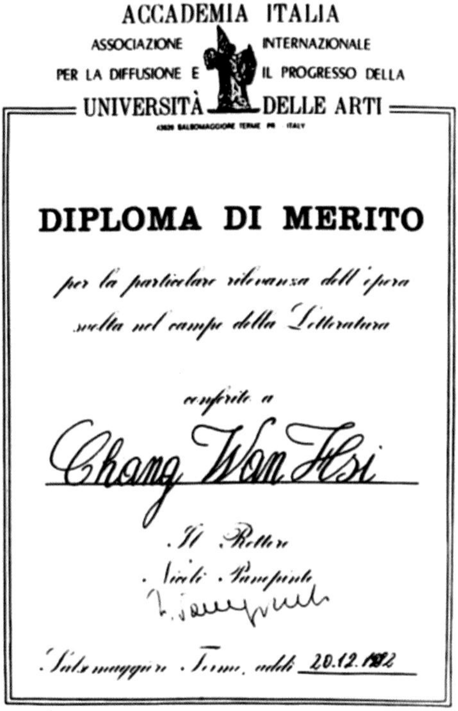

ACCADEMIA ITALIA
ASSOCIAZIONE INTERNAZIONALE
PER LA DIFFUSIONE E IL PROGRESSO DELLA
UNIVERSITÀ DELLE ARTI

DIPLOMA DI MERITO

per la particolare rilevanza dell'opera svolta nel campo della Letteratura

conferito a

Chang Wan Hsi

Il Rettore

Salsomaggiore Terme, addì 20.12.1982

義大利出版英、法、德、義四種文字的「國際文學史」的 ACCADEMIA ITALIA, 1982 年授予墨人的文學功績證書。

Albert Einstein (1879-1955)
International Academy Foundation (Founded 1965)

25th May, 1990.

Prof. Dr. Wan-Hsi Mo Jen Chang, D.Litt.(Hon.)
14, Alley 7, Ln. 502
Chung-Hoe St.
Peitou
Taipei, Republic of China

Dear Professor Chang,

This is to certify that today the Twenty-Fifth day of the month of May, in the year of our Lord Nineteen Hundred and Ninety, you have been awarded the degree of Doctor of Humanities (Honoris Causa) - D.H.(Hon.) with all the honors, rights, privileges, and dignity pertaining to such a degree.

Yours sincerely,

Dr. Marcel Dingli-Attard
de' baroni Inguanez,
President of AEIAF and
Special Representative of International Association of Educators for World Peace, NGO, United Nations (ECOSOC) & UNESCO, to AEIAF.

Protocol:6/90/AEIAF/MDA/W-HMJC/KS

1990 年美國愛因斯坦國際學院基金會授予張萬熙墨人教授榮譽人文學（含哲學文學藝術語言四種）博士學位

WORLD UNIVERSITY ROUNDTABLE
In Corporate Affiliation with the World University
Greetings
In recognition of Distinguished Achievement within the principles and purposes of the World University development, the Trustees of the Corporation, upon the nomination of the Secretariat, confer doctoral membership and this honorary award upon
Chang Wan-Hsi (Mo Jen)
The Cultural Doctorate in Literature
with all rights and privileges there to pertaining.

Witness our hand and seal at the International Secretariat Regional Campus, Benson, Arizona April 17, 1989

President of the Board of Trustees
Secretary of the Board of Trustees

1989 年美國世界大學授予張萬熙墨人榮譽文學博士學位，文化大學創辦人張其昀（曉峰）先生亦獲此榮譽。

THIS PICTORIAL TESTIMONIAL OF ACHIEVEMENT AND DISTINCTION proclaims throughout the world that

DR. CHANG WAN-HSI (MO JEN)

is the recipient of the above-mentioned Honour granted by the Board of Editors of the

2000 OUTSTANDING SCHOLARS OF THE 20TH CENTURY

meeting in Cambridge, England, on the date set out below, AND that the Board also resolves that a portrait photograph of

DR. CHANG WAN-HSI (MO JEN)

be attached to this Testimonial as verification of the Honour bestowed.

2000 OUTSTANDING SCHOLARS OF THE 20TH CENTURY

First Edition

Signed and sealed on the 14th December 1999

Authorized Officer

1999 年 10 月張萬熙墨人博士榮登英國劍橋國際傳記中心《二十世二千位傑出學者》第一版證書。

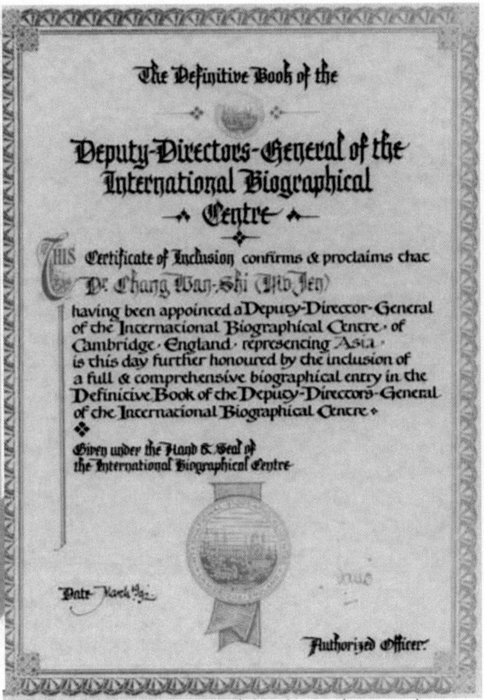

The Definitive Book of the

Deputy-Directors-General of the International Biographical Centre

THIS Certificate of Inclusion confirms & proclaims that

Dr Chang Wan-Shi (Mo Jen)

having been appointed a Deputy-Director-General of the International Biographical Centre of Cambridge England representing Asia is this day further honoured by the inclusion of a full & comprehensive biographical entry in the Definitive Book of the Deputy-Directors-General of the International Biographical Centre

Given under the Hand & Seal of the International Biographical Centre

Date

Authorized Officer

1992 英國劍橋國際傳記中心（I.B.C.）任張萬熙墨人博士為代表亞洲的副總裁。

THE INTERNATIONAL SHAKESPEARE AWARD FOR LITERARY ACHIEVEMENT

This Illuminated Certificate of Merit commemorates and celebrates the life and work of

Dr. Chang Wan-Hsi (Mo Jen) DDG

and is therefore a rightful recipient of the Shakespeare Award for Literary Achievement

Poetry, Novels and the Humanities

16th March 2009

Director General

Editor-In-Chief

2009 年 3 月 16 日英國劍橋國傳記中心總裁與總編輯聯合授予張萬熙墨人博士國際莎士比亞文學成就獎。

International Biographical Centre Cambridge CB2 3QP England

REF : LAA/MED/MW-13640

13 November 2002

Dr Chang Wan-Hsi (Mo Jen) DDG
14 Alley 7, Lane 502
Chung Ho Street
Peitou
Taipei
Taiwan

Dear Dr Chang

Please find enclosed the Medal in respect of the **Lifetime Achievement Award** which I hope meets with your approval.

Yours sincerely

MICHELLE WHITEHALL
Personal Assistant to the Director General

Enc

英國劍橋國傳記中心(I.B.C.)2002 年頒發詩人作家張萬熙（墨人）博士終身成就獎，英文信及金牌正反面照片墨人早年即被 I.B.C.推選為副總裁。

滾滾長江目次

《滾滾長江》（定本自序）

六十年創作生涯，回首來時路，看看三十多年前的長篇小說，我先選出編入民國六十一年（一九七二）臺北中華書局出版的五本《墨人自選集》中的《白雪青山》，與去年（一九七九）完成的最新長篇《娑婆世界》，在《新生報》先後連載三、四年，於八十年（一九九一）二月出版，八十一年三月再版，同年九月再版二刷（三版）的《紅塵》，以及八十二年（一九九三）十二月初版的《紅塵》續集共四卷一百二十章，均列為我的長篇代表作定本。仔細校訂《白雪青山》之後，我纔有時間校訂這本《滾滾長江》。

這部長篇當年是以《東方無力百花殘》為名在報紙副刊發表的，民國五十四年（一九六五）十二月高雄長城出版社出版時，我覺得書名稍長，乃改為《江水悠悠》出版。去年（一九九八）長江大水，在電視、報紙上看到幾千里滾滾長江，洶湧而下，自長江三峽以下，宜昌以東，尤其是武漢以至故鄉九江，是江面最寬，北岸平疇沃野千里，為了搶救捍衛堤防的好幾億人的大穀倉，無數軍民以人牆與洪水搏鬥的鏡頭，深深震撼了我幼年即親見這種場景的心靈。雖然去年長江防洪大體成功，但故鄉還是有不少處成為澤國，尤其是我的出生地江洲鎮（五十年前全國地圖上的地名是張家洲，長江流域沖積層面積最大的是長江出口處的崇明島，第二大的就是中、下游我家祖先最先開發的張家洲。始祖軒轅第五子張揮，遠祖張良[redacted]，近者以明朝張玉而言，（明文皇帝御祭忠臣河間王張玉文）云：「智若冰鏡，嚴若秋霜，固宜鎮定，一時所賴，撫綏四方，夫何星拱北極，竟至戰死東昌。」足見玉公[redacted]戰死，玉公嫡裔輔公三定交趾，封英國公、安興王。至其嫡裔貞公贈世襲侯，景泰辛未備兵孤城，為奸佞所害，謫居九江。其子孫開發此一長江第二大沖積層，因名）一片汪洋，四萬人無家可歸。民國二十年（一九三一）我曾親見抗洪，潰堤，時人口不到十萬，好像是一九五一年（？）又逢長江大水，潰堤一次，直至[redacted]一九九八年不幸故事重演。現在長江河床升高很多，水位已越過漢口市一層樓，三峽水庫是非建不可了。

長江兩岸是大陸精華地區。幼年我在故鄉時就有「收一年吃三年」的諺語。《滾滾長江》就是寫抗戰時期「淪陷區」的故事和當地的「風土人情」與「長江文化」。最近在四川出土的文物（三星堆），證明「長江文化」自成一系，與「黃河文化」歷史同樣悠久，但後來逐漸融為一體。以我的家族來說，是自北方遷到長江流域來的。我的族譜是「清河郡」、「百忍堂」。九江話尾也多帶「兒」音、捲舌音，與北京話尾的「兒」音如出一轍，但更柔和。「長江文化」溫柔敦厚，多采多姿，兼「詩經文化」與「楚辭文化」二者之長，在《滾滾長江》中，我藉日寇侵華的大災難契入，掌控住這一文化特質與優點，仔細琢磨，不僅是寫一個「大時代」的「故事」而已。

文學作品，不能脫離時、空，一脫離時、空，便無著力點，便無真實性。文學作品要想完美，必須真、善、美具備，一失「真」，則難「善」，難「美」。但作家不能自限於有限的時、空之內，也不宜替他人貼上甚麼標籤。作家應有突破時、空的遠大眼光與開闊胸襟。要想作品偉大，作家應先偉大起來。地球已經很小，「地球村」自然不大，在浩瀚的宇宙中，地球不過是「滄海一粟」而已。何況我們個人所佔的空間更小得微不足道。不必膨脹自己，也不必排斥別人。佛陀的「眾生平等」、「無分別心」與老子的「和光同塵」思想，都是從「宇宙觀」出發的，不是政治教條、不是政客的口號，是科學而又超科學，是哲學而又超哲學的。他們不但完全瞭解物質世界，更瞭解反物質世界。所以禪宗有不立文字、不用語言之說。因為文字、語言無法表達那種思想境界。不同的文字語言是對我們這個地球村的不同的人用的，（動物有動物自己的語言，只是我們不懂而已。）因此文學還有必要，作家還有存在的價值。但作家千萬不要將自己膨脹為無所不知、無所不能的上帝！上帝不用文字、不用語言，上帝只用振動力，那種「振動力」和「能量」，其大無比，台灣適逢集集七．三級大地震和嘉義六．五級大地震，地震學家已經知道那是「能量的釋放」。臺灣這些年來的人慾橫流，道德淪喪，搶權的搶權、搶錢的搶錢，無所不用其極，已經造成一種最壞的風氣和氣氛，這種風氣和氣氛就是佛家所說的一種「共業」，「共業」太重，必遭天譴，好人也會受「池魚之殃」。覆巢之下，難有完卵。我早有這種隱憂，但我也是可憐的眾生之一，無能為力。我唯一能作的就是不造「文字孽」。所謂「天譴」也者，就是上帝的「震怒」，但上帝是無形無相的，他是宇宙的大振動力、大能量，一受到挑戰（如破壞生態平衡等），便會自然反應。所以人無論怎樣自以為「了不起」，還是跳不出上帝、如來佛的手掌心。適逢集集大地震就是很好的證明。

作家固然是有駕馭某種文字能力的人，但千萬不要自視太高，將自己當作上帝。能盡自己的本分，盡自己的責任最好。老子說：「天道無親，常與善人。」釋迦牟尼佛更重視因果。我是一個普通人，不敢說教。我檢視五十多年前「無明」時期的這本拙作，我覺得我筆下的不貪榮華富貴、犧牲自己、奉獻大眾的江漢鼎，和大敵一去，便將槍枝子彈交給游擊隊小隊長余興發，一無所求而去的小鳳這兩代人，我很滿意。當然我對「慰安婦」荷花十分同情，重讀時我幾度為她落淚。我對「駝子」這個小人物也很同情。其他人物如老拳師姑爹、姑姑、慧芬、玉蘭，我也視同親人。甚至許百萬、余千、余興發、王寡婦，我也把他們當人看待，彷佛是自己的鄰居、熟人一樣，只是他們在那個時代，那個社會，各現出自己的眾生相而已。

《娑婆世界》我寫的是自農業社會轉型到工商業社會的宗教信仰與哲學思想的境界，不但著重上層知識份子的人格品質與實際修為，尤其著重佛陀的實踐方法、過程，與老子「為無為」思想的契合，化經典精義為文學，這是古今中外作家從來沒有人嘗試過的佛、道兩家思想與文學創作結合的一大工程。

《紅塵》是寫中華民族社會各階層尤其是上層知識份子如何以悠久的歷史文化背景面對異族物質文明優勢的侵略的奮鬥過程，上下五千年，縱橫千萬里，多民族、跨國際，血淚斑斑，一百多位不同的各有屬性的人物，手稿一百六十多萬字、「昭明」版本多達一百九十多萬字的大長篇。這部作品幾乎斷送我的老命。廣州暨南大學教授潘亞暾先生稱之為「民族浩劫的偉大史詩」。

《白雪青山》是寫抗戰前夕，高級知識份子在天下名山廬山、華洋雜處、思想交流、融洽無間，而男女主角又有他們超然物外的獨特生活方式，使人性、愛情自然昇華，人與白雪青山契合的文學作品。形式上是長篇小說，實際上是一首寓有佛、道兩家思想的抒情詩。

《滾滾長江》則是寫長江中下游最精華地區的農村社會人物，這些人物以最傳統的文化生活方式與思想意識面對侵略者，受苦最深，犧牲也大，人人都有完整的人格。即使是魚肉鄉民的吸血鬼，也自成一格，自有特色。故事結局是一個悲劇在未完全結束時即醞釀另一個自己內部矛盾的民族大悲劇。我以大敵一去即投槍放棄任何榮華富貴的小鳳，在秋風陣陣、黃葉飄飄的情況下，望著滾滾東去的江水，心中一片茫然作結束。

不論人如何偉大？也不過是數十年叱咤風雲。秦皇、漢武，而今安在？田中、東條英機，而今安在？但長江依然滾滾水東流，誰也擋不住。千萬年後乃至人不可預知的未來，長江水仍然會滾滾東流，而「英雄人物」早已枯朽，這是我的絃外之音。所以我要將這部長篇與前述三個長篇先後付印，作為定本，給歷史作證。當然它只不過是歷史的一個小標點。因為我不是「英雄人物」，我不能叱咤風雲「創造歷史」，我只能盡我的本分。

民國八十八年（一九九九）己卯十月二十九日於紅塵寄廬

民國九十六年（二〇〇七）丁亥正月初四日重校

卷首絕律詩四首

長江水暖魚龍躍，處士冰心富貴輕。
砥砫中流存正氣，凌煙閣上不留名。

青梅竹馬花朝雨，玉女金童午夜心。
江上遺民長夜淚，雲天萬里幾層陰。

歲月胡塵裏，江山鐵蹄深。
破屋連朝雨，閨女老臣心。
紅粉千行淚，芝蘭萬斗金。
東方何日白？我欲舞銀簪。

八年水火風兼雨，父女同殉雪恥羞。
黃葉飄飄人何去？長江滾滾水東流。

民國八十八年（一九九九）己卯十月二十八日於紅塵寄廬

民國九十六年（二〇〇七）丁亥正月初四重校

小引

七月的揚子江，水位高了好幾丈，渾得像泥漿，江面比冬天寬了將近一倍，渾濁的江水，漫上了百花洲的長堤。

江上飄來無數浮屍。男的雙手反剪在背後，俯在水裏，赤裸的上身，有一個個刀眼和子彈穿過的窟窿；幾具無頭的男屍，齊肩削平，碗口大的疤印，像個黃蜂窠，在水中一浮一沉。女的赤身露體，仰面朝天，被水浸腫的乳房，像兩團豆渣，高高聳起；下身插了半截木棍，看來更令人心悸。

黑色的烏鴉，白項圈的烏鴉，在浮屍上面盤旋聒噪，有的落在女的胸口，男的背脊，啄幾口，叫一聲，一個浪頭打來，又拍拍翅膀飛起，浪頭一過，又落下來。……

第一章　長江水暖魚龍躍

漢鼎冰心富貴輕

我幫助玉蘭慢慢拉起大罾，四角出水之後，網中還沒有動靜，我以為沒有魚，即使有也不會大。

「這一下恐怕是空罾？」我說。

「空罾倒不要緊，就怕拉著一個『財神』！」玉蘭膽怯地說。

「財神都浮在水面，不會沉在水底。」

「表哥，這幾天的『財神』特別多，不知道哪兒遭了劫？」

「瘟神過去纔幾天，不是府裏就是縣裏。」

「表哥，老年人說百花洲底下是鰲魚精，長毛也沒有在這裏殺人，說不定這真是個福地？」

「那是媽媽經，妳也信神？」

「表哥，大難當頭，鐵打的漢子也得唸觀世音。」

我不接腔，用力把罾拉起幾尺，仍然不見動靜，我失望地說：

「糟！魚兒聽見貓叫，一定是空罾。」

「不見得。」玉蘭嘴角一翹，微微一笑：「漲水的魚，退水的蝦，昨天我不是攀了一大簍？」

「要是有魚，早就衝起了水花。」

「魚有魚性，鰷魚、白魚、鯶魚纔會衝；鰱魚、鯉魚只會跳；鯽魚、鱖魚、鯿魚，只會潑水。」

「縱然有，也是貓魚。」我仍然未見動靜，到了這個節骨眼兒，即使有也是不上四兩的貓魚，大不了。

玉蘭身子輕輕向上一躍，抓住了橫檔，身子再往下一沉，罾底潑潑響，一條鱖魚側著身子貼著罾底在彈，玉蘭向我一笑：

「表哥，你看，一條大鱖魚！」

「真是滿瓶子水不響，半瓶子水響叮噹，我看走了眼啦。」

玉蘭連忙拿起長撈兒，伸進罾裏把魚兒撈起來，又隨手倒進水中的篾簍裏。

「表哥，要是太平日子，這條魚在城裏可以賣一塊大洋。」玉蘭慢慢放下罾。

不錯，鱖魚比別的魚貴，平時要兩三毛錢一斤，抵得上肉價錢，這條魚有三四斤，城裏的大館子作的糖醋鱖魚，是一道名菜，用鱖魚肉和螃蟹下麵，叫蟹黃麵，鱖魚肉充螃蟹肉是分不出來的。

「我希望攀一條大鯿魚，鯿魚比鱖魚更嫩更鮮。」我說。

「鯿魚肉鮮是鮮，可惜肚皮肉太肥，膩人；鱖魚就不一樣，而且沒有一根小刺，我很喜歡。」玉蘭說。

「這叫做蘿蔔青菜，各人喜愛。」

「表哥，現在吃魚真像吃蘿蔔青菜。鬼子進了城，爹就不敢上街。」

「對面的楓樹鎮，好不好賣？」我指指楓樹鎮說。

「楓樹鎮還不是和我們百花洲一樣？魚多似青菜，一毛錢好幾斤，真賤。」

「這樣也好，我們餐餐有魚吃。」最近玉蘭天天送魚給我，我吃不厭，魚的確比青菜好。

「表哥，你真像一隻貓兒，愛吃魚腥。」玉蘭望望我。

「妳不喜愛？」

「我不喜愛怎麼會天天坐在江邊？」她笑著回答。

姑爹因為魚價太賤，他懶得攀魚，玉蘭這纔抓著機會，坐在罾邊，我為了好玩，也天天陪著她。學校解散後，我們變成了一對野猢猻。

二爹家的向駝子，騎在牛背上，慢慢向我們走過來，他人未到聲音先到：

「嚯！你們兩個小傢伙，真像對小夫妻，同起同坐，就差同床共被。」

「駝子哥，你是不是吃多了豆渣？說話顛三倒四？」玉蘭馬上還嘴。

「玉蘭，妳好一張利嘴，一點不饒人。」駝子哥慢慢滑下牛背，勾著頭，向我們走過來。

「駝子哥，誰叫你貧嘴賤舌？」玉蘭望著他兩手一划一划，好笑。

「玉蘭，我這是一句好話兒，妳怎麼不領情？」

「駝子哥，你牆壁上掛狗皮，算甚麼好『畫』兒？」玉蘭白他一眼。

「妳也是狗咬呂洞濱，不識好人心。我誠心誠意想做個媒人。」駝子哥望著她似笑非笑。

她抓起一塊泥土，向駝子哥一扔，駝子哥頭一偏，泥土剛好打中他的駱駝背，他故意哎喲一聲，玉蘭笑著跑開。

「你們攀了幾條貓魚？」駝子哥笑著問我。

「攀了不少，」我說：「剛纔一條鱖魚就有三四斤。」

駝子哥走過去提起蔑簍看看，笑著說：

「真是瞎貓碰著死老鼠，狗屎運氣。」

「駝子哥，你別七手八腳，弄翻了肚皮。我可要吃活的。」玉蘭趕過來說。

「好，閻王開了鬼門關，妳馬上變成了野丫頭。鬼子來了妳倒吃好的？」駝子哥望著她一笑。

「我自己攀魚自己吃，這有甚麼稀奇？你何必拿著花針當棒槌。」

「妳不想積幾個私房錢？留著壓箱底？」

「駝子哥，你真是一嘴的豆渣，越說越離譜。」

駝子哥得意地昂頭一笑，笑了半聲，突然停住，像遇了邪，臉色發青，過了一會兒纔用手向前一指，結結巴巴地說：

「鬼子，鬼子！」

我和玉蘭順著他指的方向望去，不遠的堤邊停了一條船，兩個中國人，兩個鬼子。正在堤上比手劃腳。駝子哥看他們向我們走來，調轉身就跑，匆匆忙忙爬上牛背，鞭子在牛屁股上亂抽，水牛掀起四蹄踉踉蹌蹌地奔跑。

玉蘭用力把我一拖，我被她拖進魯棚裏，她縮在棚角，身子有點兒發抖，像打脾寒。我隨手推上棚門。

我們摒著氣，不敢作聲，希望鬼子不找我們。

但是他們的腳步聲，一步步走近，我的心也跳得更快。玉蘭抓住我，牙齒打顫。

吱咯吱咯的皮靴聲，像踏在我們的心上，終於停在魯棚門口。棚門立刻被推開，一個中國人彎著腰，低著頭，向我們揶揄地一笑：

「小鬼頭，我早就看見你們了，還躲甚麼咪貓？」

我們不敢作聲，他又指著我說：

「快點滾出來，我問你一句話。」

玉蘭把我一拉，不讓我出去，他看見我不動，似乎有點兒不高興，敞著喉嚨問：

「小鬼頭，我問你：江漢鼎的家在哪兒？」

「我不知道。」我用力搖頭。

「笑話？」他冷笑一聲：「江漢鼎的家你也不知道？你不是百花洲的人？」

我不敢再扯謊，只是不作聲。

「把他拖出來！」另外一個中國人說：「這小鬼頭好壞！」

我真的被拖出來。那個要拖我出來的瘦皮猴又探頭向棚裏一望，輕薄地說：

「喲！還有個小姑娘？哈哈，不要怕，妳還是個小毛桃，澀嘴！」

我氣憤地望了那個瘦猴子一眼，膽怯地望望那兩個鬼子。一個上唇蓄了一撮短髭，腰間佩著手槍和武士刀，腳上穿著長統黑馬靴。一個穿著短統黃皮靴，腰間掛著兩盒子彈，肩上揹著長槍，頭上光光的。兩人都是穿的黃軍服，不言不語。

「小鬼頭，江漢鼎的家在哪兒？你到底知道不知道？」先前那個中國人拉拉我的耳朵。「可別烏龜曬背脊，裝死！」

「我不知道，我是在百花洲做客的。」我不得不扯謊。

「小姑娘，妳呢？」那個瘦皮猴向棚裏一指。「妳總是百花洲的人？」

玉蘭不作聲。那個蓄了一撮短髭的鬼子向兩個中國人嘰咕了幾句，瘦皮猴在我頭上敲了一下，揹著長槍的鬼子在我屁股上踢了一腳，他們四個人便揚長而去。

「真是狗仗人勢！」玉蘭鑽了出來，輕輕地罵了那瘦皮猴一句。

「我屁股上還挨了一腳。」我說。

「表哥，屁股上是死肉，踢不痛。」玉蘭向我頑皮地一笑：「還是駝子哥聰明，腳底板揩油，先溜。」

「不知道他們找大爹幹甚麼？」

「天知道他們葫蘆裏賣甚麼鬼藥？找大舅還有甚麼好事兒？」

「我們要不要去通個風，報個信兒？」

「不必，駝子哥已經回去了。要是他們碰見你，你準會挨揍。」

玉蘭的話對，我扯了謊，不能自已揭穿。

我伸手把罾拉起，一尾紅色的鯉魚跳起三、四尺高，玉蘭連忙拿著長撈兒，把牠撈起來，倒進簍子裏面牠還蹦蹦跳跳，激得水花飛濺。

「表哥，這條鯉魚真好看，要是冬天，我真想留著過年。」玉蘭望望鯉魚笑著說。

這條鯉魚要是和雄雞豬頭一道供在桌上，的確很中看。紅尾、紅鰭、金鱗、不大、不小，看樣子還是雄的，真是謀也不容易謀到。

「中秋還沒有過，妳就想到年，想得真遠。」我沒有她想得那麼遠，我想著眼面前的事兒，不知道那四個傢伙找到大爹沒有？大爹的脾氣剛，要是衝突起來，準吃眼前虧。

大約過了一頓飯的工夫，那四個傢伙又走了過來，看樣子又要從我們的棚邊經過，玉蘭迅速地鑽進棚去。

「咪貓兒躲不住，妳鑽進去幹甚麼？」我對玉蘭說。

「表哥，眼不見為淨，我一看見鬼子渾身就打寒噤。我會想到那些『財神』。」玉蘭直往裏縮。

我不想再躲進去，免得又被拖出來。那瘦皮猴手裏握著一根柳條，隨手揮舞。他一走近就問我：

「小鬼頭，有沒有魚？」

「有。」我只好老實回答。

「拿給我看看。」他命令我。

我從水裏提起魚簍，魚在簍裏蹦蹦跳跳，他們四人都圍攏來看，瘦皮猴高興地說：

「嚯！鱖魚，鯉魚……活蹦活跳的。」

他隨即向鬼子嘰咕了幾句，鬼子點點頭。他立刻伸手把鱖魚，鯉魚……一條條地捉出來，一條條穿在柳條上。然後拍拍我的肩：

「小鬼頭，今天饒了你的狗命，這幾條魚算你孝敬大爺。」

我怔怔地望著他，不敢作聲。他提著一串魚討好地在那個蓄著仁丹鬍髭的鬼子面前亮亮，那死板板的臉突然裂嘴一笑。

他們揚長而去之後，玉蘭鑽了出來。她望望空空的魚簍，朝著那隻鼓浪前進的機帆船罵了一聲：

「炮子兒穿心的，不得好死！」

「風吹鴨蛋殼，財去人安樂。」我笑著解嘲。

「表哥，狐狸拖雞，恐怕以後安樂不了？」玉蘭說。

我和玉蘭提著空簍回去，在路上碰見了駝子哥，他騎在牛背上笑著問我：

「家鳳，剛纔你們躲在哪兒？」

「醫棚裏。」我說。

「躲咪貓也要找個謹慎地方，躲在醫棚裏那不是掩耳盜鈴？」

「駝子哥，不躲在醫棚裏又往哪兒躲？你腳底板揩油，難道我們投江不成？」玉蘭說。

駝子哥得意地一笑，伏在牛背上輕輕地問玉蘭：

「玉蘭，妳吃虧了沒有？」

「駝子哥，你打甚麼啞謎？」玉蘭問。

駝子哥望望我，又望望玉蘭，吞吞吐吐地說：

「聽說鬼子嘴饞得很，沒有黃的柿子也摘。」

玉蘭臉孔微微一紅，把簍底朝天：

「瘟神過了路，還會打空手？駝子哥，我的魚一條也沒有了。」

「幸好，退了財，消了災，損失幾條魚事小，妳沒有吃虧就是祖上有德。」

「駝子哥，鬼子找到大爹沒有？」我問。

「找到了。」他坐起身子回答。

「鬼子找大爹幹甚麼？」

「請他當維持會長。」

「維持會長是幹甚麼的？」玉蘭問。

「維持會長就是新知縣，妳讀了書還不知道？」駝子哥神氣地說：「這真應了一句粗話兒：女人撒尿，射不過籬笆。」

「駝子哥，你又一嘴的豆渣！」玉蘭笑著罵他。

「駝子哥，大爹答應沒有？」我問。

「答應了那就雞犬升天囉！我也可以進城抓印把兒了！」

「看樣子大舅是沒有點頭吧？」玉蘭望著駝子哥說。

「妳大舅豈止沒有點頭？他的頭搖得像布郎鼓兒。」

「鬼子怎樣？」

「鬼子把刀架在妳大舅的脖子上。」駝子哥用手一比。

玉蘭啊了一聲，接著問：

「大舅怎麼辦？」

「回了潮的鼓兒，悶聲不響。」

「鬼子傷了大爹沒有？」我問。

「總算刀下留情，」駝子哥故意賣弄一下，過了一會兒纔輕輕地說：「賞了你大爹兩個燒餅。」

「真有這回事兒？」我不相信，誰敢打大爹的耳光？

「這叫做佛頭上著糞，難道我還騙你不成？」駝子哥大聲大氣地說。

我好像自己挨了一耳光，沒有作聲。玉蘭也低著頭。駝子哥輕輕歎口氣：

「你大爹也真稀奇古怪，送上門的榮華富貴不要，敬酒不吃吃罰酒，不知道他想的哪一頭？」

「駝子哥，看樣子你倒很想幹？」玉蘭望著他一笑。

「嗨！我生就放牛的命，還想做皇帝不成？」駝子哥臉孔微微一紅：「金鑾殿我怎麼坐得穩？」

「駝子哥，你少吃幾口豆渣就行。」玉蘭把我一拉，笑著跑開。

我決定先去看看大爹，我吃「火腿」不算稀奇，大爹挨耳光真是奇聞。

我們走到門前一大排楊樹下，慧芬姐就迎了出來，她提起魚簍低頭看看，失望地望著我們：

「怎麼？你們一條魚兒也沒有攀到？」

「表姐，我們今天是偷雞不著蝕把米。」玉蘭說。

「放了生是不是？」慧芬姐嫵媚地一笑。

玉蘭搖搖頭。我告訴她是鬼子拿走了。慧芬姐右腳一頓：

「唉！我想弄條魚給爹吃，偏偏又被野貓子拖走了！」

「表姐，剛纔鬼子來過？」玉蘭輕輕地問。

慧芬姐點點頭。玉蘭對我說：

「表哥，我們去看大舅。」

「玉蘭，可不要惹妳大舅生氣？」慧芬姐牽著玉蘭的手，輕輕囑咐她。

玉蘭點點頭，把空魚簍放在門外，三人一道進去。

大媽看見我和玉蘭進來，笑瞇瞇地摸摸我們的頭，輕言細語地和我們談話，問長問短，好像幾年不見似的。

大爹在房裏，聽見大媽和我們講話，大聲叫我們進去。他歪在床上，一面抽煙，一面沉思，看見我們進來，隨即坐在床沿上，向玉蘭把手一招，玉蘭走了過去。

他摸摸玉蘭的頭，玉蘭抬頭偷看大爹的臉，大爹的臉上還可以隱約看出幾根指印。

「玉蘭，你背段《論語》給我聽聽？」

「大舅，您要我背哪一篇？」玉蘭輕輕地問。

「〈里仁〉篇。」大爹說。

玉蘭嚥了一口唾沫。望望我，大爹挑了一句。

「從富與貴開頭，背。」

於是玉蘭像唱歌兒似地背了起來：

「富與貴，是人之所欲也；不以其道得之，不處也。貧與賤，是人之所惡也；不以其道得之，不去也。君子去仁，惡乎成名，君子無終食之間違仁，造次必於是，顛沛必於是。」

「妳懂不懂得這一段的意思？」玉蘭背完後大爹問她。

「我不懂，大舅。」玉蘭搖搖頭。

「家鳳，你懂不懂？」大爹又問我。

「我也不懂，大爹。」我說。

「現在開講你們也不會真懂，」大爹向我們兩人說：「長大了你們自然會福至心靈。」

「你也真是，玉蘭剛來，你就要她背書，把她當成個書袋兒？」大媽笑盈盈地說。

「我怕他們玩野了心，忘了本。」大爹說。「本來我還要家鳳背一段《孟子》，妳這樣說我就饒了他。」

大爹對別人很嚴厲，對我和玉蘭算是泥巴菩薩粧金，看得起。

「玉蘭，妳今天送幾條魚給大舅吃？」大舅又摸摸玉蘭的頭問。

玉蘭紅著臉沒有作聲，慧芬姐接著說：

「爹，您今天的口福不好，玉蘭的魚給咪貓吃了。」

大爹「嗄」了一聲，玉蘭欲言又止，過了一會兒纔說：

「大舅，明天我同表哥多攀幾條給你煮湯喝。說不定能攀一條大鱖魚？」

「玉蘭，妳要是攀了一條大鱖魚，舅媽下蟹黃麵給妳吃。」大媽說。她能用蛋黃和鱖魚肉做成蟹黃麵，和真的蟹黃一樣好吃。

「玉蘭，我燒糖醋鯿魚給妳吃。」慧芬姐說。她也很會做菜，一半得自大媽的真傳，一半是她自己的聰明。

「玉蘭，妳有空還是多唸唸書，不要天天攀魚，變成了野丫頭。」大爹說。

「是，大舅。」玉蘭鳳凰般地一點頭，蹦蹦跳跳地跑出來。

我跟著她出來，她把空魚簍往肩上一掛，把我一拉，我身不由己跟著她跑，跑了幾步她輕輕地問我：

「表哥，你注意大舅的臉沒有？」

我點點頭，她歎口氣：

「駝子哥的話不假，妳看見幾根指印兒？」

「妳知道大舅為甚麼要妳背那段書？」

「表哥，我實在是高山滾鼓，不通，不通！你知道那段書是甚麼意思？」

「我也是瞎子摸象，胡猜。」

「你說說看？」

「我想那就是大爹為甚麼不當維持會長，寧願挨鬼子的耳光的？」

「表哥，敢情是。」玉蘭鳳凰一點頭。

第二章　老拳師苦心孤詣

獨眼龍渾水摸魚

晚上，姑爹教我打拳，姑姑、玉蘭站在旁邊觀看。

姑爹的要求很嚴，一招一式都不放寬，正如大爹督促我寫字，一撇一鉤不准偷巧。姑姑看我坐椿坐得吃力，笑著對姑爹說：

「算了吧，你何必折磨他？現在興洋槍大砲，你那幾手三腳貓兒駭不倒洋人。」

「現在是亂世，讓他學幾手兒防防身，可惜，我教得太遲，恐怕他學不到家。」姑爹說。

「學到了家又怎樣？還能刀槍不入唄？」姑姑笑著接嘴：「大哥挨了鬼子兩耳括子，你還不是癩蛤蟆乾瞪眼？」

「如果不是大舅不准我動手，兩個鬼子早上了西天！」

「你別吹豬尿泡，人家的槍子兒打不穿你的腦袋？」

「妳就是樹葉兒掉下來都怕打破頭，人人都像妳一樣，鬼子就穩坐江山哪！」

姑爹和姑姑拌嘴，我乘機伸伸腰，姑爹見了連忙把我往下一按，我差點跌倒，玉蘭嗤的一笑。

「不要畏難，讀書要十載寒窗，打拳也不是早晨栽樹，晚上乘陰的事兒。」姑爹拍拍我的頭說。

「姑爹，現在不興這一套，這倒底有甚麼用？」

「學到了家就有用，半生不熟自然不行。看樣子你不願學，要是別人我纔不教哩！」

「姑爹，叫玉蘭和我一道學。」我望望玉蘭說。

姑爹果然把手一招，玉蘭身子一扭，走了過來，望著我說：

「表哥，你還真是拖人下水呀？」

我不作聲，姑姑笑著接嘴：

「玉蘭，這只怪你爹。他怕他這幾手三腳貓兒失了傳，想找你們接接腳啥！」

「姑，我和玉蘭都是豆腐腳，接不上。」我說。

「家鳳，練樁要閉氣，你怎麼可以開口講話？」姑爹看了我一眼。

「玉蘭的爹，你這是趕鴨兒上架嘛！家鳳是學文的，你偏要他習武，方把兒遇到圓鑿子，不對路啦！」

「他散了學，閒著也是閒著。學幾手兒總比不學好，不要弄得他良不良，莠不莠。何況現在是甚麼節骨眼兒？家鱗貽新都拿『撥火棍』了，妳也不是不知道？」

「爺，你有理！」姑姑一笑：「我瞧你是想把姪兒當女婿，私心私意？」

「玉蘭的娘，你怎麼揭我的底？」姑爹也嗤的一笑。

我望望玉蘭，她的臉一紅，抿著嘴兒笑。

姑爹教她坐樁，她弓著腿，彎著腰，依樣畫葫蘆。樣子比我的好看，姑爹卻笑著說：

「我的兒，打拳不是繡花，兩腿要用勁，妳這樣花拳繡腿怎麼行？」

「爹，這樣蹲著腿好痠，我不學了。」玉蘭笑著伸直身子。

「那怎麼成？」姑爹連忙把她按下，望望我向她一笑：「不要讓表哥說我偏心。」

「爹，我學三腳貓兒有甚麼用？婦道人家還好意思同人家過手不成？」玉蘭笑著問他。

「妳不要問我有甚麼用？學到用時方恨少，拳腳也是一樣。聽爹的話包妳不會吃虧。」姑爹說。

玉蘭望了我一眼，又重新彎腰屈腿。

姑爹看她坐好了樁，就教我一招一式，他教得很慢，出拳、抬腿，都講究正確老到，一點不准馬虎。

玉蘭看姑爹一心一意教我，她就懶得用力坐樁，終於悄悄地站直身子。

「玉蘭，妳真淘氣。」姑爹看她站起來笑著搖頭。

「爹，百花洲又不是一天一夜長起來的，您急甚麼？」

「好，家鳳，妳也休息休息，明天再練。」姑爹對我說。

我早就想收樁，聽姑爹這樣說，我雙手抱拳，向他行了一個禮，姑爹高興地點點頭。

我回家時經過王寡婦的煙酒店，從窗口望見裏面有幢幢人影，王寡婦和她女兒荷花，像穿花的蝴蝶兒，在那些人影當中穿來穿去。色不迷人人自迷，鴉片鬼越來越多，王寡婦母女兩人的煙酒生意越做越旺了。

第二天我和玉蘭又到江邊攀魚，駝子哥也蹲在我們旁邊。可是運氣不好，拉了十幾下都是空罾。

荷花悄悄地走近我們。她頭髮蓬鬆，流海快遮住眼睛，白府綢緊身短褂，黑紡綢長褲，蘇胸，黃蜂腰，巴斗屁股，嘴角生風，身上有股大姑娘特有的香味。

駝子哥先發現她，他瞇著眼睛問：

「小風騷，妳也來趕這個熱鬧？」

「駝子鬼，小心我掌你的嘴！怎麼？長堤大道，你來得姑奶奶就來不得？」荷花右手往腰間一扠，似笑非笑地質問駝子哥。

「小風騷，你家裏人來客往，多的是乾老子，乾哥哥，妳哪有這份閒情逸緻？」

「我無事不登三寶殿，請玉蘭讓兩條鮮魚給我待客，你亂嚼甚麼舌根？」

「荷花姐，真不湊巧，我攀了一上午的空罾。」玉蘭說。

「真有這回事？」荷花望望玉蘭一笑，走近魚簍，伸手一提：「喲！怎麼連一條貓魚兒也沒有？」

「誰叫妳貓兒叫春？把魚兒都駭跑了。」駝子哥說。

「你這個死駝子長心不長人，姑奶奶來了礙你甚麼事？你這樣不稱心？」荷花指著駝子哥笑罵。

「爺是一口古井，你一來就花了爺的心。」

「呸！」荷花朝駝子哥啐了一口，抿著嘴兒一笑：「長不大的矮冬瓜，看你三分像人？」

「爺麻雀兒雖小，五臟俱全，你看爺缺哪一門？」駝子哥嬉皮笑臉。

「你祖上缺了德，纔出你這個醜八怪！」

「妳娘又不挑爺作女婿，妳管爺是好是醜！」

「駝子鬼，」荷花嗤的一笑：「你癩蛤蟆還想吃天鵝肉？」

「妳就是送進爺的嘴裏，爺還怕戴綠帽子。」

荷花唾了駝子哥一口，駝子哥舉起袖子在臉上擦擦，放在鼻上聞聞，望著荷花一笑：

「咦！好大一股騷氣！」

荷花笑著銀牙一咬，撲過去把駝子哥往草地上一按，讓他的背脊朝下，像搖搖籃一樣兩頭搖，駝子哥痛的哇哇叫，她逼著他說：

「叫我三聲姑奶奶，我纔饒了你。」

駝子哥起初不肯叫，她又兩頭搖：

「你不叫我三聲姑奶奶，我就整死你這個壞駝子！」

駝子哥忍不住背脊痛，只好照叫，她清脆地應了三聲纔放手。

駝子哥爬起來，望著荷花想罵，又不敢出口，只好搭訕地說：

「君子動口，小人動手。」

「姑奶奶纔不管你甚麼小人君子，你嘴裏再不乾不淨，我又整駝子。」荷花勝利地說。

「荷花姐，昨天夜晚妳家裏怎麼那麼多人？」我問。

「小鳳，你怎麼知道？」她驚訝地問。

「我親眼得見。」

「你真是個夜貓子。」

「荷花姐，怎麼有那麼多的煙釭子？」

「人家不全是抽大煙的。」荷花說。

「不抽大煙就是賭寶，上了銷金窟，還能幹甚麼好事兒？」駝子哥插嘴。

「你自己不周不正，可別盡往歪處想，人家商量的可是正經事兒。」

「九龍口平安無事，天塌下來有長子先生頂，有甚麼正經事兒在妳房裏商量？」

「和你講還不是對牛彈琴？」

「孫二娘吹簫，妳又算甚麼知音？」

「駝子，你可知道余千這個人？」荷花提高嗓門問。

「楓樹鎮的獨眼龍，他算老幾？」駝子哥毫不在意。

「現在變了天，人家可想搞游擊隊。」

「他搞他的游擊隊。百花洲是福地，他不要搞渾了水。」

「他要人要錢，還要長子先生一句話兒。」

「長子先生會答應他？」

「他打的旗號光明正大，長子先生自然答應他。」

「你要鮮魚就是為的款待他？」

「不款待他還款待你唄？」荷花嘴角一撇。

「小風騷，他給了妳多少好處？」

「線兒放得長，魚兒養得大，誰像你駝子鬼看著腳尖兒走路。」

「小風騷，那妳又找了一個好戶頭？」

「駝子鬼，你的背心骨又作癢了是唄？」荷花雙手往腰間一扠，那樣子一點兒也不兇悍，反而格外動人。

「小風騷，爺說了君子動口不動手，妳又想作威作福不成？」

「駝子鬼，你也別盡往歪處想，妳姑奶奶找不找戶頭，與你何干？你真是狗咬耗子！」

「好，好，好，就算爺狗咬耗子，妳別貓兒叫春行不行？」

這時我和玉蘭攀了一條鯉魚，荷花見風轉舵，她連忙拿起長撈兒去撈，可惜魚兒不大，只有斤把重。荷花決定再等一會兒，駝子哥又和她磨牙鬥嘴。直到我們攀到一條翹嘴白魚，她纔在地上扯起一根草莖，串著兩條魚兒，春風擺柳地跑走。

「駝子鬼，你可不能走漏半點消息，小心姑奶奶整你！」她跑了幾步，又突然回過頭來對駝子哥說。

「小風騷，妳也別貓兒叫春，小心鬼子把妳弄去當慰安婦，要妳吃不了兜著走！」駝子哥大聲地回答。

第三章　滾滾長江九龍口
淼淼大水菩薩心

江水不斷上漲，一天漲一兩尺，九龍口險象環生，百花洲的男人都集中在九龍口，大爹指揮他們及時搶救。木樁夾著門板，麻袋裝好了泥土，一排排地釘塞下去。人站在水裏，結成一座肉牆。

強勁的南風，吹起滾滾波浪，浪頭如捲了口的雪白的大刀片兒，向長堤撲來，一波接著一波，一個個在長堤上摔得粉碎；摔碎的浪花沖向天空，散作萬點銀珠，落在堤上，落在人的身上。

一個浪頭打來，人在搖晃，九龍口也在浮動。

掛著太陽旗的小砲艦，和裝滿了軍隊的小火輪，一艘艘往上游開，船屁股後面拖著一條條長浪，也向百花洲的長堤席捲而來，更增加了九龍口的危險。

上游有一艘拖著兩條大木船的汽艇，向下游嘟嘟嘟地駛來，在九龍口附近停泊。從砲艇裏跳出十幾個全副武裝的鬼子兵，和幾個中國人。他們一下來，就把九龍口團團圍住，不許大家走開。

一個中國人和兩個鬼子兵走近大爹，那個中國人向大爹微微一鞠躬，皮笑肉不笑地說：

「江先生，山有山神，廟有廟主。你在這兒正好，免得我去府上打擾。現在縣裏需要一批伕子，你們百花洲的人身強力壯，皇軍要借重一下。」

「王先生，你看這是甚麼節骨眼兒？」大爹用手指指九龍口的裂口：「他們怎麼走得開？」

那個中國人和鬼子嘰噥了幾句，又對大爹說：

「前方軍情急如火。百花洲攤了一百名伕子，皇軍說一個也不能少。」

「任何事也得講個天理人情，皇軍是一言堂？難道一點兒也不能折扣？」

「軍令如山，誰敢討價還價？除非你江先生當維持會長？」

「要是我當維持會長，一個伕子我也不派。」

「你江先生的骨頭硬，我們的楊會長可不敢擔戴。」

「楊國仁也太不夠交情，為甚麼在痛肉上打針？」

「江先生，當初請你出山，你怎麼不幹？」

「我不能留個罵名。」

「江先生，你要了面子就不能要裏子，那百花洲只好出一百名伕子了。」

大爹一時語塞。鬼子一聲令下，把所有的男人都集在堤上，選了一百名年輕力壯的漢子，像趕豬一樣趕上木船。不肯上船的人都挨了皮靴槍托。

「王先生，今天我交了你一百人，來日你要照數交還我。」大爹對那姓王的說。

「江先生，我不是請他們去吃春酒，現在兵荒馬亂，這可難保。」姓王的回答。

大爹哼了一聲，汽艇拖著木船澎澎澎地開走。

九龍口只剩下老弱的人，他們哭泣、歎氣，無心搶險，圍著大爹七嘴八舌：

「長子先生，只怪你不出山，我們百花洲就吃了眼前虧！」

「我看這一百個壯丁，是肉包子打狗，有去無回。」

你一句，我一句，說得大爹心煩意亂。他把紡綢長衫一脫，褲腳一捲，跳下水去。姑爹緊跟著他，其他的人看他下水，就一言不發，紛紛跳下水去。

我、玉蘭、荷花，和一些年輕的女人都派上了用場，從堤內的地裏，抬土去填九龍口。

駝子哥因為人矮背駝，既不能挑，也不能抬，他在地裏挖土，鐵鍬的柄比他高得多，他顯得非常吃力。

「駝子鬼，你白活了二十幾，肩不能挑，手不能提，挖兩鍬土也像老牛喘氣。」荷花揶揄地說。

「小風騷，幸好爺人矮背駝，纔逃過這一劫；要是身長力大，不也被鬼子拉去當伕子！」駝子哥得意地回答。

「武大郎做棉袍，也少半斤棉花三尺布，你倒會想。」荷花嗤的一笑。

「小風騷，原先爺也沒有想到我會因禍得福？現在是蜀中無大將，廖化作先鋒，爺也出人頭地了。」

「駝子鬼，你也配？你比我還矮一個頭。」荷花往他身邊一站，真的高駝子哥一個頭。

「小風騷，妳高一個頭有甚麼用？雞婆能還年唄？」駝子哥神氣地說。

「駝子鬼，你神氣個啥？」荷花望著他揶揄地一笑：「你還不是一隻不能司晨的閹雞？有甚麼了不起？」

「爺大字底下多一點，就是這點兒稀奇！」駝子哥得意地摸摸嘴，他嘴上沒有鬍鬚。

「我看你那一點哪，不過是聾子的耳朵，瞎子的眼睛，唬不住人。」荷花的俏嘴角往下一撇。

「小風騷，妳瓜皮艇兒見過大風大浪，口氣倒真不小。」駝子哥擠擠鯿魚眼睛，向荷花一笑。

「誰像你井底的蛤蟆，以為自己好粗好大？」荷花白他一眼。

「駝子哥，不要盡扯野話，快點兒給我上土。」我把竹兜兒往他面前一放。

他望望我和玉蘭，咧咧嘴說：

「想不到兩位平日肩不挑，手不提，今天也來當這個苦差？」

「駝子哥，要是破了九龍口，大灶煮粥，一鍋兒爛，我們怎麼能站在黃鶴樓上看翻船？」玉蘭說。

「誰像他駝子鬼秤鉤兒心？我無田無地，也得伸出一隻手。」荷花接嘴。

「好，就算爺是秤鉤兒心，妳是救苦救難的觀世音，哪天也給我超度超度？」駝子哥挖了一鍬土，又站著和荷花罵俏。

「要是大水淹了百花洲，我會弄床蘆蓆替你收屍。」荷花罵他。

「那明年清明節，妳也要小寡婦上墳？」駝子哥嬉皮笑臉。

荷花揚起手中的扁擔，駝子哥連忙跑開。荷花剷了兩鍬土，笑著對我說：

「小鳳，讓玉蘭歇口氣，我們兩人抬。」

她比我高，我在前，她在後，她把重量都移在她那一頭，我覺得輕鬆許多，爬上兩丈高的堤，也不怎麼累。

九龍口有好幾處裂口，雖然外面結成了人牆，把門板堵住，還是相當危險，麻袋不夠，我們只好把土倒進裂口。

大爹和姑爹還挺在水中，浪花打在他們的背上，濺過他們的頭頂。莊稼漢都是赤膊，皮膚像上了釉，浪花打在他們身上，又迅速地滾下去，不能停留。大爹穿著白府綢短褂，緊緊地貼在身上，渾濁的江水，把白短褂染成了黃馬褂。

「虧你大爹！」荷花悄悄地向我說：「他是個乾腳子，今天卻變成了落湯雞。其實他又沒有幾畝地，何必？」

「還不是為了百花洲？如果大爹不先跳下水，說不定大家還在唧唧喳喳，哭哭啼啼？」

「長子先生真是根丈二蠟燭，照著別人照不著自己。」

我們再回到堤內時，駝子哥已經劃好了一兜土。玉蘭走過來想接替我，荷花笑著對她說。

「你再歇一會兒，讓駝子鬼和我抬。」

「小風騷，誰差妳來調兵遣將？」駝子哥一手扶鍬柄，一隻腳金雞獨立，笑著反問。

「王母娘娘差的，怎麼？你不服氣？」荷花歪著頭，兩眼盯著他。

「王母娘娘有的是金童玉女，怎麼會差妳這個小風騷？不怕瀆了龍王爺？」

「駝子鬼，你真狗嘴裏長不出象牙！你姑奶奶身上乾乾淨淨，你又算土地廟裏那一尊？」

「荷花姐，不要鬥嘴，還是我跟妳抬。」玉蘭說。

「不，」荷花搖搖頭：「妳大舅都泡在水裏，他駝子鬼憑甚麼這樣愜意？今天妳荷花姐又要整駝子。」

「好，小風騷，爺怕了妳！」駝子哥把鐵鍬交給我，向荷花陰陽怪氣地笑：「能在花下死，做鬼也風流。何況是陪妳抬一次土？」

我以為荷花一定會罵他，或是用扁擔敲他，可是她不聲不響，把扁擔往繩子正中間一穿，將竹兜兒吊在中間，笑著對駝子哥說：

「駝子鬼，我們二一添作五，兩不吃虧。」

「小風騷，依妳的。」駝子哥也笑著回答。

荷花等駝子哥把扁擔放在肩上，她纔伸直腰。她一站起來，比駝子哥高一個頭，她又不用手抓住繩子，駝子哥一走動，竹兜兒直往他那頭溜，壓得他搖搖擺擺，越走越不對勁，竹兜兒在他後腿彎上一撞，他雙腳一跪，跌了下去。荷花抿著嘴一笑：

「駝子鬼，還沒有過中秋，你就拜年，真殷勤！」

駝子哥蹭蹬著爬起來，望了荷花半天，突然一聲怪笑：

「小風騷，妳要爺跪踏板，也得等天黑？還是九龍口，可不是洞房花燭夜。」

「駝子鬼，姑奶奶就讓你甜在嘴裏，苦在心頭！來，快點兒抬，別拖死狗！」

她把扁擔往駝子哥肩上一架，駝子哥苦著臉說：

「小風騷，妳也摸摸良心啥？說好了二一添作五，千斤擔子妳怎麼能要我一個人挑？」

「駝子鬼，你真是白白糟蹋五穀糧食，男子漢大丈夫，還有臉和我們婦道人家講甚麼二一添作五？」

駝子哥瞪著兩眼望著她，過了半天纔說：

「爺要不是這身殘疾，不弄得妳小風騷四腳朝天纔怪！」

「駝子鬼，你要不是個駱駝背，和武大郎般高大，姑奶奶也就嫁給你！」荷花笑嘻嘻地回答。

「小風騷，妳別把爺吊在半天雲裏，來生爺一定要變個巨無霸，看妳承不承得起？」

「駝子鬼，你早死早投胎吧！」

荷花突然站起來，駝子哥又壓得搖搖晃晃。玉蘭看了好笑，大聲地對荷花說：

「荷花姐，妳就饒了他這一遭吧？」

「玉蘭，他大字底下多一點，我倒要看看他有好大的能耐？」荷花回眸一笑。

駝子哥搖搖擺擺地往前竄，直喘氣兒，不能講話。荷花抿著嘴兒笑，我也好笑，玉蘭笑彎了腰。

他費了半天工夫纔蹭蹭蹬蹬地爬上兩丈高的堤，一上去就把扁擔一拋，雙手扶著膝蓋喘氣。

荷花找了一個人幫忙，把土倒進裂口，單獨提著空竹兜兒跑下來，邊跑邊笑。

「荷花姐，妳這下可把駝子哥整慘了！」玉蘭說。

「他說了能在花下死，做鬼也風流。現在讓他自個兒風流吧？」荷花望望堤上的駝子哥笑。

駝子哥像兔兒下嶺，蹭蹭蹬蹬地竄下來，差點跌倒。走到我們面前還直喘氣。他望望荷花，咧嘴一笑：

「小風騷，害人精，妳會爛心！」

「這叫做周瑜打黃蓋，一個願打，一個願挨，怎麼怨得你姑奶奶？」荷花笑著回答。

「小風騷，妳捉著雞婆上抱，爺也是鬼迷了心竅，陰溝裏翻船。吃一次虧，學一次乖，爺再也不和妳抬。」

「你姑奶奶情願一個人挑千斤，也不和你抬四兩，窩窩囊囊！」

「好，小風騷，妳走妳的陽關道，爺過爺的獨木橋，爺不和妳纏在一塊兒，免得一身騷！」

「駝子鬼，你真是鐵嘴豆腐腳，人死嘴硬！」荷花笑著罵他。

我剷好了一兜土，玉蘭從荷花手裏接過扁擔，我和她抬到堤上。江上的風浪仍然很大，浪花一波一波地席捲過來。大爹嘴唇發青，姑爹硬把他推了上來。

「大舅，你是千金之體，不能長久泡在水裏，人手再少也不在乎你。」大爹好像支持不住，只好站在岸上，他人高腳長，一身濕淋淋的，像個雨中的白鷺。

「真是，屋漏偏逢連夜雨，破船又遇打頭風。老天爺也不體念我們，偏偏颳這麼大的南風！」大爹望著那一條條長龍般的大浪，搖頭歎氣。

「大舅，你快回去洗個熱水澡，不然會生病的。」姑爹又催促大爹。

其他的人也七嘴八舌，你一句，我一句。

「長子先生，你是百花洲的大門，你要是倒下了，百花洲更要受苦受難。」

「長子先生，你放心回去，天塌下來我們也要堵住九龍口。」

「如松，」大爹對姑爹說，「那你就和大家多費點兒心，南風一息，你們就分作兩班，晚上再換一批人來守九龍口。」

「大舅你放心，這是各人自己的事，眼看芝麻黃豆就要到手，誰敢粗心大意？吊起自己的飯鍋？」姑爹說。

「長子先生，我們不會讓自己的桌椅板凳放河燈，你安心好了。」眾人說。

「那我先回去一步，晚上再來。」大爹在堤上拔起紫藤拐杖，對大家說。我和玉蘭本來也想跟著大爹回去，他反身對我們說：

「吃飯要人少，做事要人多，水火不容情，你們也多出點兒力，待會兒再走。」

我們只好到堤內繼續抬土，一回到堤內，荷花就問玉蘭：

「妳大舅走了？」

「大舅支不住，先走一步。」玉蘭說。

「其實你們兩位也可以回去。」荷花望著我們說。「你不是捋牛尾巴的，她也是金枝玉葉兒，搶救九龍口，不是你們份內的事。」

「我們生在百花洲，長在百花洲，和九龍口臍帶相連，脫不了干係。」玉蘭說。

「駝子鬼，你聽見沒有？」荷花轉向駝子哥說：「你像春天的貓，懶洋洋的，好意思？」

「小風騷，你這纔叫做狗咬耗子，你有力氣儘管去堵九龍口，爺愛怎麼處就怎麼處，妳管得著唄？」駝子哥扶著鍬悠閒地回答。

「你多出點兒力氣怕好了百花洲是不是？我看你的心長到脅下去了，來世還是個駝子鬼。」

「妳別在爺面前假正經，妳又算得是百花洲的甚麼好人？」

「你姑奶奶說歸說，做歸做，哪點兒不好？」

「三月的楊花，弄得貓兒狗兒都心神不定。有妳在九龍口，龍王爺也會動了凡心。要是他尾巴一擺，整個百花洲都會沉。爺就是使出吃奶的力氣，還不是白費一番心？」

「你駝子鬼別亂嚼舌根，你姑奶奶可擔當不起這個罪名。」

「爺看堵九龍口的法子最簡單不過，把你賞給龍王爺就成，何必累死我們小百姓？」

「你駝子鬼反正是糟蹋五穀糧食，不如把你投進九龍口生祭。」

他們兩人你一句，我一句，我和玉蘭已經抬了幾次土，以後他們兩人也抬了幾次，地裏兩尺多高的黃豆禾已經挖掉不少，駝子哥站在黃豆禾裏只露出兩個肩膀一個頭。

太陽快下山時，南風已經完全平息，江上風平浪靜，九龍口的人撤走一半回去休息，我們四個人也跟著回去。

大爹洗過澡，換了一身乾淨衣褲，坐在搖椅上休息，慧芬姐在替他搥背。他一看見我們，就向玉蘭把手一招：

「玉蘭，妳的手輕，來替大舅搥搥。」

玉蘭笑著走過去，舉起雙手在他背上輕快地搔。

「大舅，您赤腳都沒有打過，怎麼下水？」玉蘭邊搥邊問。

「大舅不下水，打翻了的黃蜂窩怎麼收拾？」大爹輕輕歎口氣：「百花洲拉走了一百個壯丁，這是盤古以來都沒有的事情。」

「爹，這也怪不得您，您何必拚老命？」慧芬姐插嘴。

「我是百花洲土生土長的，怎麼能不管百花洲的事情？要是破了九龍口，那真是賠了夫人又折兵，百花洲的人怎麼受得住？」

「爹，您要是當了維持會長，百花洲就大樹底下好遮陰哪！不會吃這下悶棍。」

「妳也米湯裏洗澡？我怎麼能打開眼睛來尿？」大爹白了慧芬姐一眼。

慧芬姐不再做聲，大爹又叫我換下玉蘭。大媽笑著對大爹說：

「你也是，他們兩人也夠累的，還要他們捱甚麼背？」

「人老了，骨頭也硬了，在水裏泡了半天，真像馱了一座廬山。」大爹笑著站起來，舉起雙手，伸伸腰，他的骨節格格叫。

大媽留我和玉蘭吃晚飯，慧芬姐打了一臉盆水給我們洗手，她把我們兩人的手捏在一塊兒，搓搓揉揉，輕輕一笑：

「你們快點兒長，我等著吃喜酒。」

玉蘭笑著把手掙開，身腰一扭，嘟著嘴輕輕地說：

「表姐，我不來了！」

慧芬姐把她一摟，在她面上親了一下，擁著她走開。她比慧芬姐矮一個頭。

大媽飯菜作得非常可口，我和玉蘭肚子餓，像趕兔兒下嶺一般，吃了一碗又一碗，大媽笑著說：

「作了半天粗事，快變成個粗人了。」

「要是鬼子不早點兒走，他們兩人可都毀了。」大爹憂慮地說：「現在飯還沒有煮熟，正差兩把火。」

「爹，您好好地教教他們不也是一樣？」慧芬姐說。

「現在時代不同，獨一門不夠，他們應該多學點兒新的東西。」大爹望望我和玉蘭。

「中央遲早要回頭，難道鬼子還會天長地久？」大媽說。

「兵敗如山倒，回頭恐怕不是一兩天的事兒。」大爹說。

「哥哥在後方，我們就有個指望。」慧芬姐說：「說不定他會騎白馬，回家鄉！」

大爹的臉突然開朗，他放下碗筷喝了幾口釅茶，吩咐慧芬姐：

「把馬燈點亮，把拐棍拿給我。」

「爹，天黑了，您還到哪兒去？」慧芬姐問。

「九龍口。」

「你千萬不能再下水，大水淼淼，你要特別當心。」大媽說。

「爹，您不去不行？」慧芬姐點亮了馬燈，拿著紫藤手杖，仰著頭問。

大爹沒有回答，接過馬燈手杖，跨出大門。

九龍口已經亮起了幾盞馬燈，高高地掛在竹桿上，大爹提著馬燈，沿著長堤向那邊移動，他的影子在水面搖晃。

第四章　九龍口同心堵水
黃龍菴怪力亂神

晚上沒有一絲風，江面平靜得很。要是在平時，江上來往的大客輪燈火通明，勝過天上的繁星。可是現在除了白天有掛著膏藥旗的砲艦和澎澎澎的小汽艇來往之外，沒有一艘客輪，夜晚連帆船也沒有一隻，江面靜悄悄的。

螢火蟲在楊柳間，高粱、芝麻、黃豆、綠豆地裏飛來飛去，一明一滅，像是地上的繁星。

荷花穿得乾乾淨淨，搬出她那張紫檀木般的老竹床，坐在大楊樹下乘涼。

駝子哥用一堆曬得半濕乾的青蒿，綠蓼，在附近生起一堆蚊煙，煙頭冒起一丈多高，慢慢擴散，變成一片灰色的霧，蚊蟲遇上這種煙霧，只好跑開。

煙霧不時飄過荷花的竹床，她的老竹床特別冰涼，我和玉蘭都坐在她的竹床上。

荷花的精神很好，一點兒不累，她口角生風地和我們談笑。有兩個人在她母親房裏抽大煙，她母親一個人張羅，玉蘭問她：

「荷花姐，你不去替客人燒泡？」

「不是生客，有我娘在，她服侍得過來。今天馱了一下午的廬山，我也樂得歇一會兒。」

「小風騷，妳馱慣了廬山，還在乎幾兜兒泥土？」駝子哥笑著走了過來。

「駝子鬼，姑奶奶要不是看你燒了一堆蚊煙，就用鞋底掌你的狗嘴。」荷花馬上回嘴。

「小風騷，冤仇宜解不宜結，牙齒不要和舌頭碰，我們講講和，親熱親熱好不好？」駝子哥慢慢走近竹床，想坐。

「駝子鬼，你別做白日夢？姑奶奶和你楚河漢界，分得明明白白，你休想拱著卒子過河來。」

「小風騷，我給妳燒了一堆蚊煙，妳總得賜我一個座兒？」

「我這兒廟小，哪有你的座兒？」

駝子哥弓著背，立在哪裏，不好過來。

王寡婦突然出現在門口，輕輕地喚荷花：

「荷花，許大爺來了，妳來替他燒幾口煙。」

荷花連忙走回去。駝子哥乘機坐到竹床上。

「嗨，還是許百萬的面子大，」駝子哥邪氣地一笑：「我看他是母女兩人一肩挑？」

「駝子哥，你歪嘴吹喇叭，一團邪氣。」玉蘭說：「小心荷花姐掌你的嘴。」

「玉蘭，妳年紀輕，哪裏知道五花八門？許百萬雖然在修橋補路上不肯化一個子兒，在煙槍上和女人身上倒也捨得。荷花娘兒倆無田無地，不半開門兒難道喝露水？」

「她們在做生意。」

「嗨！」駝子哥雙手在大腿上一拍，細聲細語地說：「鴉片生意本來就是個邪門，女人幹這玩藝兒，不打情罵俏，成？何況，娘有一對桃花眼，女兒更像狐狸精，都迷得死人！」

我聽了好笑，玉蘭卻對駝子哥說：

「駝子哥，你也嘴上積點兒德，何必損人？」

「我要是故意損她們，嘴上長疔。」駝子哥指指自己的嘴：「別人說的纔難聽。」

「寡婦門前是非多，難保不是謠言？」

「無風不起浪，別人怎麼不造妳的謠？」

玉蘭望望我，沒有接腔。

荷花進屋不久，先前那兩個煙缸子同時走了出來，像兩個鬼影兒，向九龍口那個方向晃去。

一隻螢火蟲飛到我們前面，駝子哥伸手去抓，沒有抓到，玉蘭雙手一合，卻把螢火蟲捉住。她移到我的面前，螢光在她指縫間一閃一閃。

「表哥，我把牠養在玻璃瓶裏，掛在帳頂上當天燈，你說好不好？」玉蘭問我。

「妳想得倒好，就是沒有露水牠會死翹翹。」駝子哥插嘴。

「那怎麼辦？」玉蘭問他。

「家的不會野，野的養不家，這東西嬌嫩得很，我看妳還是讓牠蟲蟲飛，放生算了。」駝子哥說。

玉蘭把手掌微微張開，想放，又有點兒捨不得，最後雙手一揚，喊聲：

「蟲蟲飛，飛！」

螢光一閃，螢火蟲真的飛走了，飛得特別高，飛上了柳樹梢。

大約過了頓飯的工夫，荷花輕搖著白鵝毛扇，慢慢地走了過來，顯得嬌慵無力，身上飄著一股花露水的香氣。

我們連忙讓出一塊地方給她坐，駝子哥縮到竹床的一角，用鼻子嗅嗅，笑著問她：

「小風騷，妳身上灑了幾擔花露水？」

「你駝子鬼好大的口氣？」荷花望了他一眼：「你姑奶奶不過隨便灑了幾滴。」

「那這不是花露水，是花露精了？不知道是哪一國的來路貨。」

「你井底的蛤蟆，知道天有多大？長子國，矮人國，說了你也弄不清楚。」

「好，老鴉上了梧桐樹，算妳有見識！」駝子哥頭一點，又笑著問：「是不是許百萬送妳的？」

「駝子鬼，你不必狗咬耗子，誰送姑奶奶的你都管不著。」荷花白了他一眼，又輕輕吁口氣，自言自語：「唉，房裏真熱！」

「妳剛纔馱了廬山，這就難怪得。」駝子哥接嘴。

荷花倒轉鵝毛扇，向駝子哥敲去，駝子哥身子一閃，扇子把兒剛好打中他的駱駝背，咚的一聲，又清又脆，駝子哥哎喲一聲，荷花高興得摟著玉蘭格格地笑。

駝子哥反轉手來揉揉駱駝背，望著荷花說：

「小風騷，妳馱了廬山出不了氣，找爺開心？看妳笑得像雞婆生蛋，嬈得死人！」

「駝子鬼，你又討賤？」荷花又揚起鵝毛扇，駝子哥連忙跑開。

許百萬悄悄地走了出來。他不是駝子，腰桿兒卻挺不直，整個身子像一張彎弓。老年人說他年輕時不是這個樣子，是抽大煙玩女人弄成這副怪模樣的。

「爺，你慢走。」荷花的娘把他送到門口，輕言細語地說。

許百萬像蚊蟲一樣嗡了一聲，向四周打量了一眼，拄著老虎頭的粗手杖匆匆離開。

「小風騷，真的香的是銅，臭的是窮，許百萬不過是有幾個子兒，此外我們還不是半斤八兩？妳怎麼就兩樣的心腸？」駝子哥說。

「駝子鬼，你少貧嘴賤舌，惹得姑奶奶冒了火，叫你吃不了兜著走！」

駝子哥果然住了嘴，荷花便告訴我們一個消息，說是黃龍菴明天晚上要降馬腳，燒香許願，問問那一百個壯丁的吉凶，和九龍口的安危。

「誰說的？」玉蘭問。

「許大爺親口對我講的。」

「他不去九龍口搶險，倒去黃龍菴求神許願？這主意兒真餿！」駝子哥說。

「許大爺也出了一個長工搶救九龍口，偏偏被鬼子拉走，這怪他不得。」荷花說。

「他出十個長工也不稀奇！他自己怎麼不去？倒來妳這兒吃黑飯，享溫柔？」

「他肩不能挑，手不能提，去九龍口還不是望天打卦？」

「他能在妳這兒唱被臥戲，就該去九龍口壯壯聲勢。」

「駝子鬼，你又胡說八道！」荷花把扇子一揚。

駝子哥可沒有後退，反而理直氣壯地說：

「爺是包大人斷案，說的是公道話兒。像妳心裏有鬼，自然偏私。」

「駝子鬼，你姑奶奶偏袒過誰？」

「小風騷，好鼓不用重搥。爺索性打開天窗說亮話：剛纔妳就偏袒了許百萬。」

「見你的活鬼，你姑奶奶何曾偏袒他？」

「爺的身體總強過許百萬？妳想想妳是怎樣待爺？」

荷花嗤的一笑，隨後雲淡風輕地回答：

「人家生成的富貴命，你大糞怎麼能比黃金？」

「小風騷，妳真是狗眼看人低！」駝子哥向荷花一指：「拍許百萬的馬屁也不是這個拍法？人家長子先生總不比許百萬的命差，他現在不是在九龍口？」

「駝子鬼，你不要抬出天牌來壓姑奶奶，你有本事去和許大爺講好了。」

「小風騷，犯不著！他走他的陽關道，爺過爺的獨木橋，爺和他又沒有一腿，打甚麼交道？破了九龍口，最吃虧的是他許百萬，爺兩肩擔一口，熬不過誰？」

駝子哥話中有話，荷花不好怎麼回答，只輕輕地罵一句：

「駝子鬼，姑奶奶說了你是長心不長人。」

駝子哥開心地一笑，也不再作聲。

銀河移到中天，繁星萬點，九龍口馬燈高懸，人影幢幢。荷花家又來了一個煙缸子，她把竹床搬了回去，我們也只好散夥。

第二天又是個南風天，風大浪大，因為年輕力壯的人少，水位漲了五寸，九龍口險得很。門板、木椿、麻袋，不斷往九龍口送。老年人、年輕的女人們暫時忘記懷念他們被拉走的兒子丈夫，一心一意搶救九龍口。

姑爹在堤上跑來跑去，哪裏危險他就守在哪裏。只有他能把一大麻袋泥土，搬起來投進裂口。

大爹兩眼通紅，扯開大嗓門指東指西，九龍口的人跟著他的指揮行動，他的喉嚨有點嘶啞了。

掛著膏藥旗，架著機關槍的汽艇，上上下下，而且故意靠近堤邊行駛，彷彿對集結在九龍口的人特別注意。

汽艇尾巴後面的浪槽更增加了九龍口的危險，汽艇一過去，女人們就咬著牙齒咒罵：「天收的鬼子！」

下午四五點鐘，風小了下來。晚飯時分，又風平浪靜，大家纔鬆了一口氣。老年人、女人，統統回家休息，只留一部分中年人看守九龍口。

晚飯後，老年人、女人們，都湧向黃龍菴，尤其是那些被拉走了兒子丈夫的，他們希望從菩薩哪裏聽到一點兒消息。

駝子哥愛趕熱鬧，吃過飯他就邀我和玉蘭去黃龍菴，我們走了沒有多遠，荷花也從後面趕來，她邊走邊叫：

「玉蘭，你們等我一下。」

她穿著湖色緊身短褂，黑長褲，乾乾淨淨，透著三分嬈，七分俏。

「荷花姐，妳家裏沒有客人？」玉蘭問。

「再大的煙缸子也要趕黃龍菴，不會上我的鴉片館。」荷花右手搭上了玉蘭的肩。

「小風騷，妳去黃龍菴也不怕厭了神？」駝子哥接嘴。

「你嘴裏別尿騷屎臭，你姑奶奶一身乾乾淨淨，黃龍菴的神龕我也坐得。你這身髒相纔真進不得黃龍菴。」

「爺是童子身，赤身露體也不會厭神。不像妳——」

「像你姑奶奶怎樣？只要心腸好，照樣上西天。」

「小風騷，妳也想上西天？」駝子哥一聲怪笑：「那天上的神比地上的人還多，玉皇大帝也會被妳迷得暈頭暈腦了。」

「駝子鬼，你說這種話也不怕過路神聽見，折你的陽壽？」

「爺不做虧心事，縱然說錯了句把話，過路神也不會見怪。」

「荷花姐，今天去黃龍菴的人都有一本難唸的經，都想問問神，難道妳也和我們一樣，專看熱鬧不成？」玉蘭插嘴。

「我娘兒兩個人，無牽無掛，問甚麼神？」荷花說。

「小風騷，妳也不問問江應龍的吉凶？」駝子哥插嘴：「平日你們眉來眼去，怎麼人家落進鬼子手裏，妳就這樣寬心？」

「江應龍是江家的人，江家自然有人問？要你駝子操甚麼心？」

「哦，小風騷，我沒有想到這一層，妳倒補了我一個聰明！」駝子哥頭一點，手一拍：「你倒是個有心人，去黃龍菴偷聽？」

「駝子鬼，你又不是姑奶奶肚子裏的蛔蟲，怎麼猜得透你姑奶奶的心？」荷花莫測高深地一笑。

「妳說句良心話，」駝子哥也向她一笑：「妳心裏是不是有個江應龍？」

「楓樹鎮不管百花洲，這你可管不著。」

「駝子哥，各人頭上一片天，各人心裏有個神，你怎麼這樣愛管閒事？」玉蘭笑著打岔。

「好，玉蘭，看妳的面子，我不挖她的根。」駝子哥見風落篷。

到黃龍菴去的人像螞蟻搬家，絡繹不絕。一路都有人談話、歎氣。高粱比人高兩三尺，芝麻也和我同玉蘭差不多高，黃豆過了腰，加之天黑，因此只聞人聲，不見人影。

黃龍菴裏裏外外都站滿了人，男男女女都穿得乾乾淨淨，不論是白竹布褂褲或是藍大布褂褲，都用米湯漿洗了一番，平平整整。

許百萬穿著藍紡綢長衫，拄著虎頭拐杖，大概過足了煙癮，精神很好，只是面色青灰，伸不直腰桿。他的鼻子特別肥大，整個百花洲的人，誰也沒有他這麼肥大的鼻子。他還不到五十歲，卻完全是一副老太爺的架勢，在菴裏呼三喝四，看到荷花時，他故意挺挺腰桿，露出十分和藹的樣子。

黃龍菴供了很多菩薩，左右兩排供的是八仙、濟公、彌勒，當中供的是關聖帝君坐像，一丈二尺高，左右站著周倉、關平，威武得很，六位唸經的先生正跪在關聖帝君神龕前面唸第一遍經，長衫、馬褂，一派斯文，聲音也悅耳好聽，木魚、小磬，敲得節奏分明，不像戲臺上的鑼鼓那麼喧鬧。

駝子哥進了菴門就不敢隨便講話，他比我和玉蘭還矮，站在人堆中非常吃力，擠又擠不上前，他只好退出來，我們因為裏面太熱，也退了出來，只有荷花留在裏面，許百萬要她站在他的身邊，他坐在一張靠椅上，比別的人舒服得多。

外面涼爽一些，黃龍菴周圍都是高大的老楊樹和桑樹，我們站在一棵老楊樹腳下休息。

九龍口高掛著兩盞馬燈，馬燈下有二、三十個人來往走動，穿著白褂褲拄著手杖的大爹，看來特別顯目，姑爹如影隨形，跟著他走動。

「如果九龍口沒有人守，大水沖到黃龍菴我們都不知道，那許百萬不就變成了腳魚？還能坐在哪裏求神許願？」駝子哥說。

「這就叫做打漁的打漁，曬網的曬網。」玉蘭說。

「你兩位看見沒有？小風騷還站在他身邊哩！」駝子哥輕輕地說：「那不厭神纔怪！」

「駝子哥，你吃自己的飯，何必管別人的事？」玉蘭向她一笑：「你說過的，她不將就一點，難道真喝露水？」

「玉蘭，妳真是觀音娘娘的心，」駝子哥也向玉蘭一笑：「我是怕她壞了百花洲的名聲。」

「駝子哥，山西人做買賣，你罈兒裏面是不是裝滿了醋？」我笑著問他。

駝子哥望著我尖聲尖氣地乾笑，隨後又輕輕一歎：

「王寡婦把女兒當作搖錢樹，江應龍那種一拳打得死水牛的好後生，也不在她眼裏，我一身殘疾，能算老幾？」

「駝子哥，那你怎麼老是找荷花姐鬥嘴？」玉蘭問。

「我心裏悶得慌啥！不和她鬥鬥嘴難道整天對水牛彈琴？那我不要憋死？」駝子哥高聲回答。

第一遍經已經唸完，菴裏的人都走了出來，荷花走到我們身邊笑著埋怨我們：

「你們出來怎麼也不叫我一聲？讓我一個人單吊？」

「小風騷，讓妳成雙成對不好？我們何必挺在哪兒做蠟燭？」駝子哥接嘴。

「你吃了雞下巴？誰和你講話來著？」荷花白了他一眼。

我和玉蘭打岔，荷花又向我們一笑，輕輕地舒口氣，搖著白鵝毛扇，她的流海一飄一飄，我們也感到一點風涼。

歇了大約一頓飯的工夫，人又擠進菴去，我們也跟著進去。

唸經的先生已經一字兒排開，跪在蒲團上，高聲唸誦起來。馬腳長衫馬褂，去到龕前，燒了幾張黃裱，在周身撣撣，檀香和黃裱的香味，瀰漫了黃龍菴。

馬腳從從容容地坐在龕前的一張太師椅上，閉著眼睛唸經，右手不停地敲著木魚，他的禿頂發亮。

唸經的聲音越來越快，越來越高，木魚也越敲越急、越敲越響。漸漸地馬腳全身顫動，身子一俯一仰，彷彿要跌倒的樣子，可是他並沒跌倒，突然「嗚——唔——」一聲，一躍而起，玉蘭駭了一跳。

馬腳拋掉手中的木槌，伸著手說了一聲：

「火！」

唸經的先生早已準備好一枚醮了菜油的黃裱紙捻，在紅蠟燭上點燃雙手遞了過去。馬腳把燃著的紙捻，往嘴裏一塞，過了一會兒又抽出來，紙捻還在燃燒，他又放進嘴裏，這樣作了三次，纔把紙捻一拋，坐了下去。

不少的老頭子和女人，悄悄地跪在地上。

唸經的先生問馬腳是甚麼天神駕到？馬腳嘴巴一咧，報出了名號：

「吾神濟顛。」

「活佛在上，弟子叩頭。」

於是叩頭如搗蒜，有些還是澎澎的響頭。

那些被拉走了兒子丈夫的人都搶著問自己兒子丈夫的下落，問一句磕一個頭，頭碰在青石板上像敲木魚。

「活佛在上，弟子許美玉，犬子許大成，被鬼子拉了伕，他是褲襠包的，縣城也沒有去過，不知道現在何處？吉凶如何？」

「人在西南，目下平安。」馬腳回答。

「活佛在上，女弟子周金秀，外頭人劉木林，也是被鬼子拉走的，女弟子上無公婆，下有子女，家道貧寒，母雞不能還年，婦道人家，六神無主，不知道他是否平安？幾時回來？」

「人在，煙花三月下揚州。」馬腳講了兩個字，唸了一句詩。

周金秀聽懂了兩個字，對於下面這句詩卻有點迷糊。她連忙磕了一個頭，睜著眼睛望著馬腳，正想再問，唸經的先生輕輕地對她說：

「劉嫂，今天人多事多，不要再問，妳放心，劉木林明年三月會回來的。」

她磕了一個響頭，站了起來，退到一邊，讓出位子。立刻有人擠過去，跪下磕頭。

對於伕子的問題問的人最多，馬腳的總答覆是：

「黃巢殺人八百萬，在數的難逃。」

隨即打了一個呵欠，說了一聲：「吾神去也。」許百萬馬上跪了下去，大聲地說：

「弟子許萬春，有要事啟奏，請活佛留駕。」

「快奏，吾神不能久留。」馬腳又睜開眼睛，望著許百萬說。

「啟稟活佛。」許百萬磕了一個頭：「百花洲素稱福地，人財兩旺，六畜平安，這次鬼子拉走了一百個壯丁，九龍口危險萬分，請問活佛，怎樣纔能挽救這場浩劫？」

馬腳沉吟半天，善男信女更是屏聲靜氣，鴉雀無聲。

「準備一對童男童女……」馬腳沒有說完，頭就往桌上一伏，暈暈似睡，汗水濕透了全身。

許百萬的煙癮也發作了，臉色鐵青，眼淚鼻涕直流，他連忙從懷裏摸出一個錫紙包，拿了兩粒大煙泡，往嘴裏一塞，喝了幾口熱茶壓下去。

善男信女紛紛走出黃龍菴。

我們四個人取道九龍口回去。

「不求神問佛還好，這一問反而問出一肚子的鬼胎。」駝子哥首先說話：「都是許百萬的餿主意！」

「這也不能完全怪他。」荷花說。

「不怪他怪誰？」駝子哥反問：「自己肩不挑，手不提，九龍口也沒有去過一次，專打歪主意，妄想天兵天將下凡，替他出力。妳看，哪裏去弄一對童男童女？」

「你不就是一個！」荷花笑著向駝子哥一指。

「去他娘的！螞蟻也是一條命，爺纔不填九龍口！」

他們兩人一路鬥嘴，趕走了我的磕睡蟲。玉蘭也無睡意，不時在他們中間插一兩句嘴。

九龍口風平浪靜，舊的裂口已經堵住，沒有發現新的裂口，只是水位又漲了，白天插在水邊的竹桿低了幾寸。

守九龍口的人有些已經歪歪倒倒地睡在堤上。

「玉蘭，妳怎麼變成了夜遊神？這麼晏了還在外面鬼混？」姑爹看見玉蘭責怪地說。

「爹，您只顧守九龍口，不知道黃龍菴有多熱鬧？真像正月十五鬧花燈。」玉蘭說。

姑爹問我們黃龍菴的情形，荷花一五一十地說了一遍。大爹聽了歎口氣：

「許百萬也這樣無知？他多雇幾個年輕力壯的人來，不強過一對童男童女？」

第五章 江漢鼎鞫躬盡瘁

許百萬為富不仁

星斗滿天，銀河像一道天橋，從南到北，懸在藍色的夜空；北斗星像隻亮晶晶的大煙斗，掛在銀河的東北方，特別明亮。銀河本來在她的正南，現在移到了天頂，北斗星還是掛在那老地方，她始終不動，年年月月如此。

無風無浪。夜晚的長江，不再是個散髮露齒的潑婦，而是仰臥在星光下的祼體的，溫柔的，熟睡的少女，象牙色的皮膚，閃閃發亮，散發著少女般的幽香。

地裏的黃豆結實纍纍，豆莢鼓得像十八歲大閨女的乳房，豆箕有兩三尺高，枝葉撐開，顯得相當擁擠。芝麻桿兒已經長過了腰，正在開著白花兒，芝麻地裏的花兒比天上的星兒還多。綠豆禾兒卻伸不直腰，藤蔓像鱆魚的軟腳，細長的豆莢結在藤蔓上，真像駝子挑擔，不勝負荷。高粱桿兒衝上七八尺高，劍般的長葉構成了大青紗帳，每桿高粱上都冒出尺來長的穗子。

「今年要是不破壩，這次大熟又富了百花洲。」荷花望望遍地的莊稼說。

「那許百萬又要埋金銀窖了。」駝子哥接嘴。

「豈止許大爺錦上添花，我們也要沾點兒光彩。」

「妳是許百萬的銷金窟，我大字底下多一點，一粒黃豆也兜不住，沾他個甚麼光？」

「駝子鬼，你別亂嚼舌根，許大爺隨便賞你一點兒，就夠你吃半輩子。」

「我纔不做那個夢！他許百萬看一個銅版比羅筐還大！他除了塞狗洞，何曾救過窮人？我討飯也繞過他一家。」

「駝子鬼，你唾沫星子淹死人，要知道強盜也會發善心，人家許大爺可也不是甚麼大壞人。」

「小風騷，他只對妳發善心，爺和他光棍對光棍，他不吹鬍子瞪眼睛？」

荷花嗤的一笑，手一揚，駝子哥身子一讓，差點跌進水裏。

「駝子鬼，看你有多大的肚皮？你還能喝乾這一江水？」荷花望著他調侃地說。

「爺要是能喝乾這一江水，九龍口就萬無一失，還要甚麼童男童女？只要妳一個人就行。」

「你狗嘴裏吐不出象牙，姑奶奶懶得和你鬥。」荷花白了駝子哥一眼，把玉蘭往身邊一拉。

一隻螢火蟲在我面前一晃，我伸手一抓，沒有抓到，牠卻趕上伴兒飛到黃豆地裏，地裏好像是螢火蟲兒開提燈會，無數的小燈籠在豆葉上一閃一閃。荷花和玉蘭輕輕地哼著螢火蟲的歌兒，想把螢火蟲引過來。

在黃龍庵看熱鬧的人都抄近路回去，只有我們四個人沿著長堤行走。

忽然楓樹鎮的雄雞喔喔長啼，啼聲從江面傳過來，非常清晰，百花洲的雄雞好像受了傳染，也喔喔地啼了起來。

「糟，雞叫頭遍了，我們真變成了夜遊神。」荷花輕輕地說。隨即加快腳步。

她腳一加勁，就把駝子哥拋了下來。駝子哥勾著頭，弓著背，兩手一划一划，鼻子裏只喘氣。我要荷花走慢一點，等等他，荷花笑著說：

「誰叫他爺娘少生兩條腿？走不動，爬！」

「小風騷，妳別說風涼話，爺堂堂男子漢，頂天立地，可不做烏龜。」駝子哥喘著氣說。

「這幾天江上多的是財神爺，小心後面有鬼。」荷花的腳步又加快，她牽著玉蘭簡直小跑起來。

我聽了毛骨悚然，也跟著她跑，駝子哥卻打腫了臉充胖子，大聲回答：

「爺是龍虎山的張天師，專門捉鬼。」

其實他的聲音已經發抖。玉蘭輕輕對荷花說：

「荷花姐，我們的腳步放慢一點兒，不要把駝子哥丟得太遠，要是駭破了他的膽，罪過。」

「駝子爛心，讓他啞子吃黃連。」荷花也輕輕回答，不過腳步已經緩慢一些。

駝子哥不作聲，兔兒下嶺，低著頭直竄，可是荷花不讓他趕上，總使他落後四五丈遠。

我們回到家裏，已經雞叫二遍。

睡得太晏，起得也晚。一陣「噹！噹！噹」的大鑼把我從夢中吵醒，我跳下床來，跑到外面一看，一個莊稼漢提著一面鑼，邊跑邊敲，大聲喊叫。

「九龍口開了口，不論男女老少，趕快去堵！」

他跑得快，喊得急，大鑼敲得人人心驚肉跳。老頭子、大腳的女人都夾著大木板、芝麻桿兒，提著長鍬，挑著竹兜兒，奔向九龍口。

水位又漲了幾寸，南風很大，浪頭如雪一波一波地向長堤捲來。長江變了樣子，和昨天晚上完全不同。

玉蘭掮著長鍬，跑了過來，他看見我望著憤怒的長江，把我一拉：

「表哥，這是甚麼節骨眼兒？你怎麼站在門口發呆？趕快去九龍口！」

我臉未洗，嘴未漱，飯也未吃，聽她這樣說，只好挑起一擔糞兜兒跟著她去九龍口。

「玉蘭，你們等我一下。」荷花在後面大聲喊叫。我回頭一看，她頭髮蓬鬆，衣服也是縐的，顯然是剛剛爬起。她腋下夾了一根四五尺長的木頭椿子。

駝子哥也掮了一塊木板，匆匆跑來，他跑得非常吃力。他也要我們等他，荷花卻回過頭對他說：

「駝子，水火不容情，你烏龜散步，我們怎麼能等你？」

說著她已經趕上我們，催促我和玉蘭：

「走，快！」

我們沿著長堤直奔九龍口，顧不得駝子哥。

遠遠望去，九龍口已經圍了不少人，堤上一半，水裏一半，還有些老頭子和女人，從堤上，地裏，匆匆地向九龍口奔跑。他們的樣子像跑，其實那速度還趕不上年輕人走路，老頭子低著頭一點一點，女人多半是「改組派」的腳，像隻母鴨子，兩邊晃。

我們三人趕過了幾個老頭子和女人，他們已經上氣不接下氣，扶著鍬柄木樁直喘。江應龍的父親對我們說：

「現在的百花洲青黃不接，你們年紀輕，跑得動的快點兒跑吧！九龍口是百花洲的命脈，破了就一鍋兒爛……」

我們也跑得直喘氣，沒有答話，強勁的南風阻礙了我們的速度，浪頭摔在堤上，浪花噴了我們一臉一身，我沒有洗臉，用袖子在臉上擦擦，擦掉了眼角的麻雀糞。

我們趕到九龍口，發現九龍口崩了好幾處，一崩就是四五尺，寬的地方有一兩丈，需要木板木樁泥土，更需要年輕力壯的人來和洪水搏鬥。

姑爹和一些中年人浸在水裏。打樁，用門板抵住泥土，大爹在堤上跑來跑去，指示大家搶救。

荷花把木樁交給姑爹，就和我們一道下地挖土，九龍口附近的地已經沒有青苗，黃豆、花生藤，連泥土一道挖去堵九龍口，土地已經低了兩三尺，再挖下去就出水，所以只好繼續向後延伸。

別人都在挖黃豆，荷花也跟著挖黃豆，眼看就要成熟的黃豆，誰也不能顧惜，不能因小失大。

荷花挖了兩糞兜土，把鍬交給玉蘭，她和我抬，這一糞兜土堆得高高的，足有一百多斤，我沒有吃飯，像皮球沒有打氣，壓得兩腿打顫，幾乎跌倒。

「急驚風偏遇上你這個慢郎中，小鳳，妳怎麼搞的？兩條腿直彈琵琶？」荷花笑著問我。

「荷花姐，我沒有吃早飯，手腳發軟。」我說。

「我還不是剛從床上滾下來的？誰又吃飯來著？癩蛤蟆都會鼓氣，你也鼓鼓氣啥？」

我望了她一眼，她臉孔脹得通紅，我也只好一鼓作氣，抬上堤去。

我拿出了吃奶的力氣將抬上來的一兜土，倒進兩丈多寬的缺口，立刻滾進水裏，甚麼也看不見，九龍口彷彿一個無底洞，不知道要吃下多少泥土？

駝子哥跌跌撞撞地趕到了九龍口，他把肩上的一塊木板往缺口一拋，立刻有人接住，他扶著我喘氣：

「老天爺，真趕掉了我半條命！」

「要是堵得住九龍口，功勞簿上自然少不了你一筆，你武大郎賣餛飩，別裝模作樣啦！」荷花望了駝子哥一眼又對我說：「小鳳，抬土要緊，不要做他的肉柱子。」

駝子哥放下搭住我肩的雙手，望了荷花一眼：

「妳也是潘金蓮燒香，成不了佛。小風騷，妳少在我面前神氣。」

「龍王爺在發怒，你們還有心思鬥嘴？」我把駝子哥一拉，跟在荷花後面跑下堤去。

玉蘭早已剷好了一堆土，接到荷花這隻兜兒，又剷了一兜，我要和她抬，荷花卻一肩挑了起來，向我一笑：

「爺，九龍口正害急驚風，你又是空心老倌，還是讓我擔著挑兩擔吧？」

我們這些老弱殘兵，沒有一個人能夠挑土，都是兩人一抬，荷花一個人挑大梁，簡直是穆桂英掛帥。但她到底不是男子漢，又很少做粗事，上堤時顯得非常吃力。她一轉來玉蘭就笑著恭維她：

「荷花姐，千斤擔子妳一個人挑，這真是穆桂英掛帥。」

「這纔是蜀中無大將，廖化作先鋒。大火燒著了屁股，我也不能不硬著頭皮幹。」

她又挑起一擔土，直奔九龍口，這一擔土玉蘭少上了兩鍬。

不一會兒，荷花慌慌張張地挑著空兜兒跑回來，人未到聲音先到：

「不得了，九龍口又崩了一丈多！人手不夠，長子先生急得跳腳！」

「許百萬怎麼不來？他應該到楓樹鎮去雇幾十個伕子，天塌下來總不能要長子先生一個人頂！他自己反而躺在床上靠煙燈。」駝子哥接嘴。

「爺，現在不是打官司的時候，你快點兒上土！」荷花把竹兜兒往駝子哥前一拋。

駝子哥一上完土，我就和玉蘭搶著抬，荷花用袖子擦擦汗，喘氣，胸口像鼓著兩隻皮球。崩的地方多，我們這一兜兒土簡直不知道往哪兒倒好？大爹跳下水，我們便往他身邊倒。他一夜沒有睡覺，嗓子沙啞。太陽太烈，他的臉曬成紅蝦。姑爹長年耕作打漁，他的皮膚像我家的銅香爐，浪花打在上面，馬上滑落。

由於大家同心協力，終於堵住了一處最危險的缺口。我已經精疲力竭，肚子餓得咕咕叫，玉蘭聽了嗤的一笑。

「表哥，你在唱空城計？」

玉蘭看完了六才子書，三國的典故也記得很多，在城裏我們又常結伴去看京戲，想不到她信口拈來。

我們下堤時，突然發現姑姑挑著兩隻菜籃一搖一晃地走過來，小腳一雙，眼淚一缸，平時走路風擺柳，挑著兩隻菜籃更是左右搖晃。玉蘭把扁擔一丟，連忙跑過去接，我也把竹兜兒放下，跟著她跑過去。

姑姑看我們來接她，非常高興，她把擔兒往地上一放，雙手扶著我們兩人，笑著對玉蘭說：

「好在妳是雙大腳板，娘走這段路好似上廬山。」

「娘，虧妳雪中送炭，」玉蘭笑著指指我：「表哥早已唱空城計，餓得慘兮兮！」

「現在真是蜀中無大將，廖化作先鋒。」姑姑望著我憐愛地一笑：「要不是鬼子拉走了一百個壯丁，哪用得著你們上陣？」

隨後她又探聽九龍口的情形。玉蘭說給她聽。我實在太餓，往堤上一坐，端起一大海碗飯便吃。姑姑囑咐玉蘭把籃子送到九龍口，給姑爹、大舅、駝子哥吃。荷花的飯她也順便帶了過來。

我碗裏有一隻醃鯽魚，一隻煎蛋，這兩樣菜都蓋在飯上，非常可口，這是姑姑家的家常菜，魚和蛋常年不斷。

玉蘭把飯送走，姑姑也坐在我旁邊，看我吃飯，我們背著風坐，浪花不時濺在我們的背上。

「要是破了九龍口，真是沖走了遍地黃金！」姑姑望望即將成熟的高粱、黃豆、芝麻、綠豆和開著小黃花的花生，自言自語。

「只靠我們這些老弱殘兵，恐怕保不住九龍口。」我說。

「惟願天老爺做做人情，不要老颳南風。」

「姑，九龍口有多少年沒有破過？」

「自光緒末年到現在，都是有驚無險，不然許百萬怎麼發得這麼快？要是這次破了九龍口，他一個人的損失就抵得百花洲三年糧。」

「許百萬好像黃鶴樓上看翻船，他一直沒有到九龍口。」

「九龍口又不能抽大煙，他何必冒這個風險？」

「水火不容情，難道只淹別人不淹許百萬？」

「他看準了你大爹是枝丈二蠟燭，他還不睡著享福？」

我吃完了飯，蹲在堤邊洗碗筷，一個浪頭打來，把我打成個落湯雞，姑姑連忙把我一拉：

「不要冒險，留著我回去洗。」

玉蘭挑著菜籃回來，看我一身濕，笑著問：

「表哥，你落了水？」

「妳表哥好像山裏人，要為我省點洗碗水，結果自己變成落湯雞。」姑姑笑著接過玉蘭的擔兒。

「娘，我送您回去？」玉蘭說。

「不必，妳大腳板，留在九龍口派點兒用場。娘要像妳一樣，也不能坐在家裏偷懶。」

姑姑又挑著菜籃，一搖一晃地走回去。

「娘那雙三寸金蓮，虧她來來去去。」玉蘭望著姑姑的後影一笑。

「妳要是早生二十年，還不是和姑姑一樣？」我說。

「那我還能拋頭露面上城裏讀書？」

「九龍口就更沒有妳的事。」

「表哥，要是九龍口有驚無險，倒也好玩。」

「妳黃連樹下彈琴，真好興緻。」

她嗤的一笑，拉著我往九龍口跑。我吃飽了飯，精神好得多，一口氣跑到荷花那邊。荷花已經把糞兜兒挑了過來，上好了土。

正午的太陽像火燒，細皮白肉的荷花臉孔鼻子曬得通紅。玉蘭笑著對她說：

「荷花姐，三伏天的太陽，毒得很！妳曬黑了划不來，還是去吧！」

「妳兩位曬得我也能曬，鄉下人還能像城裏的太太小姐們不見天日？」荷花說。

「她曬黑了自然有人粧金。」駝子哥望著玉蘭說：「玉蘭，妳何必看三國，落眼淚，替古人擔憂！」

荷花伸手在駝子哥的腦袋上敲了一下，駝子哥雙手蒙著頭，兩眼瞪著她：

「小風騷，妳那雙手怎麼可以上爺的頭？」

「姑奶奶這雙手燒香禮佛都使得，何況你這個烏龜頭？」荷花笑著回答。

「小風騷，妳頭未梳，臉未洗，小心天雷劈你！」

「雷公不是你駝子鬼的娘舅，不會聽你駝子鬼差使。」

「九龍口又出了險，你們還不快點抬上去！在這兒打甚麼狗屎官司？」江應龍的父親挑著空糞兜兒，匆匆地跑過來，大聲吼叫。

大家又忙作一團，挑的挑、抬的抬、挖的挖。我和玉蘭抬了一兜土趕到九龍口，原先那個被堵住的危險缺口，又崩了一大塊。堤面像豆渣，一踩一個洞，一踩一團水。填下去的新土，一時很難凝結。

人手不夠，痲袋、木板、木樁不夠，大家手忙腳亂，十分惶急。大爹叫人敲打掛在竹棍上的一面大鑼，那人拿起一截楊樹樁，把那面大鑼敲打得直跳，急急風似地噹噹噹地響了起來。

鑼聲傳出之後，疏疏落落地來了一些人，百花洲三十歲以上的女人們都是小腳，二十歲以上的是「改組派」，能派上用場的男男女女，多半在九龍口，所以現在來的人就只小貓三隻四隻了。

在那些稀稀朗朗的來人中，遠遠望去有人抬著兩把太師椅，椅子上坐了兩個孩子，後面跟了一個道士，慢慢地走過來。漸走漸近，看得也更清楚。許百萬雙手捧著檀香爐，一縷青煙向上冒，他穿著藍紡綢長衫，黑馬褂，一派莊嚴肅穆的樣子，這麼大熱天，真虧了他。他後面的兩個太師椅作的臨時轎子，一個上面綁了一個男孩，一個上面綁了一個女孩，椅背後面燃燒著三柱大香，香煙繚繞。兩個孩子臉孔通紅，渾渾噩噩彷彿喝醉了酒。

大家都驚奇地望著許百萬和那兩個小孩子。

許百萬一走上九龍口，大爹一身水濕地迎了過去！

「萬春，你來得正好，九龍口正需要人手。」

「漢鼎，人力難以勝天，我特地謀了一對童男童女，祭祭龍王爺，請他老人家息怒。」

大家都瞪著眼睛望著那對童男童女，不知道是誰家的孩子？面黃飢瘦，樣子倒不難看，生得眉清目秀。抬的人把太師椅放在堤上，他們兩人似乎茫然無知，眼睛半睜半閉，大爹望了他們一眼，對許百萬說：

「萬春，九龍口固然要救，人命也很要緊，螻蟻尚且貪生，我們怎麼忍心拿人活祭？」

「漢鼎，你不要誤會，這可不是我的主意，這是龍王爺的指示。」許百萬理直氣壯地回答：「何況他們的家長同意獻給龍王爺，他們喝過鴉片煙酒，住在水晶宮裏比在陽世受苦會更快樂。」

「百花洲還沒有做過這樣的事，我們不能開例。」

「這是一場浩劫，活佛說了黃巢殺人八百萬，在數的難逃。百花洲是福地，以前長毛都不來，日本鬼子偏偏飄洋過海來到百花洲，擄去了一百個壯丁，這不是劫數？」許百萬說得口沫直噴，額上暴出青筋，像剛從泥土裏鑽出來的蚯蚓。

「日本人打中國的主意是司馬昭之心，路人皆知，不是甚麼劫數。九龍口是我們自己的事，如果你屈駕陪我搶救九龍口，我相信堵得住，用不著甚麼童男童女。」

「長子，人不可與天爭，你看這麼大的南風，你有沒有辦法叫它停住？」許百萬指指滔滔的白浪問大爹。

「我不是甚麼妖道，怎麼能呼風喚雨？不過我年年守九龍口，我知道九龍口堵得住。」

「長子，我說了這是劫數，今年不比往年，往年身長力壯的人多，今年這幾個蝦兵蟹將，怎麼堵得住九龍口？偏偏今年又風大水大，豈非天意？你要是觸怒了龍王爺，說不定百花洲會沉下去！」

一個大浪打來，轟然一聲，九龍口又崩了一塊，大爹連忙跑過去，看熱鬧的人也跟著過去，打樁的打樁，釘門板的釘門板，填土的填土，誰也顧不了許百萬和那兩個童男童女。

我和玉蘭抬著一兜土，從許百萬身邊經過，許百萬正舉著小巧的紫銅檀香爐，望空揖了三下，又跪下向滔滔的白浪磕了三個頭，然後轉身向童男童女喃喃地說：

「這是龍王爺的意旨，不是我許萬春狠心。人生不過一世，草生不過一春，你們的老子娘向龍王爺許下了宏願，你們住在水晶宮比在陽世受苦受難強一百倍……」

道士也穿起法衣，搖著鈴，叮叮噹噹地對著童男童女唱唸起來，根本不知道他唸些甚麼？每年正月龍燈第一天出行，也是由他抱著一雙雄雞，唱唸一遍，然後用他那長長的指甲，把雞頭掐斷，雞血塗在龍頭上，雞頭掛在龍嘴裏。

道士唱唸完畢，隨即指揮抬童男童女來的老頭子，把他們移到剛纔崩塌的那塊危險缺口。道士向站在水裏的大爹說：

「江先生，請你們上來，現在開祭。」

那些站在水裏的人們本來已經感到非常吃力，而且危險，聽道士這樣說，有些爬了上來，大爹看看情形不對，連忙問許百萬：

「許百萬，你是不是真把人命當兒戲？」

「這是龍王爺的意旨，豈同兒戲？」許百萬理直氣壯地回答。

「如果我們這些大人都堵不住九龍口，送掉兩個毛孩子有甚麼用處？」

「只要龍王爺一息怒，風平浪靜，九龍口就太平無事。」

「許百萬，你不要做夢娶媳婦，這兩個孩子也是人生父母養的，就是把他們活祭了，能夠保住九龍口，保住你的田地，也不應該這樣做！」

許百萬一怔，額上又暴出青筋，竟答不出話來，道士連忙插嘴：

「江先生，這是龍王爺的意旨，不是許大爺的意思。昨天夜晚龍王爺給我託了一個夢，說我們百花洲一向風調雨順，六畜平安，我們百花洲的人偏偏不知道感恩報德，冷落了他龍王爺，連冷豬肉也吃不到一塊，要我們獻出一對童男童女，這完全是龍王爺的啟示……」

「涂道士，如果這對童男童女不能保住九龍口，你又怎麼辦？妖言惑眾，殺人償命，你知不知道？」

涂道士倒退兩步，望望許百萬，許百萬咳嗽一聲，向大爹一笑：

「長子，你不要恐嚇涂道士，現在是日本人的世界，打不起官司告不起狀。」

涂道士聽許百萬這樣說，馬上膽壯起來，向大爹走近一步：

「江先生，龍王爺既然降了旨，我們又許了願，如果不獻出一對童男童女，那就對不住龍王爺，不但九龍口保不住，說不定整個百花洲都會沉下去，你擔當得起？」

涂道士的話說得大家膽戰心驚，議論紛紛，莫衷一是。

浪頭一個個地打上來，九龍口又發現了裂縫，更是人心惶惶，許百萬和涂道士又添油加醋，說是龍王爺發怒了，非馬上開祭不可。有些老頭子請求大爹同意這件事，大爹跳上岸來，大聲地對大家說：

「如果你們相信許百萬和涂道士的話，我江漢鼎馬上退出九龍口，以後再不過問地方上的事！反正我江漢鼎沒有幾畝地，不要百花洲養我。我用不著替大家拚老命。」

姑爹也跟著跳上岸來。大家感到事態嚴重，又六神無主。涂道士對大家說：

「諸位父老兄弟，江先生是人，不是神，龍王爺的意旨，我們凡人豈能反抗？」

大家又害怕起來，有人跪著向滔滔的江水磕頭，有人向大爹求情，大爹臉色一沉，大聲宣布：

「好！我遵照龍王爺的意旨！反正這兩個毛孩子不是我的骨肉。不過我們為了表示誠心誠意，應該再加上一位，請涂道士陪祭！」

涂道士一怔，臉如死灰，大爹向姑爹手一揮：

「如松！把涂道士綁起來！」

姑爹袖子一捋，跨上兩步，涂道士尖叫一聲，抱頭鼠竄。許百萬連忙把姑爹抱住央求地說：

「使不得！使不得！」

「怎麼？涂道士怕死？」姑爹哈哈一笑。

涂道士穿著道袍，像兔兒下嶺，跑幾步，跌一跤，大家看得哈哈大笑。

「怎樣？萬春，勞你的駕，自己動手？」大爹指指那兩個孩子對許百萬說。

「長子，你既然是菩薩心腸，我許萬春何嘗沒有好生之德？」許百萬向大爹一笑：「不過，要是觸怒了龍王爺，破了九龍口，你可要負責？」

「那你留在九龍口，我們一道下水，誰也不准腳底板搽油。要是龍王爺真的發了怒，破了九龍口，我死給你看。否則我只能盡力，可不背黑鍋。」大爹把許百萬一拉，許百萬身子一縮，打了一個呵欠，眼淚鼻涕掉了下來。

許百萬掙脫了身子，向那四個抬童男童女的老頭子揮揮手，那四個老頭子抬起就走，比來時快得多，那兩個童男童女仍然渾渾噩噩。

許百萬灰頭灰臉地走了，他的鴉片癮已經發作，垂頭喪氣，不像來時那副樣子。

有些老頭子生怕得罪了龍王爺，心裏不安，主張用一對童子雞代祭，大爹沒有反對。

日落時，九龍口燒了三柱大香，宰了一對童子雞丟進江裏，老年人都磕了響頭。

晚上又風平浪靜，大家趁機修好了所有的缺口。

我們回來又很遲，走到半路駝子哥突然笑了起來，笑得我們莫名其妙。

「駝子鬼，你笑甚麼？」荷花問他。

「我笑涂道士只恨爺娘少生兩條腿。許百萬也只過足了鴉片癮在妳身上發威。我們出力出汗搶救九龍口，他們卻用肉包子打狗，這主意兒可真餿！」

第六章　屋漏偏逢連夜雨　破船又遇打頭風

一連刮了七八天的大南風，百花洲的人像拉緊了的弓弦，白天都守在九龍口，夜晚也分班輪流。真是人困馬乏，東倒西歪。

南風一停，大家鬆了一口氣，只留三兩個人在九龍口巡視，其餘的人都回家睡覺休息，我和玉蘭在家裏溫習功課，練練大字，比劃比劃荒疏已久的三腳貓兒。

「表哥，我們這樣一天打漁，三天曬網，一年也學不會一套猴拳。」玉蘭笑著對我說。

「做做樣兒給姑爹看，免得他說我們偷懶。」我笑著回答：「就是學會了幾手三腳貓兒，還能擋住洋槍大砲？」

「表哥，你也別太曦視它，那天爹袖子一捋，涂道士就駭得屁滾尿流，不行點鑿，殺雞給猴子看，許百萬會有那麼乖？」

「難怪秀才遇到兵，有理講不清。」我笑了起來。

「那天要是全憑大舅講理，真不知道黃河的水，哪天得清？涂道士是根神棍，許百萬也難纏的很。」

「給他們來個先禮後兵，他們就夾起尾巴溜了！」

「桑樹扁擔打狗，還不四腿一伸？」玉蘭向我一笑。

姑爹的武藝，在百花洲是有名的，他能抓住站著的大水牛的尾巴拉著牠倒退，把大石滾舉過頭頂，手腳也靈活得很，三五個年輕人近不得他的身，涂道士和許百萬那兩個煙缸子，瘦猴子，他真一把捏得死。那天日本人看走了眼，以為他是個普通中年人，沒有把他當壯丁拉去，真是萬幸。

為了九龍口，這幾天他實在太累，他也不管我們打漁還是曬網？只顧埋頭大睡。

偏巧南風一息，天氣就陰陰暗暗，終於下起雨來。開始雨並不大，大家正好睡覺。漸漸地，天像裂了口，雨傾盆地倒下來，屋簷水嘩啦嘩啦響，一晝夜之後，池塘統統滿了，牧牛場和低地都上了一兩尺深的水，堤外是長江，堤內也淹了不少地方。在冬天，長江水淺，挖開九龍口，堤內的積水便統統流進長江，現在長江的水位比堤內的地勢高，這些雨水便無處排洩了。

百花洲的人又焦急起來，堤內的水，天晴以後，還可以慢慢「坐」下去，損失有限，長江的水位一高，威脅更大，九龍口是新土，更經不起這種大雨的沖洗，防堵就更加困難了。

雨打在江上使平滑如油的江面變成一張大麻臉，雨的銀簾使天地上下相連，對面的楓樹鎮，隔著層層的銀簾如霧裏看花，隱隱約約，雞鳴犬吠相聞，卻看不清那石板路的小街和行人。

姑爹望望傾盆的大雨，兩條長眉擠在眉心彷彿打了結，忽然重重歎口氣：

「唉！老天爺真不肯做人情，不是風，就是雨，萬一大雨沖垮了九龍口，許百萬就抓到了把柄！」

「你和大哥鞠了躬盡了瘁，還怕他許百萬閒言閒語？」姑姑說。

「百花洲的人都靠天吃飯，一肚子的神。我那天霸王上弓，駭走了涂道士，大舅拖人下水，唬住了許百萬，妳以為他們開心？」

「就是讓他們丟下童男童女，九龍口要破還不是照破？」

「嗨！大舅怎麼忍心用兩條人命去破除迷信？明知道自己要背黑鍋，也只好硬著頭皮背。」

「要不是少了一百壯丁，九龍口還是保得住。」

「這還用妳說？」姑爹一笑：「我就是耽的這個心！許百萬說我們是蝦兵蟹將一點兒不錯。往年人手充足，兵來將擋，水來土掩，民國二十年那樣的大水，我們結成一座肉屏風，還不是保住了九龍口。這次可不同了，拆東牆補西牆，慌手慌腳，隨時出紕漏，老頭子一下水就搖搖晃晃，妳們婦道人家都是乾腳子，大舅縱然是諸葛亮，也扶不起這群劉阿斗，妳看有甚麼法子保得住九龍口？」

「要是大哥沒有辦法，我還能想得出甚麼餿主意？我又不能一口喝盡長江的水！」姑姑望望姑爹，又望望外面的大雨。

姑爹也兩眼注視外面，江水更渾，流得更快，一隻掛著太陽旗的下行的汽艇，像隻脫弦的箭簇，去勢如飛。一個穿著雨衣的日本兵，蹲在船頭甲板上，守著一挺重機槍。汽艇後面拖著兩條長長的浪槽。

在日本人沒有打來以前，掛著太陽旗的日本輪船、兵艦，幾乎天天從門口經過，和那些掛著英國旗、美國旗、法國旗的輪船兵艦一樣，穿梭來往，我一生下地就見慣了那些外國輪船、兵艦，只有黃煙囪的輪船纔是我們自己的。現在英國的、美國的、法國的輪船兵艦，統統不見，連我們自己的黃煙囪也不見蹤影，只有掛著太陽旗的汽艇來來去去，它們的砲位槍位總有人把守，我們的部隊不知道退到哪兒去了？他們還是如臨大敵。

那隻汽艇很快地就脫離了我們的視線，在煙雨濛濛中消失不見。如果是天晴，我們只要往堤上一站，上下可以望四五十里路遠，現在這麼大的雨，我和玉蘭伸頭在門口望望就算了。姑姑還還怕槍子兒傷了我們，不讓我們張望。

姑爹拿起白銅水煙袋，一面咕咕地吸煙，一面吩咐我和玉蘭打拳，他在一旁指點。姑姑看著我和玉蘭的花拳繡腿，抿著嘴忍住笑，姑爹卻直搖頭，自責地說：

「可惜我教得太遲了，兩隻笨猴兒恐怕上不了大樹，要是三五年前開始，說不定那天還能派點用場？……」

「你從小學了幾手三腳貓兒，也只駭跑了一個涂道士，有甚麼鬼的用場？」姑姑笑著說。

「玉蘭的娘，百花洲向來是風調雨順國泰民安，真個是夜不閉戶，道不拾遺，我四兩豬頭肉，還能在自己人面前賣？那天要不是大舅傳下將令，我真沒有想到唬人，其實我只是捋捋袖子做個樣兒，想不到涂道士那個膿包，抱頭鼠竄……。」

「老虎不吃人，樣子難看。」

「其實完全是大舅先聲奪人，」姑爹抱著煙袋一笑：「他濃眉大眼一瞪，比我兩隻拳頭怕人，我不過是沾點兒威風。」

姑爹和姑姑一談話，我和玉蘭就偃旗息鼓，不咚不嗆，望著他們兩人。

「大哥這幾十年，全憑一個『理』字服人。」

「玉蘭的娘，妳說的是，講理的地方自然用不著我的三腳貓兒。現在變了天，日本鬼子可不講理，我纔想起教他們兩人幾手兒，這完全是臨時抱佛腳，想不到這兩個活寶，還心不在焉？」

姑爹望了我和玉蘭一眼：「我看真應了妳那句話兒：我是趕鴨兒上架。」

玉蘭嗤的一笑，用手肘輕輕地碰了我一下。

姑爹又望了我們一眼，玉蘭的頭往我肩上一埋，笑得全身顫抖起來。

「不要傻笑，快給我拿簑衣斗笠來，我要到江邊去看看。」姑爹對玉蘭說。

玉蘭身子一旋，跑到披屋去，過了一會兒，她戴著斗笠，穿著簑衣出來，簑衣拖到腳背，看來像個小毛人，姑姑笑了起來，姑爹笑著罵她一句：

「淘氣神！」

玉蘭笑著把斗笠取下，簑衣解開，交給姑爹。姑爹把簑衣往肩上一披，在喉下打了一個活結，把斗笠往頭上一罩，褲腳一捲，布鞋一脫，赤腳走了出去。

雨很大，打在斗笠上咚咚響，又嘩嘩地流下來，像一條條銀的流蘇；打在簑衣上像鴨子背上澆水，變成千百顆珍珠，滾落下來。

姑爹直向堤上走去，姑姑望望他的背影，笑著對我和玉蘭說：

「你們兩個寶不要太淘氣，戲臺上的伶官也要做甚麼像甚麼，你們打拳的時候就認真打拳，從前太平日子，一切有王法，用不著三腳貓兒，現在說不定要炒冷飯，學兩手兒對你們自己有好處。我們江家世代書香，我不歡喜玉蘭的爹和別人動手動腳，所以我總是潑他的冷水。我嫁給他以後，他也學斯文了，一二十年來無用武之地。本來他早就想把那兩手兒傳給你們，我和大哥偏要你們上學，他拗不過，只好藏起來。日本鬼子講霸道，騎到我們中國人的頭上，現在你們上不成學，他要你們打拳，你們就用心學，他兜著一兜好桃兒李兒，找不到好主兒，他會傷心的！」

「姑，姑爹以前和別人交過手沒有？」我好奇地問。

「百花洲的人吵架，只捋袖子不動手，人家又知道他拖得動水牛，誰願意雞蛋碰石頭？我又不讓他動手動腳，他和誰交手？」姑姑一笑。

「娘，那爹不是白吃了一頓辛苦？」玉蘭笑著問。

「寶，苦哪有白吃的？」姑姑望著玉蘭慈愛地說：「妳爹不怕風不怕雨，在江裏浸一兩天也不在乎，還不是靠那點兒功夫？四十歲的人了，看樣子一榔頭還打他不死。」

我羨慕地望望姑爹，他已經走到堤上，站在大雨中望著滾滾的江水出神。戴著大斗笠，穿著大簑衣，真像個大猩猩。

他走了幾步，又蹲下去看看，好像在檢查甚麼？

一隻灰色的日本小砲艇，從下游上來，水流很急，砲艇走得很慢，它幾乎是沿著堤邊走，因為江邊的水比江心流得慢。有兩個日本兵穿著雨衣，站在前甲板的砲位旁邊，望著岸上。砲艇漸行漸近，艇上的士兵和姑爹相隔不過三五丈距離。姑姑有點耽心，生怕那兩個鬼子兵開槍打他。

砲艇走遠後姑爹轉身回來，他手裏抓了一個兩寸多長的大蝗蟲，長長的後腳像鋸齒，他遞給玉蘭，玉蘭不敢接，他又交給我，笑著罵玉蘭：

「到底是女兒家，沒有膽。」

玉蘭笑著啐了他一下。他把斗笠簑衣脫下來放在大門外瀝水。

「水位怎麼？」姑姑問他。

「漲了一尺多，」姑爹說：「快到了民國二十年的水位了。」

「老天爺作點人情纔好，惟願不要再下！」姑姑望望外面的大雨。

「這真好有一比！」姑爹接嘴：「屋漏偏逢連夜雨，破船又遇打頭風。我看九龍口凶多吉少！」

雨下得十分起勁，毫無停止的意思，姑姑輕輕地歎了口氣。

姑爹又拿起白銅水煙袋。這種雨天，女人只好打打孩子，男人只好抽煙消遣。

我和玉蘭不是三歲兩歲，姑姑又不愛打人罵人，她要我穿姑爹的簑衣到後園去拔玉米，姑爹種的玉米桿兒有五六尺高，玉米又肥又大，有七八寸長，現在剛剛成熟，不嫩不老，拔下來煮最好吃。我高興地接受了這個差事，穿了姑爹的簑衣木屐，戴起斗笠，玉蘭連忙替我打開後門，輕輕地囑咐我：

「表哥，揀大的拔，不要忘記帶兩根甜玉米桿兒。」

百花洲不出甘蔗，好的玉米桿兒也很甜，我和玉蘭從小就歡喜吃，我們都有經驗，好歹落眼便知，凡是靠地面的桿兒和氣根帶紫紅色、金龜子咬了節的一定甜。

我笑著點點頭，她在簑衣上輕輕地拍了一下。

雨太大，姑爹的簑衣太重太長，他穿在身上不到膝蓋，我卻拖到螺絲骨，行動不便，我選路邊的大玉米拔了下來，拔一個就拋給玉蘭，她張開黑裙子接住，我拔了十來個，夠吃一頓，正想回來，突然聽見大鑼的聲音，玉蘭輕輕提醒我：

「表哥，玉米桿兒，玉米桿兒！」

我看準了兩根，正想拔起，姑爹衝到後門口大聲地對我說：

「家鳳，簑衣給我！」

我只好廢然而返。姑爹匆匆地穿上簑衣，戴好斗笠，隨手從門角拿起長鍬和一根四五尺長的桑木椿子，拔腳就跑。

「九龍口真的危險了！」姑姑悵然地說。

鑼聲急促沉重得很，一下下敲在人心上，敲得人心慌意亂。

我和玉蘭想去九龍口看看，姑姑不肯，她說：

「今天凶多吉少，你們也幫不上忙，說不定反而會被大水沖走，楊樹杪上打鞦韆，何必冒這個險？」

玉蘭望望我。我望望她。姑姑不同意，我們不好違拗她。

姑姑到廚房煮玉米時，我們商量了一個辦法。我拿起姑爹的大雨傘，藉口回家，姑姑問我：

「小鳳，你不吃了玉米再走？」

「姑，您煮熟了我再來吃。」我說。

我一走出門，玉蘭突然叫住我：

「表哥，我也到大舅家去一下。」

我故意把傘伸過去，她連忙穿上膠鞋，往大傘底下一鑽，推著我走。姑姑趕到門口問她：

「玉蘭，這麼大的雨，妳去大舅家幹甚麼？」

「娘，我去問大舅兩個難字！」玉蘭回答，又輕輕地對我說：「表哥，快走！」

「寶，妳別在孔夫子面前賣文章！」姑姑笑著說：「妳葫蘆裏賣的甚麼藥，妳以為娘真的不知道？水火不容情，你們小心點兒。」

我笑了出來，玉蘭伏在我肩上格格地笑。

走到堤上，我們發現駝子哥穿著簑衣，戴著斗笠，也向九龍口走去，我們很快趕上了他。

「駝子哥，你也去九龍口？」我在後面問他。

他回頭一笑，輕輕地說：

「去看看熱鬧，不知道九龍口怎樣破法？大水沖倒龍王廟，一定很好玩？」

「駝子哥，我們真是黃鶴樓上看翻船。」玉蘭嗤的一笑。

「絞腸痧，死症！」駝子哥說：「妳看！這麼大的雨，來了幾個毛人？光靠妳爹和妳大舅幾個人，行？」

我放眼望望，真的沒有幾個人，女人是一個也看不到，荷花也沒有出來。

江水的確漲了很多，水位離提面不到兩尺。

我們走到九龍口，只看到十來個人在搶險，九龍口的新土，經大雨一沖，垮了很多，人走在上面像踩在豆渣上。我們不敢過去，站在幾丈遠的老堤上觀看。

姑爹又站在水裏，和五六個人正在釘樁，卡住一塊門板。但是垮的地方太多，有的地方陷下去一兩尺深，有的地方裂了一條長口，水往裂口上直冒。姑爹他們站在水裏搶救實在非常危險。

大爹看看人手太少，危險的地方太多，大雨又直往裂口和塌陷的地方沖，裂口越沖越大，塌陷的地方越陷越深，連忙要姑爹他們統統退到老堤上來。

姑爹他們退過來，眼睜睜地看著那些裂口擴大，塌的地方繼續坍垮，雨水往下流，江水往上冒，泥土像泡在水裏的豆渣，漸漸瓦解，散開，終於轟然一聲，爆裂開來。九龍口一丈一丈地崩潰，江水像瀑布似地直往堤內倒灌，又千軍萬馬地向前直沖，黃豆沖倒了，芝麻沖倒了，上丈高的高粱也沖倒了，有些連根拔起，隨波逐流而去。

有的老頭子看了搥胸頓腳號啕大哭，有的蹲在地上黯然流淚，兩手抓著泥土和青草。

九龍口的缺口越來越大，不斷向兩邊延伸，老堤也被沖垮，漸漸崩到我們的面前，我們連忙後退。

水淹的面積越來越大，蝗蟲、金龜子到處亂飛，最後還是跌在水裏沖走，淹死。

大爹和姑爹像兩隻鬥敗的公雞，生氣地望了我和玉蘭一眼，垂頭喪氣回去。

雨很大，打在我們的傘上，像在簸箕上撒黃豆，咚咚響。我和玉蘭的衣袖裙褲已經淋濕。

本來我沒有打算再到姑姑家去，玉蘭輕輕地碰碰我，望著我說：

「表哥，你不去吃玉米？以後沒有了！」

她一提起玉米，就彷彿有一股甜香的味道鑽進我的鼻子，我身不由己地跟著她回去。

姑姑不在家，後門是敞開的。她正戴著斗笠，在園裏搶拔玉米，後園地勢比較低，準會淹水。她已經拔了一籮筐，還拔了幾根甜玉米桿兒靠在後門口。

姑爹趕過去幫忙她拔，我和玉蘭也跟著過去，玉蘭撐傘，我拔。

別的人家也在搶割附近的高粱和玉米，有些早熟的高粱穗子已經發紅，雖未十分成熟，搶回來也可以當幾頓糧食。

大水慢慢地淹過來，不像九龍口那麼湍急，我們拔完了所有的玉米。水頭纔淹到我們的腳邊。

姑姑的小腳陷進泥裏，走一步一個深洞，姑爹把她抱起來，送到後門口。玉蘭望著我一笑。

傍晚時雲散雨止，西方一片紅霞，鮮豔欲滴。

百花洲完全淹在水裏，高大的楊樹桑樹，也淹了一半，有的只露出樹頂。大水已經淹上屋基，有些人家已經上了水。

堤內堤外一片汪洋，堤內堤外的水位完全拉平。晚霞映在渾黃的水面，變成一片殷紅。

蟬兒集在楊樹頂上聲嘶力竭地叫喚：「知——了，知——了。」

第七章　醉八仙歪歪倒倒
梁惠王結結巴巴

本來大家都很忙，大水一淹，便無所事事。每一家都被大水包圍著，到鄰居家要赤腳涉水，稍遠一點必須利用腳盆、門板，或是坐船。

大水淹掉了百花洲的全部收成，也淹掉了荷花的生意，現在是鬼都不上門，那些吃零煙的煙缸子只好在家裏睡覺，熬癮，許百萬自己家裏備有全套傢伙，煙土也是論斤買，他到王寡婦店裏是醉翁之意不在酒，完全是為了荷花。他家裏沒有船，他不敢划著腳盆門板走三兩里水路，到底性命要緊。

荷花沒有事，時常用隻大筲箕在門口撈魚，大水淹得連一根青草都看不見，倒是魚兒特別多，尤其是肥大好吃的游鰺，總是游到大門口來。她在筲箕裏撒幾粒飯，沉到水裏，游鰺就會游進去吃，然後出其不意，突然把筲箕端起，一次可以撈上兩三條，撈個把鐘頭，她們母女兩人一天的菜就不成問題。

姑爹家裏有夠船，有各種口面的罾，那面放在江邊的大罾已經收起，每天黃昏時分，他就提著一丈二尺口面的提罾，涉著大腿深的水，在附近扳魚，他腰間繫著一個魚簍，扳了一條就隨手往魚簍裏一塞，很有思意。我和玉蘭都很喜歡這玩藝兒，但是我們的力氣太小，人也太矮，提不起來，只能在門口望望。

姑爹每天扳一兩個鐘頭，我們幾家人都有魚吃，這是唯一的新鮮菜，也是一樣百吃不厭的好菜，姑姑說我是饞貓，專愛吃魚。

大水淹了百花洲，大人們愁眉苦臉，我並不感到有甚麼威脅，覺得這倒是一件新鮮事兒。只是有兩樣事不好，大爹督著我和玉蘭唸書寫字，姑爹逼著我和玉蘭打拳，像和尚唸經，早晚的正課。

唸書的時候，玉蘭坐著腳盆划過來，打拳的時候我捲起褲腳涉水過去。有一次我和她擠在一個腳盆裏，划到姑姑家去，起初我們都小心翼翼，沒有失去平衡，快划到姑姑家時，一條鯉魚突然在我們的腳盆邊「跳水」，跳起兩尺多高，我連忙伸手去抓，魚沒有抓到，腳盆一翻，我們兩人都卜通掉進水裏，變成了落湯雞。玉蘭爬起來，摸摸臉上的水哭笑不得地說：

「表哥，你這真是偷雞不著蝕把米！」

我啞子吃黃連，做不得聲，荷花在門口笑彎了腰。姑姑看見我們這副狼狽的樣子笑著搖頭：

「你們這兩個寶，百花洲的水你們還能一口喝乾？不要吃魚不到反而餵魚！」

我不聲不響把腳盆拖到姑姑家，我們身上在滴水，玉蘭的頭髮更是水淋淋。我要回家換衣，姑姑卻要姑爹替我去取。

「玉蘭的爹，你人高腿長，偏勞一下，免得小鳳餵魚。」

「玉蘭的娘，妳別替我戴高帽子，我知道妳葫蘆裏賣的甚麼藥。」姑爹望著姑姑一笑。

姑姑和玉蘭都笑了起來，姑姑又說：

「你既然是瞎子吃湯圓，心裏有數，那就請吧！」

「我手掌也是肉，手背也是肉，妳還怕我不去？」姑爹望了我一眼，捲起褲腳跨出門去。

玉蘭躲到房裏去換衣服，姑姑悄悄地問我：

「寶，你喝了髒水沒有？」

我搖搖頭，姑姑又笑著說：

「你要是喝了這種人參湯，真會長命百歲。大水淹過的地，都不必施肥。」

我聽了好笑，玉蘭換了衣服出來，笑著接腔：

「娘，您真是罵人不生氣，還當作一句好話兒講。」

「寶，妳別給娘栽贓，娘怎麼捨得罵妳表哥？」姑姑牽起衣角擦擦玉蘭頭上的水，又望著我一笑。

玉蘭嗤的一笑。

姑爹給我拿來衣服，我換好之後，他罰我打拳。

「姑爹給你跑腿，你打套醉八仙給姑爹看看？」姑爹抓起白銅水煙袋笑著說。

醉八仙是姑爹剛教給我的一套拳，這套拳比猴拳更難打，猴拳講究靈活輕巧，只要認真打還像那麼回事兒。

醉八仙歪歪倒倒，虛虛實實，實實虛虛，輕飄飄的步法和招式，全靠火候，火候不到那真是畫虎不成反類犬。姑爹打來真是飄飄若仙，拳未到，勁先到，就真像喝醉了酒，東倒西歪，根本不是那回事兒。但是姑爹要我打，我又不能不打。

我打的時候姑爹捧著水煙袋，歪著頭像隻歪著脖子的公雞，臉上掛著微笑。當我歪歪倒倒地打到他身前時，他突然用腳輕輕一挑，我叭噠一聲，跌了個狗吃屎。

玉蘭嗤的一笑，姑爹哈哈大笑，姑姑連忙把我扶起，笑著罵他：

「你幾十歲的人了，何必整他？」

「他是個繡花枕頭，中看不中用，像得了懶病，怎麼成。」姑爹說。

「他還是剛上路，你就想他一拳打死一條水牛？」

「我不過是試試他到底用了幾成勁？想不到他完全掩耳盜鈴？」

「爹，你這樣整人以後我不學了！」玉蘭向姑爹抗議。

「嗨，妳知道爹當年吃過多少苦？爹這手三腳貓兒比妳娘那雙小腳還費勁！嚴父出孝子，嚴師出高徒，你們這樣簡直是太子上學，大過老師。」

玉蘭又嗤的一笑，姑姑接著說：

「好了，教歸教，學歸學，以後你可不能整他們？這不是拿著鞭子耍猴兒，要是他們真的不肯學，你那幾手三腳貓兒不是失了傳？多可惜！」

「玉蘭的娘，」姑爹哈哈一笑：「妳真以為我有了綿花織不成布？還要巴結他們？」

「可不是？」姑姑笑著回答：「你又怕失了傳，又捨不得教外人，這不是褲腰帶兒打了死結？急壞人？」

「玉蘭的娘，我服了妳！」姑爹哈哈大笑：「好在妳只讀了《百家姓》、《三字經》，不然打起官司來法官都會輸給妳！」

我也忍不住笑，姑姑蹲下來替我揉揉膝蓋，低著頭笑。姑爹藉故走開。

我在姑爹家裏打拳，實在享盡了優待。在大爹家裏讀書卻沒有這麼好。大媽慧芬姐對我和玉蘭雖然也是愛護備至，大爹的性格卻和姑爹不同，他有點使人望而生畏，尤其是那對大眼睛濃眉。即使對我和玉蘭特別和顏悅色，我也不敢像在姑爹面前那麼隨便。

有一天他要我和玉蘭背《孟子．梁惠王》那一章，我根本沒有讀，結結巴巴，兩眼望天；他又要玉蘭背，玉蘭卻行雲流水地背了出來，有腔有韻，大爹非常高興，隨後又要我背，我臨時抱拂腳，強記了幾句，還是結結巴巴，他挑一　我背一句，他不挑我又停鑼息鼓，他從椅子上霍地跳起來，在我腦殼上重重地敲了兩下，指著我的鼻尖罵：

「蠢材！江家的風水轉了向，到你這一代完了。」

我不敢作聲，雙手蒙著腦殼，腦殼上起了兩個大疱。他還逼著我把書讀熟，再背。大媽連忙走過來替我揉揉，埋怨大爹幾句，大爹卻向大媽一吼：

「一打一呵，頭上做窠，妳跟我滾開些！」

大媽是個香扇墜兒，脾氣又特別好，好得近乎儒。大爹對她一吼，她身子一震，笑著退開：

「你這副吃人的相，不要嚇掉了我的魂！」

「爹，你敲暈了小鳳的頭，還要他背書，秀才先生怎麼行釁？」慧芬姐申援我。

「妳架上的鸚鵡，少管閒事！」大爹瞪了慧芬姐一眼。

慧芬姐向玉蘭一呶嘴，玉蘭悄悄地溜了出去。

過了一會兒，姑姑趕了過來。一看見她我心裏就一喜。因為敢和大爹抬槓的只有姑姑。她一跨進門檻就問大爹：

「大哥，大水淹了百花洲，鬧著也是鬧著，小鳳偶爾背不出書，你也犯不著生氣。宣統皇帝早退了位，他還能考個狀元唄？日本人狼心狗肺，中文都想消滅？你一肚子的學問又賣給誰？」

大爹被她問得一怔，不答覆她的問題，故意把臉一沉：

「誰叫妳來的？」

「女兒還斷得了娘家的路？我自己長了腳不會走？大哥，你還能六親不認唄？」

大媽和慧芬姐一笑，大爹再也沉不住臉，玉蘭躲在慧芬姐背後吃吃地笑。

「我管教姪兒還管教壞了？妳興甚麼師？問甚麼罪？」

「大哥，我還敢向你興甚麼師？問甚麼罪？不過姪兒不是你一個人的，你手一敲，他頭上一個疱，你不心疼，我可心疼。」

「四妹，妳螃蟹走路，橫來！妳這是存心冤我！」大爹無可奈何地望著姑姑。

「我冤你？大哥，你自己看看。」姑姑走到我身邊，指指我頭上的疤對大爹說：「要是他姑爹也像你一樣教法，那不一拳把他打成個肉醬？」

「他老子娘都沒有作聲，妳倒來教訓我？」大爹又好氣又好笑：「妳真保定府管到北京城，過了地界了。」

「大哥，你這話就講歪了！難道我真是嫁出去的女兒潑出去的水？姑姑也算外人？」姑姑無限委屈地說。

大爹看看姑姑眼圈有點發紅，把頭轉過去，不再作聲，姑姑卻不放過他，又頂上去：

「大哥，我知道你有點兒偏心，藉著小鳳出氣。你說江家的風水轉了向，生怕轉到徐家來。漫說江家風水還沒有轉向，就是真的轉了向，玉蘭是江家的根，還給江家可成？」

「四妹，妳這真是司馬昭之心！」大爹轉身一笑。

大媽和慧芬姐都笑了起來。姑姑笑著把我一拉：

「走，不要在這兒受罪。如今垮了金鑾殿，你還能考個狀元不成？看你大爹那一肚子的子曰《詩》云哪兒去賣？」

她一手牽著我，一手牽著玉蘭，走了出來。後面響起大媽和慧芬姐的笑聲。一走出來姑姑就噗嗤一笑。

「娘，您頂大舅頂得好兇，不怕大舅生氣？」玉蘭輕輕地說。

「讓他癩蛤蟆鼓氣，」姑姑輕輕一笑：「誰教他打妳表哥？」

姑姑又揉揉我頭上的疱，笑著對玉蘭說：

「看不出妳大舅那雙雞腳爪，有這麼大的勁？我真想再去頂他幾句！」

玉蘭把姑姑一拉：

「娘，得饒人處且饒人，您不能再給大舅碰一鼻子灰。」

「好，難得妳這點兒孝心，依妳的。」姑姑一笑。

大水已經退去兩尺，不用腳盆門板，可以走來走去。走到姑姑門口，迎面碰著姑爹，他看我頭上一個大疱，嗤的一笑：

「你心不在焉，我知道你會吃點兒苦頭的。」

「屎蟑螂搬家，滾你的蛋！」姑姑笑著罵他：「大水淹了百花洲，你們閒著無事做，關起門來整孩子，顯的甚麼本事？」

第八章 荷花進城入虎口 門牙落地和血吞

兩個月後，長江水位低落，百花洲的水也由九龍口退了出去。水退後的百花洲，留下一層兩三寸深的潮泥，再加上腐爛的黃豆、芝麻等農作物，土地是更加肥沃了。

百花洲的水牛，淹水後統統趕到楓樹鎮那邊親戚朋友家寄養，現在也統統趕回來了。駝子哥同大水牛去楓樹鎮住了兩個月，現在也回來了。

本來一片青綠的百花洲，現在連一根青草也沒有，牧場也蓋著一層潮泥。大家都搶著把泥土翻過來，播種油菜、小麥、稞麥。

耕地是起早摸黑的工作，以往都由年輕力壯的人擔任，那一百個壯丁拉走之後，渺無音訊，這個工作只好由中年人老年人來幹了。

荷花鋪子的生意也漸漸好了起來，常常半夜三更纔睡。老年人精力不旺，為了應付繁重的耕種工作，不抽大煙的也來抽一兩口提提神。許百萬三五天必然來一次，一來就是半天半夜，不像別人抽了就走。王寡婦缺貨時，他就將自己的煙土拿出來給她應急。王寡婦會眉開眼笑地說一句：「許大爺真是及時雨！」她的報答是讓荷花單獨服侍他。

荷花每天都睡到日上三竿纔起來，因為晚上不到雞叫她不能睡。白天她沒有事，別人下地她用不著下地，她的生意多半到晚飯以後纔開始，白天偶爾賣點酒，有她母親足夠應付。

姑爹也忙著種地，沒有時間教我和玉蘭打拳。每天上午我們在大爹家讀兩三個鐘頭的書，就沒有事，其餘的時間完全由我自己支配。別人都不空閒，甚至駝子哥也要下地，我們自然和荷花在一起的時候多。

我和玉蘭又恢復了攀魚生活，荷花也時常陪著我們，她總希望我們讓一兩條魚給她作菜，因為大水之後，甚麼也沒有，新種的青菜還得個把月纔能上桌。她多半是一面打鞋底，一面和我們聊天。

「今年這場大水，淹掉了許大爺幾百擔芝麻黃豆！」

「大鍋粥，一鍋爛，百花洲的人都倒了大楣。」玉蘭說：「不止他許百萬。」

「他有點兒怪妳大舅。」

「要是信他的餿主意，不是賠了夫人又折兵？」

「敢情是。我也是這樣說，但他一肚子的神。」

「我看是一肚子的鬼？」我笑著插嘴。

「那倒不會，」荷花搖搖頭：「怎麼說他的錢也壓不倒你大爹的名。」

江裏漸漸有帆船來往，雖然不像逃難時那樣帆檣如織，螞蟻搬家似的，但也不像日本人剛來時那樣鳥雀歸窠，不見一片帆影。有三兩隻帆船上上下下，的確減少了不少戰爭氣氛。日本人的汽艇，現在也不像從前那麼如臨大敵，士兵在甲板上散步，欣賞百花洲的風景。

「聽說城裏已經安了民，鄉下人有良民證就可以進城。」荷花說。

「為甚麼要良民證？」我問。以前我們上街像外甥上娘舅家，哪要甚麼證明？我和玉蘭在城裏唸書，也沒有聽說我們是鄉下人，不准進城。

「鬼子做賊心虛，還不是怕游擊隊混進城？」

「我們小孩子當甚麼游擊隊？」

「小孩子自然不用良民證。」

「荷花姐，妳消息是哪兒來的？」玉蘭問。

「許大爺說的。我已經託他代我辦份良民證。」

「妳想上街？」

「我不上街煙土哪兒來？」荷花一笑：「許大爺的存貨也快光了。」

「日本人不抓煙土？」

「聽說城裏可以公開抽大煙，鴉片館還發牌照，不像以前那麼偷偷摸摸。」

「抽鴉片，發牌照，這倒是新鮮事兒？」玉蘭說。

「這倒給我們行個方便，免得提心吊膽。」

「那以後大煙缸子不是更多了？」

「這也是姜太公釣魚，願者上鉤啦！」

荷花一笑，在簍子裏捉了兩條翹嘴白，向我們告辭。

三天後她弄到一張良民證，上面貼了她的照片，蓋了印。這是百花洲的第一張良民證，她給我們看了一眼就往懷裏一塞，笑著說：

「有了這張護身符，就可以通過鬼門關。」

「荷花姐，妳是怎麼弄到手的？」

「許大爺託人在警察狗兒身上化了錢，沒有點兒門路怎麼弄得到手？」

第二天她就上街。大爹要我同她一道進城看看他的房子，那棟小洋房是鐵將軍把門，不知道把不把得住？他自己沒辦良民證，一時不想進城。玉蘭聽說我要進城，她也要跟著去看看城裏的同學，我們都有三四個月沒有上街。姑姑一再拜託荷花照顧我們。

「姑奶奶，您放心，他們又不是劉姥姥進大觀園，城裏比我還熟，還怕迷了路？」荷花對姑姑說。

「我倒不是這個意思，現在是鬼世界，不比從前，要是有甚麼差錯，叫天不應。」姑姑說。

「您放心，城裏安了民，光天化日的，三條大路我會走中間，保險出不了紕漏。」

「這年頭，最好穿釘鞋，拄拐棍，雞蛋不要碰石頭。」

「姑奶奶您說的是。」荷花笑著點頭。

平時進城是大人的事，這次王老頭的船卻裝了一船小蘿蔔頭，都不超過十五歲，只有荷花像個大人。他們有的是去城裏看看親戚，買點零用東西，有的提了幾隻雞去賣。大人一則忙著種地，沒有工夫，二則沒有良民證，更怕拉伕，因此都不敢進城去。王老頭上了年紀，本來就靠船維生，很久沒有上街，只偶然開到對面的楓樹鎮，生活維持不下去。這次他決定進城看看風色，能上岸就上岸，不能上岸就託人買點米回來。

東北風，正好送著滿篷的帆船西上，平時這正是運送芝麻黃豆進城的鬧季，帆船首尾相接，而且船船滿載。現不過三兩條船，都是輕舟淺載。

沿途都沒有發現日本人的哨卡，行近鎖江樓的寶塔，纔發現日本兵，端著槍瞭望，沿江都安了鐵絲網，二三十步就有一個哨兵。原先的渡口已經封鎖，新的渡口移上去了一里多路。

王老頭小心地把船離開岸邊十來丈遠，不敢像以往一樣貼著岸邊行駛。新渡口停了四五條船，不像往日一字兒排開，擺了里把路長，連一個空檔都找不到。

渡口站了一個持槍的日本兵，刺刀在陽光下閃閃發亮。尖頂小軍帽，看來很不順眼。先到的一條船上去了四五個人，帶頭的一個鄉巴佬指指掛在胸前的良民證走了過去。哨兵把他喝住，走上去打了他一個耳光，那個鄉巴佬楞頭楞腦，不知道是怎麼回事兒?哨兵又打了他一個耳光，把他的頭往下一按，那鄉巴佬纔領悟過來，向哨兵彎腰駝背地一鞠躬，後面的人一齊鞠躬，哨兵罵了一句「八格野鹿」，纔讓他們過去。

我和玉蘭看了有點膽怯？其他的孩子更是面面相覷，不敢下船。荷花把良民證掛在胸前，輕輕地囑咐大家：

「鬼子不吃冷豬肉，我們要想過這道鬼門關，只好行個禮。從人家屋簷過，不能不低頭，好漢不吃眼前虧，你們千萬記住。」

王老頭看看這情形，不敢上岸。荷花領著我們上去，行近那個哨兵，她指指胸前的良民證，低頭彎腰行了一個禮，我們依樣畫葫蘆。那個哨兵故意托起她的良民證看看，又望了她一眼，咧嘴一笑，露出一顆金牙。唔了一聲，放她過去，我們像過街老鼠，慌慌張張地跟著她跑。

以後又遇著幾個哨兵，他們板著臉站在路口，又矮又壯，一付兇神惡煞的樣子。為了不吃眼前虧，我們只好把自己矮半截。

我和玉蘭跟荷花鑽進一條小巷，從後門走進一個人家，這是個破落戶，房子不小，光線很暗。荷花是識途老馬，她逕自走進一個房間，我們站在門外就聞到一股濃烈的鴉片香味。

「喲！荷花兒，甚麼風把妳吹來的？」一個臉色灰白，嘴上叼著一枝香煙的瘦長的中年女人迎著她說。

「楊嬸嬸，我館裏缺貨，特來向妳買點兒煙土。」荷花說。

「這倒好辦，」那女人向荷花一笑：「妳要多少？」

「楊嬸嬸，我是小買小賣，十兩半斤就行。」

「妳運氣不壞，昨天剛從上海到了一批好土，我讓半斤給妳。」

說著她隨手在脅下取下一串鑰匙，打開紅漆木櫃，拿出一塊錫紙包裹的煙土交給荷花，荷花問她：

「楊嬸嬸，妳戥過了？」

「妳放心，一錢不差。」

荷花從懷裏摸出一個手帕，把錢交給她，又向她要了一張牛皮紙，把煙土包好，再包在手帕裏面，往懷裏一塞，又小心地在外面摸摸。

「這兩位是誰？」那女人指指我和玉蘭問荷花。

「江漢鼎先生的姪兒外甥女。」荷花說。

「喲，我有眼不識泰山，兩位請進來坐坐。」那女人客氣起來。

她床上躺了一男一女在吞雲吐霧，房裏光線暗，空氣不好，我和玉蘭婉謝了。她又笑著對荷花說：

「江先生推辭了維持會長不幹，躲在百花洲捋牛尾巴是唄？」

「楊嬸嬸，江先生怎麼會捋牛尾巴？他幹的是正經事兒，教他們兩位讀書。」荷花指指我們兩人。

「大樹底下好遮蔭，要是他出了山，天塌下來也有人頂，楊國仁的肩膀不行。」

「別人也這樣想，他可不願留個罵名。」荷花一面說一面退了出來。

「下次妳來時不必走後門。鬼子來了只有這一樣好，幹我們這一行的粧了金，不必再低頭出，低頭進。」她把荷花送到房門外，灰白的臉上滿面春風。

玉蘭要到城外去看一位女同學，荷花陪著我們一道去。城外本來是最繁華的大街，現在卻沒有一家中國人開的鋪子，十家有九家關門閉戶，幾家大鋪面都掛著××株式會社的招牌，裏面盡是日本人。

玉蘭沒有找到同學，她的鋪子關了，人也不知道逃到哪兒去了？

城裏的鋪面十之七八開了門，但是奇怪，原來的店主很多不見了，換了不少新的老闆夥計，我們在一家熟鋪子一打聽，纔知道日本人把城外大街作為他們的商業區，日本人會陸續來打開那些大鋪子。原來沒有逃走的店主，讓他們到城裏來打開那些主人逃到後方去了的店鋪做生意。

我們最後去看大爹的房子，大爹的房子是住宅區，比較偏僻，又是獨門獨院。這一帶的房子很多都是鐵將軍把門，主人不是逃到後方去了就是下鄉居住，我們相信「小亂進城，大亂下鄉」這句話。

大爹的房子門戶洞開，我們都很奇怪，以為是小偷撬開了門窗，盜賣家具，不然就是地痞漢奸霸住。我們三人逕自跑進院子想看看究竟，想不到還沒有走近門口，屋裏突然衝出一隻黑背脊、白肚皮的大狼狗，牠縱身一躍，兩隻前腳搭在荷花的肩上，喉嚨嗚嗚作響，像要一口把荷花吃掉。我和玉蘭駭得大叫，連連倒退。荷花駭得面如死灰，呆頭呆腦，不敢動一下，隨即走出一個穿黃馬褲，上唇蓄了一撮仁丹鬍髭的日本人，他看了得意地大笑，欣賞了一會兒，伸手在荷花臉上摸摸，然後把狗叫開，挾著荷花進去，荷花像失去知覺的人，隨著他走。我和玉蘭拚命地逃出來，逃到巷子的盡頭纔停住喘氣。

我們在巷口等荷花，以為那個日本人把她帶去，不過是扯幾根狗毛塞進她懷裏替她壓壓驚，因為我們小時候被狗駭了，主人會扯幾根狗手往我們懷裏一塞，說聲「不要怕」，我們就真的安了心。

誰知一等再等，不見荷花出來，我們也不敢再去。

「荷花姐是不是駭暈了？」玉蘭說。「那條殺千刀的狼狗好厲害！真像一條老虎！」

「駭暈了噴口冷水就會醒過來，哪要這麼久？」我說。

「該不是鬼子爛心吧？」玉蘭望著我。

「爛心怎樣，爛肺又怎樣？」

「嗨！」玉蘭腳一頓：「表哥，你怎麼是個渾人？」

這時有一個日本憲兵向巷口走來，橐橐的皮靴聲把我們駭了一跳，他手上牽著一隻大狼狗，拖著紅舌頭，眼睛發著綠光，我們剛被狼狗駭過，一看見牠就有點發抖，我和玉蘭縮在屋角，背抵著牆壁，那個憲兵望了我們一眼，逕自走了過去。

我大大地吐了一口氣，玉蘭雙手按著胸口，輕輕地叫了聲「娘」。

「表哥，我們回去吧！城裏變成了鬼世界。」玉蘭說。

「我們不能丟下荷花姐，再等一會兒。」荷花如果不陪我們來看大爹的房子，就不會發生這種事，因此我心裏有點過意不去。

「表哥，老虎拖豬，我們還能從牠口裏把荷花姐拔出來？」玉蘭好像駭破了膽，說話時牙齒打顫。

「鬼子總不能把荷花一口吃下去？」

「殺千刀的鬼子，死了一定下油鍋！」玉蘭輕輕地罵。

我們等了一個多鐘頭，還不見荷花的影子，心裏更急，我並不耽心王老頭的船開走，我們有個老規矩，坐誰的船，搭誰的船回去，王老頭等到天黑也會等下去。我耽心荷花真的出了甚麼岔子？

我們沒有吃午飯，肚子很餓，我跑到一個小燒餅鋪裏買了幾個燒餅，回來時發現荷花正從巷子的那頭蹣跚地走來。我指給玉蘭看，玉蘭驚喜得差點叫出來。

荷花越走越近，頭髮不像上街時梳得那麼光溜溜，鬢邊的兩綹頭髮披在耳朵上面，頭頂蓬鬆，流海也很凌亂，她一邊走一邊用手抹眼淚。

我和玉蘭迎上去，玉蘭急切地問：

「荷花姐，究竟是怎麼回事兒？」

「玉蘭，沒有甚麼，打落門牙和血吞。」荷花把眼淚擦乾：「誰叫我們是中國人？」

我遞兩個燒餅給她，她搖搖頭說：

「你們吃，我飽得很。」

我們不便再問，也不好意思吃燒餅。她用手攏攏頭髮，拉拉衣服，叮囑我們：

「今天的事你們千萬不要傳出去，更不要讓駝子鬼知道，他的嘴刻薄的很。」

我們點點頭。

我們來到江邊，所有的小蘿蔔頭早已回到船上。他們已經等得不耐煩，王老頭也抱怨地說：

「荷花姑娘，我的鬍鬚都白了，妳怎麼還讓我老等？」

「王大爺，無事不登三寶殿，進了城少不得有點事兒牽住腿，您包涵一點兒，下次絕不會。」荷花笑著回答。

我們回到百花洲時已經暮色蒼茫。駝子哥正牽著大水牛在江邊喝水，他笑著問荷花：

「小風騷，城裏有甚麼西洋景兒？」

「駝子鬼，閻王開了鬼門關，城裏到處是牛頭馬面。」荷花回答。

「小風騷，妳別唬爺。」駝子哥一笑：「爺要忙著種地，不會搶妳的生意。」

荷花瞪了駝子哥一眼，低著頭爬上陡峭的沙坡，蹒跚地走回家去。

第九章 為虎作倀百姓苦
打漁生涯淚眼多

百花洲又是一片新綠。

新種下去的油菜、麥子，很快就鑽出了土，比往年長得更快，葉子嫩得出水，一眼望去，像一張看不見邊的綠色的大地毯，平鋪在百花洲。

耕種時大家辛苦了一陣，現在又進入農閒的時候。

老年人聊聊天，打打紙牌消遣。

荷花家的煙酒生意又進入旺季，有點兒煙癮的人自然要到她家來抽一兩口，有點兒酒癖的人也要到她家來喝一兩盅，花生、蠶豆都是下酒的妙品，因此荷花家裏像趕廟會日夜都不脫人。要是遇上了大北風，江邊停了十隻二十隻寧波佬的大肚皮，那就更熱鬧了，少不了一桌寶，或是一桌牌九，兩桌麻將，荷花還可以買點兒便宜煙土。那些和寧波佬混在一起的日本人，身上甚麼都有，煙土、嗎啡、紅丸、旭光紙煙，隨便你要。他們亦軍亦民，說是老百姓，身上又有槍。說是

「皇軍」，又服裝不整，他們每一個人，都會講幾句中國話，有些還講得非常好，如果不是腳上那雙分叉的黑膠鞋，頭上一頂小尖帽，簡直分不出他們是日本人還是中國人？

他們一上岸就用槍打雞，打了提上船去吃，晚上聚在荷花家喝酒賭博，還要花姑娘。大爹早就對荷花的娘交代過，不能招神惹鬼，否則她自己負責。她為了做生意，只好自己賠上，還硬拖著荷花下水。因為全百花洲只有她是半開門，當初大家體念她寡婦幼女，家無恆產，就睜開一隻眼，閉著一隻眼，想不到她長袖善舞，荷花一長大她就把荷花當作搖錢樹，她的煙酒店變成了百花洲的半開門，銷金窟，兵來將擋，遇上這些日本人，她只好替百花洲出馬了。好在她只有三十五六，平日風不吹、雨不打，細皮白肉，看來更加年輕，不知道的人會把她們母女兩人看成一對姊妹花。

冬天的大北風，往往一起就是三五天甚至個把禮拜，寧波佬的大肚皮停在百花洲像停在情人的臂彎，捨不得走。他們養肥了王寡婦，卻不免騷擾了別人。

日本人吃了百花洲的肥雞好像抽大煙上了癮，但是他們不買，存心吃白食，有些寧波佬還為虎作倀，狐假虎威，白天無事，就帶著日本人到處找雞，揀肥的打。家家的雞都是放在外面，因此他們常常一人提四五隻，滿載而歸。

初次損失兩三隻雞的人不會作聲，誰也不敢和日本人理論，只好自認倒楣。損失多了就心痛難忍，不免來找大爹嘀咕。江應龍的母親就一把眼淚一把鼻涕向大爹訴苦：

「大漢先生，您是百花洲的大門，一族之長，我辛辛苦苦地養了十隻雞，鬼子兩次打了七隻，連我那隻過年用的大紅袍都打掉了，我拿甚麼過年？我怎麼對得住老祖宗？求求您作個主。」

「日本人是太上皇，我手無寸鐵，能替你們作甚麼主？」大爹無可奈何地說。

「我不是要您和日本人打架，我是請您同他們評評理。」

「日本人橫行霸道，他們講甚麼理？」

「寧波佬和鬼子蛇鼠一窩，您大人大面，請寧波佬過過言，癩痢頭上貼膏藥，說不定有點兒效？」

大爹接受了她的意見，請來一位「大肚皮」姓陳的掌舵，好煙好茶招待一番，再向他說明原委。

「江先生，我們是差船，自己的事兒都作不了主，還能在日本人頭上加一道箍？」姓陳的掌舵說。

「聽說你們貴幫的船上有些水手帶頭打雞，可不可以麻煩你轉告他們一下，鷺鷥不吃鷺鷥肉，請他們高抬貴手。」

「江先生，我們也是人多品雜，不瞞你說，有些人已經忘記了他老子娘姓甚麼？有些人本來就是日本人的狗腿子，慣在自己人面前抖威風，跟他們講還不是鴨子背上潑水？」

大爹知道再講無益，只好客客氣氣地把他送走。

姑爹家裏也損失了好幾隻九斤黃，都是戴著鴨舌帽、捲著白袖口的寧波佬帶著打的，姑爹本來想教訓那個寧波佬一下，姑姑卻一再阻止他；

「爺，我情願少吃幾塊雞肉，你不要作出頭的柱子。打了狗兒欺了主，鬼子不會和你甘休。」

「玉蘭的娘，我這幾手三腳貓兒真是白學了，連自己的九斤黃都保不住。」姑爹苦笑。

「用不著你為九斤黃拚老命，哪天我一鍋煮了，讓鬼子吃不成。」

姑姑說是這麼說，卻捨不得殺掉那幾隻九斤黃，她要留著傳種接代，這種大雞在百花洲絕種了，只有她還保留著一代代傳下來，別人的都是老虎生貓，一代不如一代。

她把倖存的幾隻雞圈在屋裏，像關著大閨女，不讓牠們出去。

大肚皮一天不開走，總有人丟雞，誰也沒有辦法阻止，駝子哥卻埋怨荷花說：

「小風騷，都是妳屁股頭掛錢紙，招神惹鬼！」

「駝子鬼，你別在粉壁牆上糊牛屎，黃鼠狼拖雞，關你姑奶奶甚麼事？」荷花罵他。

「要不是妳勾住了鬼子的魂，他們不早就王八搬家，滾的滾，爬的爬。」

「駝子鬼，你少在你姑奶奶頭上栽贓，」荷花嗤的一笑：「這麼大的老北風，他們怎麼滾？怎麼爬？」

「讓那些王八羔子在江裏下湯圓，餵魚蝦，不是更好？」

「你就是一張老鴉嘴，你要是能把鬼子打發走，就算你有本事！」

「爺又不是張天師，不會畫符，怎麼趕鬼？」

「那你就別屎少屁多。」

「說真的，小風騷，妳就行行好事，積積陰德啥！」駝子哥向荷花一笑：「妳向鬼子告個枕頭狀，給鬼子多嚐點雞頭肉，叫他們不要再打別人的雞，那不比張天師的符還靈？」

荷花拿起竹掃帚想打駝子哥，駝子哥雙手抱頭跑開，真像王八搬家，滾滾爬爬。

這以後鬼子真沒有打雞，不知道是不是荷花的功勞？

寧波大肚皮開走的那天，江應龍的母親買了一副香燭紙砲，在江邊焚化點放，駝子哥問她：

「大嬸，今天既不是清明，又不是中元節，您祭甚麼孤魂野鬼？」

「駝子，大肚皮開了頭，你大嬸買副香燭送瘟神。」

「大嬸，您這不是賠了夫人又折兵？冬天的老北風多的很。百花洲是陽關道，大肚皮走了一批會再來一批，您哪有許多私房錢買香燭紙砲？」

江應龍的母親一怔，望望駝子哥，翻翻白眼說：

「駝子，該不會每一批大肚皮都有日本人吧？」

「大嬸，現在是鬼子的世界。飯鋪的臭蟲，哪還少得了？」駝子哥說。

「駝子，能不能想個甚麼法子整整那班天收的？」

「大嬸，誰吃了豹子膽，敢在太歲頭上動土？」

「那我們不是砧板上的魚肉？」

「我看只有多用兩張肉墊子。」

「駝子，你會短陽壽！」江大嬸罵他：「百花洲的女人清清白白，誰願意昭君和番？」

江大嬸的紙錢已經焚化完畢，紙灰隨著北風捲進江裏，她合掌向西方揖了三下，口中唸唸有詞，不知道她唸的甚麼咒語？

她走後荷花提了一個木桶來江邊提水，她看見殘餘的紙灰，笑著問我：

「小鳳，誰在這兒招神惹鬼？」

我把江大嬸的事告訴她，荷花聽了一笑：「打發叫化子也不容易，何況是日本鬼子？」

「我說了江大嬸的婆婆經不行，」駝子哥接嘴：「小風騷，還是妳的枕頭狀是妙藥靈丹，百花洲的人真應該替妳修個娘娘廟。」

荷花提起水瓢潑了他一瓢水，他雖然跑得快，背脊上還是濕了一大團。

姑爹提了兩竹棍魚鉤，玉蘭馱了兩葉槳，走了過來。姑爹的鉤船已經停在江邊，油成了黃臘片，是江邊最漂亮的一隻船。冬乾水淺，他忙完了地裏的事又開始水上生涯，這以後三四個月他要鉤上幾千斤大魚。為了便利進城賣魚，他已經託人買了一張良民證。

荷花提了一桶水走了。我跟著姑爹玉蘭上船。船上很乾淨，我們把鞋子脫掉，放在船頭。

一寸多長的魚鉤，姑爹磨得雪亮，一根竹棍上就掛了幾千口，特製的麻繩都用豬血煮過，變成絳色，船蓬也是同樣的顏色。

姑爹是此中老手，百花洲周圍的水性他摸得很熟，他知道哪兒有魚窩？哪兒是魚兒上下必經的通路？而且知道是哪一種魚？大概有多大？就像知道哪塊地是芝麻，哪塊地是黃豆一樣清楚。

姑爹把槳架好，把竹棍掛在船舷，把船上應用的東西都檢點了一遍，滿意地一笑：

「好，晚上放鉤，但願大發利市。」

「爹，現在城裏人少，魚賤，不比往年。」玉蘭說。

「妳放心，賣不掉，自己醃。」姑爹樂觀地說。

「現在鹽貴。」

「真的，鬼子來了不到半年，鹽就漲了兩三倍，不知道是甚麼鬼？」姑爹摸摸後腦殼：「偏偏我們的土產又不值錢。」

「爹，這還不明明白白？鹽都操在鬼子的手裏。」

「玉蘭，難道鬼子卡住我的喉嚨，不讓我們吃鹽。」

「爹，不是不讓我們吃鹽，豆腐賣成肉價錢，我們還非吃不可！」

「唉！」姑爹在後腦殼上一拍：「我倒沒有想到這一層？要是長了前後眼，多買點鹽就不會鬧飢荒。」

「爹，銅鐵也會上鏽，您還能買它一船鹽？鬼子不存好心眼，我們還能翻得過他的手掌心？」

「玉蘭，妳不要潑爹的冷水，」姑爹笑著摸摸她的頭：「但願是妳多心。」

玉蘭望了我一眼，不再作聲。

姑爹跳下了船頭，我們也跟著跳下來。姑爹把錨鍊拉緊，用腳踩踩鐵錨，北風不小，他怕把船吹開。

晚飯後，姑爹帶著駝子哥上船，農閒時駝子哥沒有甚麼事，一早一晚幫著姑爹駕船鉤魚，過年時姑爹會給他換一身新，多給他一點壓歲錢，這是他放牛之外的「外快」。

魚兒不知道逃難，姑爹第一次作業運氣就很不壞，鉤住了一條二十多斤重的鯉魚，一條扁擔長的鰱魚，還有幾條三四斤重的鯿魚白魚。小魚賣了一條給荷花，其餘的分給我們幾家嚐新，兩條大魚他送到城裏去賣。

姑爹像往年一樣，很早就揚帆進城，他的船身窄，油得放亮，新蓬，又是輕舟淺載，順著北風扯起滿蓬，二三十里的水路，個把鐘頭就到，到達城裏正好趕上早市，魚販子都是老主顧，船一到就會有人上船提去。

他回來時買了些日用東西，還帶回來一些新消息。大爹一直沒有進城，他給大爹買了一條紙煙，送了過來。

「姑爹，城裏到底變得怎樣了?」大媽首先問他。

「嗨!大舅母，幾個月不進城，完全換了一個世界!」姑爹呼嚕著水煙：「城外成了矮人國，見鬼一大堆，日本人真的把我們佔了!」

「魚好不好賣?」大爹問。

「賣倒好賣，就是價錢不對。」

「跌了?」大媽說。

「本來我估計兩條魚可以買擔把米，」姑爹放下水煙袋：「結果打了個對折，我完全想左了！」

「有貨不愁貧，不要急，」大媽笑著安慰姑爹：「一進寒冬臘月，醃的醃，晒的晒，價錢自然會節節高。」

「大舅母，但願託妳的鴻福。」姑爹拱手一笑：「大水洗了一次，顆粒未收，我正想江裏撈寶，填填空子，免得青黃不接。」

大爹又問他一些別的事，姑爹像簸簍裏倒魚，全部告訴大爹。

「大舅，我看你也辦張良民證，到城裏走走？」姑爹建議：「你城裏人眼熟，走一趟就能知天下事，看中央到底甚麼時候回頭？」

「要不要向日本人敬禮？」大爹問。

「小鬼還少得了閻王的債？」姑爹一笑：「聽說楊國仁都要向日本憲兵敬禮。」

「那我何必生得賤，送上去給日本人磕頭？」

「大舅，你總不能老躲在百花洲？」

「現在百花洲還是一塊乾淨土，躲一天算一天。」

「你既然新鞋不踩臭狗屎，跑腿的事兒我替你幹。」

姑爹正準備走，玉蘭剛好過來請他吃飯。姑姑弄了沙鍋魚頭，要我一道去。

北風弱了很多，江水低落數丈，浪很小。姑爹望望綠茵茵的油菜小麥，欣喜地說：

「百花洲的地真踩得出油！」

第十章　獨眼龍過江抽稅
日本人靠岸賣鹽

年前，颳了一天一夜的北風，天氣冷得令人發抖。滿天的雲，像灰黑的爛棉絮，沉重得像要壓到頭頂上來。大北風一息，就天女散花般地飄飄洒洒下起鵝毛般的大雪，在空中糾纏擁擠，拉拉扯扯地跌下地，跌進江裏。

綠茵茵的地一片雪白，屋頂一片雪白，枯禿的楊樹桑樹開滿了銀花，老楊樹上縮頭縮頸的黑烏鴉，也一身雪白，像一團團白的音符。整個百花洲是一個銀色的世界，顯得更加平坦，沒有高低的感覺。

雪落在江面，江水好像載滿了落花，流不動，流不快。

大雪封江的日子，對面的楓樹鎮卻有一隻木船盪槳過來，上面載著兩個人，一人長袍氈帽，一人一身短打，背上好像背著一根長槍。這條船正向我們這邊盪過來。慧芬姐首先發現這條船，她先悄悄地告訴我和玉蘭，我們不約而同地抬起頭來向外張望。

船漸漸盪到江心，人也看得更加清楚，船伕和那兩人身上落滿了雪，像三個雪人。

「奇怪，大雪封了江，楓樹鎮怎麼會有船到百花洲來？」大媽發現這條船自言自語起來。

「娘，那人背上還揹著一根『撥火棍』呢！」慧芬姐指指那個一身短打的人說。

大爹也走到門口望望，慧芬姐連忙把他推到門邊：

「爹，您樹大招風，最好避一避？」

「我行得正，坐得穩，怕甚麼邪？」大爹說。

「爺，世道變了，秀才遇見兵，有禮講不清，你還是到馬桶上坐坐吧？」大媽笑著對他說。

「真是婦人之見！」大爹白了大媽一眼：「馬桶能辟得了邪？」

玉蘭嗤的一笑，連忙用手掩住嘴。

船已經盪過江心，慧芬姐眼尖，她認出來人是誰。她指指穿長袍的人對大媽說：

「娘，我們錯把草繩當作蛇，那是獨眼龍余千。」

「這麼個大雪天，余千到百花洲來幹甚麼？」大爹說。

「爹，他無事不登三寶殿，說不定是找你商量甚麼事兒？」

「他無非是想搞游擊隊，」大爹望著余千說：「百花洲沒有壯丁了，我還能給他紮個紙人兒？」

「兵荒馬亂，你不要再管閒事。」大媽說。

「他要是真能改邪歸正，好好地搞游擊隊，我也贊成。」

「爹，我看您粉壁牆上別讓他糊臭牛屎？」慧芬姐說。

「這種事兒我自己既不能出馬，不妨替他打打邊鼓。」

船已經靠了岸，余千首先跳下來，那個揹著「撥火棍」的人也跟著跳下來。船伕仍然留在船上。

他們兩人直向我們走來，腳踩在雪上留下一個個深印。余千雙手撩起袍角，低頭彎腰一步一步爬上雪坡。

大媽和慧芬姐去準備茶水，大爹獨自站在門口招呼。

余千走到門口，取下氈帽，和大爹寒暄了兩句，用氈帽撣撣身上的雪，雙腳在門外頓頓，纔走進來。

那個穿短棉襖棉褲，倒揹著長槍的青年人，也拍拍身上的雪，雙腳頓頓，把槍取下來，提在手裏，他的槍沒有皮帶，用半根牛索吊著。

大爹把他們招待在火盆邊上坐著烤火，大媽和慧芬姐馬上遞過來兩蓋盌滾茶。

「兩位冒雪過江，有甚麼貴幹？」大爹問余千。

「我有半年沒有到百花洲，特地向你請教。」余千說。

「你的游擊隊組成功了？」

「招了三四十個人，弄了二十幾根撥火棍，三塊石頭架個鍋，湊合，湊合。」余千哈哈一笑，他的聲音倒蠻響亮。

「不要急，小孩兒滾雪球，越滾越大。」

「江先生，不瞞你說，沒有糧草，這點兒人馬我都養不活。」

「你沒有向日本人『借』？」大爹笑問。

「現在翅膀還沒有長硬，怎麼能向老虎借皮？」

「你打算怎麼樣？」

「本來我想在百花洲抽幾個壯丁，聽說已經被鬼子一網打盡，所以絕了這個念頭。不過百花洲既不出人，似乎應該供應一點糧草，所以我來和你打個商量，希望你幫個忙？」

「我在百花洲雖然沒有幾畝地，但是我一定支持你。不過百花洲今年淹了一場大水，傷了元氣，現在又是青黃不接，糧草一時恐怕供應不上，等明年開春小熟如何？」

「江先生，棺材過得六月，人可過不得六月，眼前弟兄們過年都成問題，怎麼說四兩豬頭肉總應該弄給他們吃。」

「過年的事倒好辦，這個忙我一定要幫，」大爹爽快地說：「過兩天我要人送點年貨過去。」

「那我先謝了。」余千拱手一笑：「不過弟兄們都是大肚子羅漢……」

「你不必明講，那我知道。」大爹也笑著回答。

「江先生，開了年我真有點著急，既然騎上了老虎背，下來可真不容易！」余千又訴苦。

「楓樹鎮能不能給你出點兒力？」

「幸虧楓樹鎮撐我的腰，不然連這個殘局也維持不住。」余千抽了一口煙，慢吞吞地說：

「其實這是地方的武力，幾個富戶就養得起。」

「百花洲的富戶並不多。」

「江先生，你何必太謙？誰不知道百花洲收一年吃三年？其實許百萬一個人就養得起一個游擊隊。」

「許百萬得祖上餘蔭，底子厚，不過地方上的事兒還是大家來，不能讓他一個人撐。」

「江先生，你既然好意關照他，我就買你個大面子，開年後請他捐兩個月的糧草，麻煩你過下言如何？」

「許百萬的事兒我實在不便插嘴。」大爹有點為難。

「江先生，許百萬不過有幾個臭錢，怎麼你怕他不成？」余千笑了起來。

「不是怕他，」大爹搖頭一笑：「許百萬一錢如命，你要他捐兩個月的糧草，這話我怎麼講得出口？說不定他還會以為是我出的點兒，那我就跳進長江也洗不清了！」

「江先生，既然你有礙難，我會想辦法通知他，他縱然是隻鐵公雞，我也要拔他兩根毛。」

慧芬姐聽了一笑，余千笑著對她說：

「大姑娘，妳別見笑，我余千殺豬，揀肥的宰。」

雪越下越大，船伕蹲在後座，縮成一團，一身是雪。大爹要余千叫船伕進來烤烤火，余千卻拍拍衣服起身告辭：

「江先生，我不再打擾了，弟兄們過年的事就完全拜託，要是有所不便，折現也行，我隊部設在黃家大屋。」

「你放心，我一言既出，駟馬難追。」大爹把他送出大門。

余千把氈帽往頭上一覆，袍角一撩，屁股後面露出一柄左輪的把柄。他領先走向江邊，那青年人倒揹著槍，緊跟在他後面。

雪劈頭蓋臉落下來，還沒有走上船他們就一身白。

「爹，我看余千是敲竹槓，他究竟有幾個人？那真是天曉得！您那麼爽快答應他的年貨，誰出？」慧芬姐看余千上了船轉身來對大爹說。

「不管他有幾根撥火棍？幾個毛人？他既然冒著大雪來了一趟，總不好意思讓他打空手？我少不得要賣點老面子，請大家湊個數兒。」大爹回答。

「爹，多一個靈牌多一個鬼，我看百花洲要倒楣。」

「遇上了這個打頭風，有甚麼辦法？」

「你準備給余千送多少年貨？」大媽問。

「一兩擔米，外加點兒魚肉。」大爹說。

「爹，百花洲的人買米吃，這不是口邊匀糧？」慧芬姐說：「要是大家不願意塞狗洞，您怎麼辦？」

「余千的旗號打得正當，我得向三老四少多費點口舌。」

冬天水淺，江面窄了許多，余千的船沒有多久就過了江，停在楓樹鎮，他們兩人冒著雪爬上楓樹鎮的小街，轉眼不見。剛纔他們留在百花洲的腳印兒，已經被新雪填平。

晚上，大爹邀了六七位年高德劭的老頭子和姑爹來商量這件事，結果除了姑爹以外，大家都向他訴苦，抱怨。

「自盤古以來，百花洲也沒有遇著今年這樣的鬼事：東洋人老虎借豬，一百個壯丁有去無回；七月間一場大水，淹得寸草不留；現在又鑽出一個臭蟲余千，那百花洲以後還有寧日？」劉青山老爹說。

「劉佬倌的話對，何況余千是楓樹鎮的人，他怎麼吃過了界？」徐如海老爹說。

「我不相信余千過不了年，他分明是打秋風。」駕船的王老頭說：「其實我比他更窮。」

「他搞甚麼游擊隊，還不是藉著日本人作題見，做他自己的文章！」

「我看狗嘴裏長不出象牙，他泥巴菩薩要我們粧金，真是算盤打斷了橋！」

「我家無隔宿糧，他向我要草要糧，那不是針杪上削鐵？」

大家你一句，我一句，大爹也不插嘴，等他們無話可講時，大爹纔開腔：

「諸位的話我也想到，以前我也不打余千的米，不過這次情形不同，要是余千能作個土地神，對大家都有好處，我們自然應該支持；要是余千掛羊頭賣狗肉，作地頭蛇，坐山虎，我們也不能不打他的米。現在無法無天，他有幾根撥火棍，就能搞得百花洲雞犬不寧，我們不能因小失大。所以退一步想，我也主張用肉包子打狗，不要損整條牛。」

大家面面相覷，先前一肚皮的理由，現在都覺得不夠周全，對大爹的意見不能不接受。

姑爹費了兩天的時間，纔收齊了一擔五斗米，在洪家肉案子定了半邊豬肉。姑爹自己出了一條二十斤重的大鯉魚，一隻九斤黃。為了這兩樣東西，姑姑和他嘀咕了半天。

「你郎舅兩個真熱心，狐狸過年，兔兒送禮，不知道有哪門子好處？」姑姑說。

姑爹把大爹的話搬出來向姑姑解釋，姑姑一笑：

「余千既然耍光棍，就會看人打卦，他還能閉著眼睛吃毛蟲不成？」

「大舅是為百花洲著想，別人送了，我們怎麼能不送？我們還能給大家留笑柄？」

「又不是為你女兒壓箱底，何必送得這麼重？」

「要是玉蘭出嫁，我纔不這麼小器！」姑爹望望我，向姑姑一笑：「玉蘭的娘，要是我有座金銀山，也會陪過去！」

「那我還會心疼不成？」姑姑笑著望望他，又望望我和玉蘭。

「所以我說妳不要小器。」姑爹笑著說：「魚是我掛的，雞是妳養的，送給游擊隊，總比給鬼子白吃心平一些。」

「你掛魚是水底撈寶，我養雞可是從蛋殼裏剝出來的，九斤黃就是我的心頭肉。」

「妳明年開春多孵兩窩，只要鷂鷹老鴉少叼兩隻，我們就吃不了。」

姑爹這樣說，姑姑只好捨了她的心頭肉。

臘月二十九大清早，姑爹和江應龍的父親冒著大雪，挑著兩擔東西上船，專程送給余千。

姑爹回來時，一身大雪，兩手通紅。姑姑問他：

「余千是不是唱空城計？他到底有幾個毛人？」

「誰知道他的袖裏乾坤？」姑爹笑著回答：「不過猴兒戴帽子，也像那麼回事兒，他倒有副狗不吃屎的架子。」

「辛辛苦苦跑這一趟，他有沒有給你一點兒腳力？」

「他西瓜大的字，認不了一籮筐，怎麼懂得這麼多禮數？」

「我看他是吃人不吐骨頭，故意裝糊塗。」

「玉蘭的娘，妳也真是，九斤黃都送給他了，還在乎一點兒腳力？」姑爹一笑

「我不是在乎一點兒腳力，我是要看看他究竟能不能成甚麼氣候？」

「玉蘭的娘，妳還把他看成真命天子不成？」姑爹哈哈大笑。

「供了一爐香，總希望是個神，在地裏紮個草把人，也能駭走鳥雀。」

「玉蘭的娘，我們只能騎著驢子看唱本，走著瞧。」姑爹把籮筐送進披屋，籮筐裏留著幾片魚麟和一泡雞屎。

「玉蘭的爹，你一大清早就忙著孝敬別人，現在也替我『福』兩隻雞，水早燒好了。」姑爹走出披屋，姑姑對他說。

下雪天，雞都關在塒裏，不放出去。雞見了雪就眼花，亂飛亂撞。姑爹從塒裏捉出一隻公雞，一隻閹雞，每一隻都有八九斤重，提在手裏很沉手。

我和玉蘭等毽子毛等了好幾個月，姑姑一直捨不得殺。姑爹一提出來我們兩人立刻圍過去。

「要不是為了你們要毽子毛，我纔不殺生害命。」姑爹向我們一笑。

「爹，您這樣好的心腸，應該成佛。」玉蘭說。

「爹癩蛤蟆不想昇天，只希望生生世世和妳娘兒倆守在一起。」姑爹又望望我，對玉蘭說：

「還有妳鳳表哥。」

姑姑遞過一把菜刀，半盌鹽水，姑爹拔下雞喉下的毛，接過刀，輕輕地唸了幾句阿彌陀佛，

姑姑好笑說：

「你男子漢，大丈夫，唸甚麼婆婆經？」

「扁毛畜牲也是一條命，我沒有屠夫那麼狠的心。」姑爹笑著回答。

他閉著眼睛把兩隻雞殺掉，姑姑連忙替我拔毛。

「今年鹽貴，你們吃不到臘雞。」姑姑說。

的確因為鹽貴，姑姑家的魚都醃得不多，往年要醃滿一大竹棍，今年只醃幾條。

傍晚時分，江邊又停了幾隻大肚皮。這次不是避風，也不是避雪，而是因為趕不到城裏。

荷花想買點便宜煙土，首先冒雪上船探問。他的煙土自然買到了手，還給大家帶來了好消息，這幾隻大肚皮都是裝的精鹽。開門七件事，現在家家最缺的就是這一門。

因為大雪的關係，船上寧波佬和日本人都沒有下船，大家推荷花上船交涉，希望能讓包把鹽給大家分買。荷花交涉了半天總算成功，但不是一包半包，只能個別的買一斤兩斤。別人問她是

甚麼緣故？她拍拍手一笑：

「這還不明明白白？少了一包鹽，日本人也交不了賬，一包裏面偷兩斤，自然不現形，鬼子也精得很。」

大家只好端著臉盆、鉢頭、冒著大雪跑到江邊去，我和玉蘭也端著鉢頭站在江邊。

傍晚的雪更大，玉蘭的黑頭髮一下子就蓋滿了雪，鉢頭裏面也積了不少雪。我們只好把鉢底朝天。

寧波佬拿著一隻大杓瓢，剷了鹽，順序往我們盆裏鉢裏倒，日本人坐在後面船樓上監視。寧波佬說是兩斤就是兩斤，三斤就是三斤，沒有人敢爭論，誰多講一句話。就休想得到一粒鹽，一斤鹽四毛，比日本人來以前貴了十倍，但比市面便宜五分錢一斤，所以大家搶著要。

輪到我和玉蘭時，我們身上的雪，比鉢裏的鹽還多，也比鉢裏的鹽白。

「表哥，要是滿地的雪都是鹽，那該多好？」玉蘭望著我一笑。

我也望著她笑，因為她滿頭白雪，像個小老太婆。

第十一章　王寡婦除夕開賭　莊稼漢新年喪生

第二天是年三十，附近人家拜託大爹寫的對聯大爹都交給我和玉蘭寫，缸裏水都結了冰，玉蘭抓了一把雪放在大硯池裏磨。筆也凍結了，和筆帽分不開，我放在火盆上烤了一會兒，纔抽出來。

慧芬姐替我和玉蘭預備了一個小巧的銅腳爐烘手，她不時幫著玉蘭磨墨，她雖然只唸過兩年書，人卻絕頂聰明，能看六才子書。《紅樓夢》、《西廂記》裏面的詩詞泰半都能背，《三國》、《水滸》裏的故事比我和玉蘭記得更熟，就是字寫不好，不然也用不著我和玉蘭代筆。

我寫字的時候她替我牽紙，讓玉蘭烘手，玉蘭寫字的時候我烘手，她一面牽紙一面注意玉蘭寫字。

「你們兩人一顏一柳，一胖一瘦，真是各有千秋。」慧芬姐笑著對我們兩人說，我學顏、玉蘭學柳，都是半瓶兒醋。

「表姐，妳別給我戴高帽子，我是鬼畫符。」玉蘭一面寫字一面笑著回答。

「玉蘭，你在真人面前何必說假話？表姐沒有吃過豬肉也看見過豬走路，妳這一橫、一直、一撇，纔真像柳。」

「表姐，我只有半瓶兒醋，妳把我說成了山西醋罈子，我怎麼當起得？」

「要是鬼子不來，你真是新舊兩門抱，林黛玉、薛寶釵也比不上妳。」

「表姐，妳把我捧上了半天雲，我有點兒頭暈。」玉蘭笑著把筆交給我，輕輕地說：「表哥，還是你來，小心表姐的高帽子。」

慧芬姐聽了，望了我一眼說：

「他是老牛皮，臉比你厚。」

玉蘭嗤的一笑，歪著頭望望我，我對玉蘭說：

「哄死了人不償命，不然這個苦差事誰幹？」

慧芬姐笑得身子一仰，又指著我說：

「小鳳，這是爹拉你的差，你可別想歪了？天牌壓地牌，你還有甚麼好說？」

「慧芬姐，我瞎子吃湯圓，心裏有數。妳別再甚麼顏，甚麼柳，我楊樹棍作扁擔，不是那塊料，臉皮再厚，也會害臊。」

慧芬姐格格地笑起來，玉蘭也好笑，我一口氣把對聯寫完，不管好壞，天氣太冷，手指僵痛，哪有耐心細琢細磨？

大爹看我們把對聯寫好，端詳了幾眼，從皮袍口袋裏摸出兩個紅紙包，分給我和玉蘭，我接到手上，知道是一塊銀洋。

「大舅，還是賞錢還是壓歲錢？」玉蘭兩個指頭夾著紅紙包一揚，笑問。

「壓歲錢。」大爹說。

「大舅，數九寒天，我們沒有功勞也有苦勞，您一個賞錢也不給？」

「蘭丫頭，妳倒敲起大舅的竹槓來了？」大爹望著她一笑：「大舅可沒有接人家的紅包，妳還不是要大舅賠本？」

「大舅，您小去大來。」玉蘭嘻嘻一笑：「今天晚上就會有送財童子給您送個大元寶。」

大爹笑著在懷裏一摸，又摸出兩塊雪白的袁大頭，拿在手上晃了兩下，笑著對玉蘭說：

「先給妳說明，這是大舅的賭本，大舅要是輸了錢，妳得還我？」

「大舅，您手氣紅，怎麼會輸？」玉蘭笑著接過兩塊銀洋，分了一塊給我，輕輕地說：「表哥，到了手的財喜可不能再放白鴿！」

大爹大媽慧芬姐都笑了起來，大爹指著玉蘭說：

「江家的種沒有走樣，蘭丫頭真像她娘！」

外面還在下雪，沒有一絲風，雪垂直地掉下來，地上積了一尺多深。雪太大，無風，寧波大肚皮走不動，還靜靜地停在江邊。

玉蘭烤了一會兒火，歡天喜地跑回去。

晚上，我吃過團年飯，換了新衣新鞋，到姑姑家辭歲。

玉蘭也換了一身新，她穿著天藍緞面牡丹花的絲棉旗袍，黑絲絨棉鞋。旗袍是去年過年做的，顯得短了一點兒，她這一年來好像長得很快。

姑爹穿著長棉袍，藍布罩袍，大袖大擺。姑姑穿著黑緞襖，黑長褲，一身乾乾淨淨，衣服沒有一點皺紋。

他們還沒有吃團年飯，桌上圍著紅絨桌裙，上面供著貼了四方紅紙的豬頭、鯉魚、雄雞的三牲。鯉魚比誰家的都大，一般人家只用三兩斤重的，這條鯉魚有兩尺長，足有七、八斤。雄雞也是龐然大物，用紅絨繩綁著腳和翅膀，跪在景泰藍的大瓷磁盤裏，頭上尾上都留了一撮毛，尾巴高高翹起。

姑姑看我來了立刻撤下三牲，準備吃飯。我雖然吃過飯，她一定要我入席，這是每年的老規矩，我坐上去纔不致空著一方。團年是大事，她不便要我在她家團年，只好用這個方法補救。平時有菜她就會留我吃飯。

飯後姑爹用紅紙包了一塊龍洋給我壓歲，姑姑把我帶到她房裏塞給我兩塊龍洋。

「姑爹已經給了我壓歲錢，姑，您何必再給?」

「姑爹歸姑爹的，我歸我的，各人一片心，這是我的私房錢，不關他的事。」姑姑笑著回答。

玉蘭悄悄地走了進來，笑著問姑姑：

「娘，您跟表哥打甚麼『官司』？」

我把兩塊龍洋在她面前一揚，她笑著質問姑姑：

「好，娘，您偏心，只給表哥不給我？」

姑姑故意問她：

「妳老子沒有給妳？」

「爹是爹的，您是您的，您怎麼好意思借花獻佛？」

「我緊得很，我還想妳爹給我兩個壓歲錢呢？」

「娘，您別在我面前叫窮，您到底給是不給？」玉蘭笑著頓腳。

「娘枯竹子榨不出油，給妳甚麼？」姑姑故意做出一副寒酸相。

我看了好笑，玉蘭身子一扭，威嚇地說：

「娘，我去喊冤！」

姑姑笑著伸手在枕頭底下一摸，摸出一個紅包，遞給玉蘭，笑盈盈地說：

「娘就是怕妳喊冤，娘老了，縣太爺的大板子娘可吃不消。」

玉蘭嗤的一笑，拆開紅紙包一看，也是兩塊龍洋，她高興得一跳：

「還是娘好！」

「誰像妳老子那麼小器？」姑姑笑著說：「好事成雙，一塊錢虧他拿得出手？」

姑姑一手挽著我，一手挽著玉蘭，我們三人一道出來。

姑爹放下白銅水煙袋，拍拍長袍站起來，笑著對我和玉蘭說：

「走，我們去向大舅辭個歲。」

大雪天，晚上和白天一樣明亮。姑爹門前的鞭砲殼，已經被雪蓋住。紅紙對聯被雪光反照，顏色更加顯明。

穿著新棉鞋，踩在一尺深的雪上，真像踏在棉花簍裏，柔軟舒適。

荷花家大門敞開，紅燭高燒，幾盞美孚油燈同時點亮，像做喜事似的。堂屋裏、房裏，已經擠了不少人，堂屋裏兩張方桌已經併攏，幾個戴著鴨舌帽的寧波佬，和一個穿著黃呢大衣的日本人，站在堂屋裏，荷花的娘像服侍太爺似的伺候他們。

「王寡婦家今天晚上一定有大場合。」姑爹望了一眼說。

「爹，真是時來風送滕王閣，湊巧江邊停了幾隻大肚皮，替王三嫂送來一筆財喜。」玉蘭說。

「窮單身，富寡婦，王三嫂赤手空拳，強過種幾十畝肋條地。今年要不是淹了水，臘正兩月的水子錢，就夠她娘兒倆吃用三年。」

姑爹不說，我還不知道有這麼大的好處。每年油菜麥子一種下地，年內就沒有甚麼事兒，大家都長袍大褂，進城逛逛，走走親戚家，或是請個漢戲班子來唱個把月的大戲。還有不請自來的藝人唱唱黃梅調、蓮花落、鳳陽花鼓。叫化子也湊熱鬧沿門唱幾句道情，大家盡量消遣。只有極少數勤快人打打漁，捕捕黃鼠狼，沙灘上成千累萬的雁群都沒有人打。大多數的人都坐在家裏玩玩紙牌、烤烤火，王寡婦家裏更是個最好的去處，年裏年外兩三個月，日夜不是牌，就是寶，王寡婦的茶水供應周到，對有錢的大爺還有點心招待，因此水子錢就叮叮噹噹地丟進一個開了一個小口的三四尺長的古銅色的粗竹筒裏。有天早晨我看見荷花把那個竹筒向桌上倒，分洋、銀元、鈔票，一夜之間就打了十幾塊的水子，要值一兩擔黃豆。照這樣計算，姑爹的話一點不吹牛。

王寡婦家門口的雪已經剷掉一大塊，以便出進，新雪不到兩寸深。

我們走到大爹家，大爹他們正在圍著火盆烤火。姑爹向大爹大媽拱拱手：

「大舅，大舅母，我和玉蘭來辭個歲，祝你們歲歲平安？」

「如松，彼此彼此，郎舅如兄弟，你何必多禮？」大爹笑著招呼他，大媽慧芬姐招呼我和玉蘭。

「大舅，家麟有信回來沒有？」姑爹坐定之後隨口問了一句。

「沒有，」大爹搖搖頭：「說不定他入了川？」

「中央退到那麼遠，不知道幾時纔能回頭？」

「只要人心不死，遲早總要回頭。」

「大舅，你看過劉伯溫的《燒餅歌》沒有？不知道他怎麼說法？」

「沒有。不過我今天占過牙牌數，倒是下下、中下、中上之數，看來中國還有救。」

「一線吊千斤，惟願不要斷。」

隨後他們又講到年成上來，認為這場大雪預兆豐年，明年的收成一定特別好。

荷花突然滿面春風地跑了進來。她穿著紅綾短襖，四角露出一點雪白的羊毛，脅下鈕扣上掛著一方粉紅色的小手帕，下身穿著黑嗶嘰絲棉長褲，腳上一雙繡花單鞋。臉上白裏透紅，比搽了胭脂更好看。她一進門我們的眼睛一亮，都抬起頭來看她。她笑著向大爹大媽柳腰一彎，頭一點：

「老先生，老師母，歲歲平安，年年如意。」

隨後又向姑爹彎腰點頭，說了兩句吉利話兒。

「荷花，妳是專門來向我辭歲，還是黃鼠狼向雞拜年？」大爹笑著問她。

荷花嗤的一笑，眉眼一挑，身子一彎，笑盈盈地回答：

「老先生，我小猢猻還敢在您如來佛面前翻甚麼跟斗？不瞞您說，老規矩，今天是大年三十，大家等著您做『官』哪！」

「荷花，我也不瞞妳說，」大爹笑著拍拍口袋：「大水洗了我的荷包，做不成『官』了。」

「老先生，您沒有錢那真是江裏沒有水。誰信？」

「送財童子還沒有來，等會兒看我接不接得到？」大爹笑著推辭。

荷花走近大媽，笑著慫恿她。大媽捏捏荷花的膀子，關心地問：

「荷花兒，大雪天，妳穿得這麼單薄，不冷？」

「老師母，鴨兒不冷，酒兒不冰。」荷花笑著回答。

「為了三分俏，少穿一件襖。」慧芬姐笑著打趣。

「妳站在半天雲裏說風涼話，」荷花在慧芬姐的肩上輕輕地拍了一下。「誰像妳這個美人胎子？就是抹了一臉的鍋煙也是黑裏俏！」

「荷花兒，妳真是一張靈姑嘴，」大媽笑著摸摸她：「好會說話！」

「老師母，我纔是笨人笨嘴，我說了半天好話，老先生還不肯賞個面子？」荷花望了大爹一眼。

「荷花，我想戒賭，你不要拖人下水。」大爹說。

「老先生，您一年難打三次牌，戒甚麼賭？」荷花笑了起來：「您平時不照顧我娘兒倆，今天大年三十夜，一定要請您做個『官』，發發利市。」

「許百萬做『官』不比我更好？」

「有您這塊大天牌還輪不到他。」

「荷花，妳這頂高帽子一戴，我就不能不跳下九龍口了。」大爹笑著站了起來。

荷花眉開眼笑，柳腰一擺，一個碎步跑上前去：

「老先生，我替您喝道。」

「大舅，荷花姐家裏有個日本人，您和他賭？」玉蘭說。

大爹一楞，叫住荷花：

「荷花，此話當真？」

荷花望望玉蘭，然後對大爹身子一彎：

「老先生，您放心，我早就交代了寧波佬，不管張三李四，在您面前一定要規規矩矩，不然我只有一個字：請！」

大爹考慮了一會兒，對荷花說：

「荷花，今天過年，我不能潑妳的冷水。我先說好，我只揭三寶，替妳開個場，妳再找人接手。」

「好，老先生，聽您的吩咐。」荷花點點頭，隨後又向大爹一笑：「其實能贏日本人一船鹽，對百花洲纔有好處。」

「荷花，妳別打歪主意！」大爹聽了一笑：「老虎嘴裏拖豬，妳敢冒那個險？」

「只要您肯給我撐腰，我就試一試。」荷花笑著回答。

「我說了只給妳揭三寶，其餘的事兒我不過問。」

大爹一面說一面跟著荷花出去。我和玉蘭為了看熱鬧，也跟著他們出去。大爹走到門口又回頭對姑爹說：

「如松，你不要走，我馬上回來，你陪我打打小牌。」

荷花的堂屋裏已經擠滿了人，房裏也有不少人，透出一種濃烈的鴉片香味。

荷花和大爹一進來，大家連忙讓出一條路，把大爹擁到寶官的位置。荷花把那幾個寧波佬和日本人安置在第二張桌邊坐下。兩張桌子都坐滿了人，外面還圍了兩三層，有些人站在凳子上。

荷花拿出一個白醋碟，一隻白色的細瓷深酒盅，兩粒新骰子，往大爹面前一放，然後對大家宣布：

「老先生今天要早點享福，看在大家的面子上，纔答應來開寶，不過他說了只揭三盅就要回去，哪位本錢充足愛當寶官的，等會兒可以接手。」

人群中一陣嗡嗡，很多人都想過寶官的癮。

荷花用手帕擦擦碟子、骰子、酒盅。大爹捲起一隻袖口，把骰子罩在酒盅裏面，依照規矩搖了三寶，揭開給大家看看寶路，然後讓大家下注。

像唱開臺戲一樣，最初下注的人並不踴躍，多半是些生手，老賭的人只是看看風色。寧波佬和那個日本人也沒有下注。

大爹因為不想一直搖下去，他把兩頭的賭注扯平，多了的賣掉，自己不負責輸贏，三寶下來，他站起來拍拍衣服，笑著對大家說：

「對不起，我要早點休息，我作的是『清官』，誰來接替？」

各人爭著上來，大爹正準備抽身！王三嫂突然大聲地說：

「許大爺來了，許大爺來了！」

爭著當寶官的人自然停住。許百萬精神抖擻地擠了過來，還帶了兩位「軍師」，他過足了鴉片煙癮。

「你來得正好，我正準備讓位。」大爹對他說。

「怎麼？你又有官不做？」許百萬望著大爹一笑，又掠了幾個寧波佬和日本人一眼，輕輕地說：「財神爺站在大門口，有大元寶你也不要？」

「我讓給你。」

「長子，我們兩人要是遇事這樣通氣，可以買下幾個百花洲。」許百萬高興地笑了起來。

大爹一抽身，他就大模大樣坐上寶官的位置，王三嫂連忙遞上一個精緻的，畫著八大山人的山水的金邊小茶壺，裏面泡的一定是桂圓高麗參冰糖水，西湖龍井不夠意思。

大爹回來後，和大媽慧芬姐姑爹湊了一桌麻將，桌底下放著一個火盆，關起大門打牌守歲，我和玉蘭看牌，大媽慧芬姐隨時傳授我們一點兒牌經，如何吃？如何碰？甚麼是一般高？甚麼是姊妹花？甚麼是雙龍抱？比搖寶只分單雙麻煩得多。

我們看厭了就玩玩牙牌數，這也是大媽和慧芬姐教我們的，取出三副牌後，我們就查對書本，我們都沒有取出三個上上，只取過兩個上上，一個下下，文字說明是「七十二戰，戰無不利，忽聞楚歌，一敗塗地」。取出這副牙牌時我們都很高興，因為我們問的是日本人會不會滅亡中國？

隨後我們又下棋，踢毽子，時間過得特別快。首先我們聽見姑姑留著的種雞九斤黃的沉濁雄渾的啼聲，接著聽見劈劈拍拍的鞭砲，很早就有人打開大門接財神。

我和玉蘭也拿出一掛萬字頭的鞭砲，玉蘭撕掉封門的錢紙，把大門打開，大爹叫她不要開得這麼早，她笑著回答：

「大舅，我替你接送財童子，免得他跑到許百萬家去。」

「玉蘭，大舅不是發財的命，妳不要枉費一片心。」大爹說。

「大舅，運氣來了門板也擋不住。」

「玉蘭，妳的口彩真好。」大媽向她一笑。

玉蘭笑著把門打開，一股寒氣直逼過來，她不禁向後一退。

雪已經停止，雪光刺得眼睛幾乎睜不開。

我把鞭砲掛在牆壁上的一根竹籤上，用香火點燃，劈劈拍拍地響了起來。

寧波佬和那個日本人低著頭從荷花屋裏出來，唧唧噥噥向江邊走去。平坦如銀的雪地，被他們踩得一個坑一個洞。

他們一走，賭也散場了。很多人都從荷花家裏湧出來，我們想知道輸贏的情形，連忙跑到荷花家去。

荷花家滿地的煙頭，瓜子殼，人統統走光，只剩下荷花和駝子哥在收拾殘局。

荷花看見我們就笑著問：

「怎麼？兩位都沒有享福？」

她一夜未睡，精神好得很，非常開心。

我搖搖頭，玉蘭笑著問駝子哥：

「駝子哥，你也賭寶？」

「駝子的運氣好得很！」荷花搶著回答：「瞎貓偏偏碰著死老鼠，他一直贏。」

「贏了多少？」

「抵得他放兩年牛。」

「玉蘭，多謝妳爹的壓歲錢，給我發了利市。」駝子哥笑著說。

「日本人是輸是贏？」我問。

「輸了！」荷花得意地一笑：「還欠了一屁股賭賬。」

「他無根無底，怎麼能欠賭帳？」玉蘭問。

「他押了幾船鹽，隨便偷點兒就行！」荷花一笑。

「許百萬輸贏如何？」我問。

「嗨！」荷花大聲地嗨了一聲：「許大爺真是發財的命！他贏飽了！小鳳，你大爹又放過了一次發財的機會。」

荷花抱起那個紫銅色的粗竹筒，竹筒顯得很重，她像抱著一個孩子，滿臉的笑容。

吃早飯時，大肚皮悄悄地撐開，有幾個人連忙趕到江邊向那個日本人討賭賬。大肚皮太大，無風走不動，帶頭的大肚皮沿著岸邊撐，其他幾隻還沒有移動笨重的身體。

「你們說了日本人會給我們的鹽，怎麼作興腳底板搽油？」岸上討賭賬的人向船上的寧波佬大叫。

寧波佬朝岸上的人嘲笑，咒罵，吐口水：

「儂個赤老，小鬼敢向閻王討債？」

「你們和日本人纔是赤膊鬼，騙子……」岸上的人回罵。

寧波佬用長竹篙戳他們，他們火了，抓起雪捏成雪球，向寧波佬投擲過去。寧波佬的竹篙打不到他們，他們的雪球卻可以打中寧波佬，寧波佬氣得罵最難聽的粗路，在船頭上大叫大跳。

大爹正準備趕去勸架，剛一走出大門，那個日本人突然在船尾舵樓出現，用手槍朝岸上打了一槍，馬上有一個人應聲倒在雪裏，其餘的人都嚇得跑了回來。

被打死的人是王福年，一個三十多歲的莊稼人，他並不是一個好賭的人，只是為了過年一時高興，參加賭寶，正如駝子哥一樣。湊巧他的運氣好，贏了錢，但那個日本人買了一個空寶，他和好幾個人都沒有拿到錢，寧波佬對他們說用鹽作抵，晚上再賭，想不到竟會開溜，害得他送了一條命。

王福年的老婆聽說丈夫被日本人打死，大哭一聲，瘋狂地跑到江邊去。本來她最怕日本人，現在卻像一頭瘋了的母獅子。

她伏在丈夫身上哭叫，哭了幾聲，突然跳起來向船上的寧波佬和日本人咒罵，吐口水，拋雪球。

所有的大肚皮已經撐開，離了岸，她上不去，只能在岸上哭罵：

「砲子兒穿心的！你們不得好死……天老爺，起一陣狂風吧！把鬼子打進江底去！打進十八層地獄……啊！啊！啊！……」

船越開越遠，無風無浪，她終於一屁股坐在雪上，蒙著臉哭泣。

我們跟著大爹去到江邊。王福年的兩個大孩子也跑到江邊，看到父親胸口一灘血，睜著眼睛彎曲地躺在雪上，哇的一聲哭了出來，抱著母親哭成一團，聽來令人心酸。

王福年的女人一發現大爹，雙手抱住他的腿，磕頭哭叫：

「江先生，黑了天哪！請您替我申冤哪……」

大爹勸她不要哭，料理後事要緊，她還是大聲哭叫：

「欠債的還錢，殺人的償命！江先生，請您替我申冤哪！大年初一喲！您看他死也不瞑目啦……」

「王嫂，現在不比從前，我向誰申冤？」大爹無可奈何地說。

「難道死鬼就是這樣白死？我一家七口怎麼辦哪？……」

「不要急，我們大家替妳想想辦法。」大爹安慰她。又囑咐了她幾句，立刻趕了回來。

他到荷花家找許百萬，許百萬剛抽完大煙，歪在王三嫂床上打盹，王三嫂睡在他對面閉目養神，荷花叫了一聲娘，她連忙睜開眼睛，一看見大爹，滿臉堆笑，翻身下床讓坐。

許百萬聽見王三嫂和大爹談話，慢慢睜開眼睛，坐了起來。大爹把王福年的事情說了一遍，然後轉入正題：

「萬春，王福年的事我看你要幫幫忙？」

許百萬揉揉眼睛，慢吞吞地說：

「長子，我說句不應該的話，王福年是自己找死，賭博賬有甚麼好討的？何況是老虎嘴裏拔牙？」

「他不是以賭博為生，又不是有錢的人，自然一錢如命，這也難怪。」大爹說。「聽說你昨天晚上財喜好，你就送他一點兒棺材本，做做好事，只當少贏幾文。」

許百萬拿起身邊的小茶壺，喝了一口，向大爹一笑：

「漢鼎，如果不淹那場大水，我送他一口柚木棺材也沒有問題，我昨天晚上贏這幾個小錢，怎麼抵得上那一場大水的損失？你替我算算這筆賬看看？」

許百萬話中帶刺，大爹臉色不大好看，直截了當地對他說：

「萬春，橋歸橋，路歸路。我現在是跟你說王福年的事，他躺在江邊，還留下寡婦幼子，你先答應了這件事，我們再好好地談談九龍口的事，看看究竟是你對，還是我對？現在你不必拿大水作擋箭牌。」

許百萬望望大爹，又喝了一口茶，歎了一口氣：

「長子，你總沒有關照我一件好事？」

「修橋補路，是你自己的陰功。行善積德，好心自有好報。前人栽樹，後人乘陰，種瓜得瓜，種豆得豆。你作的事，難道對我江漢鼎還有甚麼好處？」

「長子，我說你真是進錯了廟門。殺人償命，欠債還錢，你應該找那個日本人纔對。」

大爹一躍而起，指著許百萬的鼻尖說：

「許百萬，你不要為富不仁，我江漢鼎暗中關照過你多少次？你明知道人為刀俎，我為魚肉，你出我的樋子是甚麼意思？」

王三嫂看看情形不對。連忙站在他們兩人中間，向大爹陪笑臉，說好話。大爹正要拂袖而去，王福年的女人哭叫著跑了進來，一進門就劈劈拍拍一陣打，茶杯叮叮噹噹跌個粉碎，桌椅板凳翻了身，荷花嚇得躲進她娘房裏來。王福年的女人追了進來，她一看見王三嫂就扯住王三嫂的頭髮，劈面幾個耳光，邊打邊罵。

「妳這個臭婊子！害人精！妳聚賭抽頭，送了我男人一條命！老娘找不到鬼子算賬，總找得到妳這個賤人……」

她一面哭叫一面打，大爹故意走開，她抓起床上的煙槍，王三嫂抓住大爹喊救命，許百萬也縮在床角大聲地叫喊：

「長子，不能走，你不能走！」

大爹被王三嫂拉住，走不動，王福年的女人舉起煙槍往王三嫂頭上劈打下來，大爹伸手一隔，煙槍結結實實地落在他的臂上，大爹痛得叫了一聲，王福年的女人一驚，突然清醒，拋去煙槍，雙手蒙著臉哭泣起來。

王三嫂望著大爹又感激又慚愧，轉過身去對許百萬說：

「我的爺，您就做做好事吧！以後我也不想吃這盌飯了！」

兩個女人都披頭散髮，像兩個瘋子。荷花縮在床頭邊，不敢作聲。

「好，好，好！」許百萬連忙點頭，向王福年的女人說：「王嫂，妳不要哭，我送王福年一口棺材就是，妳快去料理後事。」

王福年的女人馬上抬起頭來望望許百萬，又望望大爹，大爹對她說：

「棺材有了著落，以後的事大家再想想辦法，妳走吧！」

「謝謝許大爺！」她兩手放在小腹邊，向許百萬拂了一下，又怒目看了王三嫂一眼，衝了出去。

大爹摟著手臂，走了出來，我和玉蘭也跟著出來。

躲了好幾天的太陽，已經升起一丈多高，照耀在百花洲上，照耀在江邊的雪上。雪上一具屍體，一片殷紅的血跡。

這是大年初一，以往成群結隊沿家拜年大叫「恭喜發財」的人，像一群群在老楊樹頂上噪晚的烏鴉，現在都呆呆地望著江邊，望著王福年的屍體。

第十二章　黃鼠狼向雞拜年

許百萬打人出氣

往年，王家寡婦從大年三十夜，一直要賭到二月花朝，不是牌，就是寶。今年除了三十夜的那場賭之外，就再沒有第二場，這對王寡婦的收入大有影響。

「殺千刀的鬼子，打斷了老娘的財路！」王寡婦不時這樣咒罵。

「娘，我看我們還是不要吃這盌飯吧？」荷花聽多了總是這樣勸她。

「不吃這盌飯，妳喝西北風？人家大田大地，我們娘兒倆就只上下兩張嘴！開門七件事，過日子好容易？」

荷花孝順，自然無話可說。初四這天，我們四人在一起踢毽子，她忽然向我和玉蘭訴苦：

「還是妳們好，大樹底下好遮陰，不像我黃連命。」

「小風騷，人家騎馬妳騎驢，後面還有人兩腳走，妳比上不足，比下有餘，最少勝我三分。」駝子哥馬上接嘴。

「駝子，我怎麼勝妳三分？」荷花偏著頭問。

「爺大字底下多一點，不值半文錢！爺要是有兩張嘴，就專門開金礦，纔不放牛咧！」

我們沒有聽懂駝子哥的話，荷花卻用毽子朝他腦殼上一扔，噹的一聲，打個正著，駝子哥用手蒙著頭，蹲在地上哭笑不得。玉蘭撿起毽子問荷花：

「荷花姐，妳怎麼打他？」

「妳不懂，駝子鬼爛心！」荷花柳眉一揚。

駝子哥慢慢站起來，放下手，腦殼上起了一個銅錢大的疱，一片青紫。

「小風騷，古話說得不錯：最毒婦人心。妳差點送了爺的命！」駝子哥望著荷花說。

「死了活該！誰叫你自己討賤？」荷花嘴兒一撇，嗤的一笑。

「爺說的是良心話，妳偏偏狗咬呂洞賓。」駝子哥揉揉腦殼。

「你姑奶奶要是個男子漢，情願拉黃包車，也不像你這樣沒有志氣！」

「拉黃包車一身臭汗，跑斷兩條腿也發不了財；開金礦，吃輕閒飯，救了別人的飢荒，也解了自己的飢荒，多好的事兒？」

荷花又要打他，這次他及時跑開。我們叫他來踢毽子，他纔慢慢走過來，兩眼瞪著荷花，像做賊。

他三十夜贏了錢，心裏一直非常高興，挨了荷花那一下，他一點也不在乎。他穿著姑爹給他新做的棉襖棉褲，人也精神多了。雖然過了年他又多了一歲，人還是那麼瘦，那麼矮，像個小孩，和荷花越長越俏，越長越像個大人完全不同。

我們四個人，荷花踢得最多，最好，駝子哥踢得最差，勾著頭直喘氣，他總是受罰，敬荷花的「酒」，荷花故意把毽子踢得遠遠的，讓他去追，他跑得慢，十次有九次捉不到，因此一直罰下去。我們很同情他，他好像非常樂意，一點兒不以為苦。

「小風騷，許百萬給了妳多少壓歲錢？」他突然問荷花。

「許大爺賞了王福年一副棺材本，還能給我壓歲錢？」荷花回答。

「生死兩回事，他不給王福年棺材本，王福年不得安葬；他不給妳壓歲錢，妳還讓他騎馬上任？」

荷花揚起手，又要打他，他連忙躲到我背後。

「小風騷，我真佩服妳娘，」駝子哥在我背後伸出頭來：「本來該她破點兒財，結果她順手牽羊，拔了許百萬一根汗毛。」

「要不是大舅人高手長，說不定王三嫂的腦殼會開花？」玉蘭說。

「真沒有想到王福年的女人癩蛤蟆咬住板凳腳，睹出一口氣。」荷花無可奈何地一笑。

「縱然日本人不溜走，她還真的敢在太歲頭上動土？」駝子哥說：「她不找妳娘找誰？」

「我看我們今年流年不利。」荷花說。

「大鍋粥，一起爛，我看百花洲沒有好運走？」玉蘭說。

今年新年過得最沒有意思，我不想再聽不愉快的事，我要繼續踢毽子。駝子哥從我背後跑出來，把毽子一拋，踢了起來。

雪沒有完全融化，地上仍然有好幾寸深，白天出點兒花花太陽，晚上更冷，屋簷的冰柱拖了一尺多長。我們是在一塊剷了雪的坡地上玩，不受影響。天氣雖然冷，我們額上都冒出了汗，駝子哥把棉襖解開，我也脫掉長袍，荷花和玉蘭都不好意思解開衣服。

我們踢得正起勁時，許百萬拄著虎頭拐棍，踏著堤上的積雪，走向荷花家來。他的黑子羔皮袍下擺，掃在晶瑩的雪上。

許百萬進門不久，王寡婦就走到門口向荷花招招手，荷花把毽子向玉蘭一拋，跑了回去。

「真是有錢能使鬼推磨。許百萬能使她們娘兒倆四腳朝天！」駝子哥望著荷花的背影尖酸地說。

「駝子哥，你也積點兒德？」玉蘭望著駝子哥一笑：「你不怕閻王爺鉤舌頭？」

「閻王爺天公地道，我不說冤枉話，他怎麼會鉤我的舌頭！」駝子哥滿不在乎。

荷花回去後，王寡婦拿著一包糕餅，一包茶葉出來，向大爹家走去。這是她新年第一次走人家。百花洲的老規矩，初三以前不倒垃圾，怕倒掉了財喜；女人不過初三也不能上人家的門，怕給人家帶來不吉祥的事兒。她提著兩包東西去，大概是感謝大爹替她挨了那一煙槍？

她看我們在踢毽子，笑著對駝子哥說：

「駝子，你這麼大的人了，也不懂禮，怎麼不向我拜個年？」

「王三嫂，初一我就在妳家裏，不是第一次見面，還拜甚麼年？」駝子哥耍賴。

「駝子，有道是禮多人不怪，你磕個頭也很方便。」王寡婦風緻嫣然地一笑。她穿著一套合身黑緞短襖長褲，頭髮梳得光亮，顯得更加年輕，完全不像三十多歲的婦人。

「王三嫂，今年免了，來年再向妳磕頭。」駝子哥輕鬆地回答。

王寡婦笑著罵了他一句，一逕走進大爹的家。

「王寡婦也想爺向她磕頭？」駝子哥看她進了門，撇撇嘴說：「爺新鞋不踩臭狗屎，她要爺跪踏板，爺倒心甘情願。」

「駝子哥，你說這種話也不怕天雷打？」玉蘭笑著問他。

「雷公只打狐狸精，不會打人。」駝子哥輕鬆地說。

楓樹鎮開來了一條渡船，這也是新年的第一條船，我們發現它時，已經有幾個人上岸了，都是來百花洲拜年的，其中有一個余千，我們看見他向大爹家來，連忙趕了過去。

這次他是單人匹馬，他手上也提了一包糕餅。和大爹一見面，他就雙手一拱，大爹說了幾句客氣話，把他請了進去。

王三嫂等他跨進門，上前一步，笑盈盈地說：

「喲！余老闆，甚麼風把您吹到百花洲的？我這裏向您拜個遲年。」

她雙手一抱，身子一歪，在小腹邊拂了兩下。

余千的獨眼睛掃了她一眼，拱拱手一笑：

「王三嫂，妳真是春不老，越來越俏。」

「喲，余老闆，你一到百花洲就拿我開心，一定是過年財喜好？少不得要賞我幾個壓歲錢？」

「王三嫂，我是余老四打瓦，走的背時運，妳棺材裏伸手，死要錢。」

「靠山吃山，靠水吃水，我不靠你們大爺，靠誰？」王寡婦笑盈盈地回答。

大爹和余千談起王福年的事，問他知不知道？余千說：

「我聽說過，所以我非搞游擊隊不可。」

「余老闆，您現在到底有多少人馬？可不可以分點兒到百花洲來？」王三嫂問。

「天機不可洩漏，」余千望了王三嫂一眼，神秘地說：「百花洲我自然要保護，不過你們四面是水，不能駐人，免得甕中捉鱉。」

「遠水不救近火，余大爺，那您怎麼個保護法子？」

「游擊隊講究的是神出鬼沒，王三嫂，我的法子可不能告訴妳。」

「得了，余大爺，算您是諸葛亮，一肚子的妙計。」王三嫂一字一字地說，有腔有韻。

余千抽了一枝煙，喝了幾口茶，向大爹說：

「江先生，我想去向許百萬拜個年，麻煩您陪我走一趟？」

大爹還沒有答話，王三嫂就搶著說：

「余老闆，您的運氣真好，許大爺遠在天邊，近在眼前，您不必勞步了。」

余千望了她一眼，哈哈一笑：

「許百萬真是個大孝子，這麼早就向妳拜年！好，我馬上去會會他。」

「余老闆，我先去通知他一聲，免得失迎。」王三嫂向余千拋了一個媚眼，迅速地跑了回去。

「王寡婦真有兩手兒，大概是怕我撞破了好事？」余千又哈哈一笑。

「要不是念在她寡婦弱女，不然我早把她趕出百花洲。」大爹說。

「江先生，百花洲樣樣都好，有家半開門兒，也不算是甚麼壞事。」余千打趣地說。

過了一會兒，許百萬弓著腰走了進來，他向大爹和余千拱拱手，說了幾句客套話，就邀大爹和余千到王三嫂家去。

「余老闆，新年無事，我們去王家打幾圈小麻將玩玩，不要在大成殿打擾。」許百萬說。

余千是蔣幹過江，另有目的，自然同意去。大爹不大想去，他的手臂雖經過姑爹幾次推拿，還沒有完全好，因此他說：

「三缺一，怎麼打法？」

「長子，王三嫂湊上一腳不就得了？」許百萬敞聲說，他的心情十分愉快。

「三男一女，那我們準輸。」余千說。

「余老闆，就是明送王三嫂幾個壓歲錢，你還在乎？」許百萬哈哈一笑。

「許大爺，你府上有金銀窖，自然不在乎。我余千是長頸鷺鷥，就是一鍋煮了也撈不出四兩肉來。」余千故作寒酸地說。

「好說，好說。」許百萬笑著拱拱手：「兄弟不過是棵老楊樹，徒有個空殼子。」

「人的名兒，樹的影兒，你許大爺拔一根汗毛，比我的腰桿兒還粗。」

兩人笑著走出大門。大爹遲疑了一下，余千回過頭來對他說：

「江先生，我難得到百花洲來和許大爺打一場小牌，請你賞個光，湊個興兒。」

大爹大步一邁，跟了出去。

我和玉蘭也跟在後面，駝子哥年齡大，不好意思去。

荷花已經把桌子鋪好，全新的牌紙，雪白光滑，全副骨頭的新麻頭，清清爽爽。旭光紙煙擺了兩包，桌子角上還擺了兩盤酥糖桃酥，另外還有五香瓜子，這場面和別人打牌不同。

王三嫂泡了四小壺好茶，放在四方，笑盈盈地說了聲：「請！」

摸過風以後他們分別入座，荷花這纔有空招呼我們。她給我們吃桃酥、瓜子，另外泡了兩蓋盌茶。

「荷花姐，妳何必這樣客氣？」玉蘭說：「我們又不是外人。」

「這是新年，怎麼能怠慢你們兩位？」荷花說。

她陪著我們嗑瓜子，她的本領比我們大，肉是肉，殼是殼，不像我咬得稀爛，玉蘭也趕不上她。

她不時站在許百萬後面看看，又轉到余千後面看看，不時和我們講講牌經。她的牌理比慧芬姐還高明。

許百萬的手氣真好，一上場就坐了四五個莊，王三嫂雖然下了她的莊，可是他一直三牌兩和，籌碼不斷增高。

四圈下來，余千沒有講一句話，他只抽煙，嗑瓜子，吃桃酥，沒有把打牌當回事兒。偶爾喝口茶，咕咕嘴，悠閒得很。

許百萬在他莊上和了一個辣子，他纔開口：

「許大爺，你的鼻子大，真是發財的命。」

「承讓，承讓。」許百萬得意地笑著回答。

「余老闆，要不要抽口煙提提神！」王三嫂親切地問。

「不必，」余千澹然一笑：「我縱然抽了一缸，也贏不到許大爺的錢。」

「他今天的手氣實在太好！」王三嫂望望許百萬一笑：「我們是三歸一。」

「錢趕大伴兒，許大爺又要埋金窖了。」余千說。

「余老闆，你可別造我的謠？」許百萬望望余千：「現在年頭兒不對了。」

「有我余千在，你許大爺儘管放心睡大覺。」

「說真的，我們手無寸鐵，就全仗你神荼鬱壘。」

「許大爺，你自己不說，我倒真不好開口。」

「甚麼事？」許百萬望著他。

「兄弟替地方上建了一點武力，無糧無餉，全靠富戶士紳幫忙，過年的事兒還是江先生張羅的，這以後的糧草，我看只有仰仗你許大爺了。」

「老弟，你怎麼和我開這麼大的玩笑？」

「許大爺，我實在是騎上了老虎背，新年新歲，還敢和你開玩笑？」

許百萬面色慘白，從懷裏掏出一個煙盒，拿出一粒大煙泡，喝了一口滾茶，吞了下去，望著余千說：

「老弟，漢鼎可以作證，去年那場大水，淹垮了百花洲，我淹得寸草不留，本來應該助你一臂之力，現在是泥巴菩薩過江，自身難保。」

「許大爺，你何必向我哭窮？」余千輕鬆地一笑：「你隨便挖出幾個金元寶，就夠我們一年半載的糧草。」

「這是冤枉！」許百萬叫苦起來。

「余老闆，許大爺這一向的情況實在不好，不是假話。」王三嫂為許百萬緩頰。

「王三嫂，妳犁尾巴應該掌正，不要往一邊歪，」余千獨眼望著她：「光是三十晚上在妳這兒一場寶，許大爺要是拿出來，也夠弟兄們三五個月的糧草。」

王三嫂和許百萬同時一怔。王三嫂馬上向余千媚笑：

「余老闆，道路謠傳，你怎麼信以為真？」

「百花洲出了人命，這總不是謠傳？」

王三嫂和許百萬一時語塞，余千卻輕鬆地一笑：

「其實，我是向許大爺打個商量，借三幾個月的糧草，要是將來後方接濟得上，我照數奉還。」

許百萬望了他半天，低沉地說：

「老弟，楓樹鎮和百花洲一水之隔，人不親水親，我們都是自己人，我只有半瓢兒水，你不要一口喝乾，你說個數目看看？」

余千五指一伸，許百萬望著它不知道是多少？余千故意不講，許百萬嘴巴一咧：

「老弟，你是說五斗米？」

余千跳了起來，哈哈大笑。突然臉色一沉，指著許百萬說：

「許百萬！你真是狗眼看人低，打發叫化子也不止這個小數目！五斗米還用得著我余千親自過江來？」

許百萬看余千翻臉不認人，有點膽怯，連忙陪著笑臉說：

「老弟，你何必生氣？你叫我瞎子摸象亂猜，自然難免離譜。你自己說說看？我再摸摸米桶。」

「許百萬，九牛一毛，五十擔總不算多？」

許百萬像挨了一榔頭，向椅子靠背上一倒，王三嫂連忙過去扶著他，在他背上拍拍，胸口揉揉，又向余千拋了一個媚眼：

「我的余老闆，現在青黃不接，你怎麼能獅子開大口？」

「我余千吊頸也找大樹，三五斗米他只能打發叫化子。」

「余千，你總不能逼我的命？」許百萬突然坐了起來：「鬼子害得我顆粒未收，你一下又要五十擔米，我去搶去偷？」

大爹一直沒有說話，這時不得不插嘴：

「余千，這數目在現在來講，他是有點兒為難，要他開窖買米，也有點兒說不過去，你能不能少開一點兒？好在以後的日子還長，只要鬼子一天不走，你的人馬自然要糧要草，他幫忙的機會還多。」

「江先生，看在你的面子上，我答應減一點兒，你說多少？」余千見風轉舵。

「我不便越俎代庖，你們兩位當面商量一下好了。」大爹說。

於是余千和許百萬討價還價，王三嫂也在中間打圓場，打了一個對折，許百萬還不肯答應，余千掏出手槍往桌上一拍，指著許百萬說：

「許百萬，你不要敬酒不吃吃罰酒！我余千別的本領沒有，獨眼龍打槍，還用不著瞄準，看你有幾個腦袋？」

許百萬臉上青一陣白一陣，靠在椅背上不能作聲。王三嫂陪著笑臉說：

「余老闆，伸手不打笑臉人，你能不能看我一點兒薄面，再打個折扣？」

余千望望她，又望望大爹，大爹也勸他再減少一點兒，余千大聲地對許百萬說：

「許百萬，看在他們兩位的面上，我再減五擔，一粒也不能少！正月十五交貨！」

許百萬坐了起來，嘴巴還是不肯示弱：

「余千，我也看在他們兩位的面上，答應幫你這個忙，但是現在青黃不接，最好等三兩個月，收了油菜再交貨。」

「許百萬，你不必和我打太極拳，你只要拔根汗毛，還用得著開金窖？三十夜贏的那筆錢就足夠買二十擔米。」

許百萬又氣得臉孔發青，閉著嘴不作聲。余千把手槍往懷裏一插，輕鬆地說：

「許百萬，你留著大洋生仔也好，明天我就把大隊人馬扯到你家裏來，移口就食，如果他們要挖你的金銀窖，我可不負責。」

許百萬一躍而起，結結巴巴地說：

「余千，你可不能弄得我祖神不安，雞犬不寧……你既然仗著幾根「撥火棍」，存心逼我的命，我只好借債，到時候交給你就是。」

「好，我們一言為定。」余千指指大爹和王三嫂說：「他們兩位是見證人，你十五不交貨，我十六就把人馬開過來，你自己划算划算？」

余千拍拍屁股就走，走到門口回過頭來對王三嫂一笑：

「王三嫂，今天謝了，以後再來填情。」

余千走後，許百萬雙手把桌子一托，桌子翻了個身，茶壺盤子叮叮噹噹跌個粉碎，他嘴裏大罵起來：

「狗肏的余千！今天簡直是鴻門宴！……」

「爺，你真是獺蛤蟆咬住板凳腳，賭出一口氣。」王三嫂嬌嗔地說。

「去妳娘的！」許百萬順手抽了她一個嘴巴子，氣沖沖地跑出去了。

王三嫂雙手掩住嘴，眼淚一滾，向大爹哭訴：

「江先生，我這盌飯是越來越難吃了！」

第十三章　警察發證良民苦　余千借槍喜鵲冤

許百萬提前繳了二十擔米，就悄悄地進城去住了，他「大亂下鄉」住了一個多月，現在又去過「小亂進城」的生活了。太平日子他也是兩頭住，收穫時下鄉，農閒時進城，過的是皇帝都不願做的神仙日子。

許百萬進城沒有幾天，城裏就派了一個警察駐到百花洲來。這警察是王三嫂娘家的遠房姪兒，叫楊木森，是個二十一二歲的年輕人，以前在城裏一家旅館當茶房，最近纔謀到這個職位，他到百花洲來過很多次，所以並不陌生，他這次帶著老婆同來，還有一桿步槍，王三嫂替他用一斗米一個月的代價租了一間房子，讓他們夫妻兩人住家、辦公。許百萬進城之後，王三嫂就把他當作靠山了。

他來時穿著警察制服，一到百花洲他就把制服脫掉，穿起便衣，半捲著白袖口，大概他不習慣穿制服？或是因為百花洲的人愛在警察兩字之下再加上「狗兒」這兩個不好聽的字眼兒？

百花洲平時是個夜不閉戶、道不拾遺的地方，打架的事兒都很少發生，像九龍口之類的公益事情，一向是找大爹解決，他知道不會找他。他來到百花洲的當天就放出一個空氣，說是誰要進城都可以託他辦張良民證。這種事情是他的獨門。

當天晚上江應龍的父親就去拜託他，他開門見山地說：

「江大叔，良民證的工本費你帶來沒有？」

「甚麼工本費？」江大叔根本不懂。

「就是紙張印刷費。」

「多少錢？」

「一塊大洋。」

江大叔跳起三尺高，大聲地問他：

「豆腐怎麼要肉價錢？那麼一點兒馬糞紙，也要一塊錢，這不黑了天？」

「江大叔，到處是關卡，不送點兒人情辦得下來嗎？」他笑著問江大叔。

「以前長子先生不知道替我們辦了多少事？從來沒有要我們送過人情。」

「他大人大面，我怎麼能和他比！再說，他自己掏了腰包，好意思問你們要錢？你們鄉下人就是不懂這些規矩。」

江大叔望望他，覺得他的話也有道理，自己又需要一張良民證，因此抓抓頭皮，尷尬地說：

「我一個現錢也沒有，你要送人情我捉隻老母雞給你行不行？」

「你們鄉下人只知道送雞，不知道折現？」

「送雞是大禮，折現多俗氣？」江大叔一笑：「再說，自從鬼子來到之後，雞販子就不下鄉來，我們自己又不能進城，哪裏去賣？」

「關卡那麼多，一隻雞能送幾個人？」

「那我再送十個蛋好了。」

楊木森勉強答應，又拖著一個尾巴：

「工本費你以後還是要補給我，我只有一個老婆，賠不起。」

江大叔點點頭，又不放心地問：

「我哪天能拿到良民證？」

「你哪天要哪天有，我是局裏的人，不必轉彎抹角，比外人快得多。」

江大叔既驚奇又羨慕地望著他，大聲地說：

「好，明天一天亮我就送來。」

他向江大叔要了兩張照片，笑著往口袋一塞，輕輕地拍拍：

「你放心，包在我身上。」

第二天他真的替江大叔辦了一張良民證回來。江大叔替他一吹，很快張揚出去。

首先是余千帶著兩個弟兄過來，他直接上王寡婦家去。

王三嫂不知道他這次有甚麼事？上次他拍拍屁股走路，雖然使她失望，但她不敢怠慢，仍然笑臉相迎，親自泡茶、遞煙。

「余老闆，許大爺送的米您可收到？」她笑著問。

「收到了，我正想向他道謝哩！」余千笑著回答。

「您把許大爺駭跑了，他纔不要您道謝哩！」

余千哈哈大笑，諷刺地說：

「跑得了和尚跑不了廟，我余千真要找他，他還跑得掉？」

「余老闆，他對你已經是大手面了，你就饒了他吧！」

「你真是一面倒，處處關照他。」

「余老闆，你這話就說歪了，我是三條大路走中間，不偏左也不偏右。」她眼兒一媚，在他肩上輕輕一拍。

「王三嫂，妳真有兩手兒，難怪許百萬甘心作孝子。」余千哈哈大笑。

「余老闆，你還說呢！上次為了您，我挨了他一個嘴巴子！」王三嫂嘴兒微微一噘。

「真有這回事？」余千笑著問。

「誰騙您？江先生親眼得見的。」

「下次我打他一嘴巴子，替妳出口氣好了。」余千拍拍她。

「余老闆，您做做好事，我情願打落門牙和血吞。您給他一點兒面子，讓我過過太平日子。」

「哦！你們到底是老交情，我就犯不著插一腿了。」

「余老闆，你們都是我的衣食父母，我希望彼此一團和氣，我受點兒委屈沒有關係。」

余千笑著掏出一塊銀洋，往她手中一塞，王三嫂推辭不敢接受，余千豪放地說：

「我余千嘴吃八方，但不佔妳的便宜，小意思，買四兩茶葉，我以後少不得常來常往的。」

「謝謝余老闆。」王三嫂滿面春風地說，把那塊銀元塞進竹筒裏，噹的一聲響。

「王三嫂，城裏派了一個警察到百花洲來，聽說是妳的姪兒子，請妳把他叫來，我要會會他。」余千說。

「余老闆，您這是聽誰說的？」王三嫂一怔。

「牆有縫，壁有耳，自然有人傳給我。」

「您找他有甚麼事？」

「公事。」

「余老闆，他也是為了生活，您可不能為難他？」

「妳放心，保險不會。」余千拍拍胸脯。

王三嫂不得已，只好打發荷花去找楊木森。荷花把我一拉，我們兩人一道出來。

「不知道獨眼龍余千，葫蘆裏賣的甚麼藥？」荷花輕輕地對我說。

「誰知道？」我茫然地回答。「他對妳娘拍了胸脯，說話總要算數？」

荷花沒有作聲，我們走到楊木森家時，他正躺在安樂椅上搖來搖去，非常得意的樣子。荷花說明來意之後，他臉色一變，顯得十分膽怯，不肯和荷花一道走。

「表哥，怕也無用，遲早總要碰個頭，你吃了這盌飯，還能躲在馬桶角?大大方方見個面，說不定還要好些?萬一有礙難，我和娘一定替你方圓方圓。」

楊木森想想跑不掉，也只好硬著頭皮到荷花家。

王三嫂替他向余千介紹，余千打量了他一眼，笑著問：

「你會不會打槍?」

「余隊長，以前我不是這個道路的人，為了混盌飯吃，臨時抱拂腳，學了幾天，打得響就是，談不上會。」劉木森謙卑地回答。

「你要不要和我比比槍法?」

「那不是孔夫子面前賣文章?我怎麼敢和你余隊長比?」

余千得意地一笑，又老氣橫秋地對他說：

「老弟，我找你來沒有別的，你那根撥火棍不過是聾子的耳朵，瞎子的眼睛，不如借給我用用!」

楊木森倒退兩步，睜大眼睛望著余千。王三嫂笑著對余千說：

「余老闆，那是他的討飯棍，你何必開他的玩笑?」

「余隊長，那我交不了差。」楊木森接著說。

「你就說是我借的。」余千說：「要不要我打張借條?」

「余老闆，您說了不給他為難的？」王三嫂走近余千，一手搭在他的肩上，低聲下氣地說。

「我是和他打個商量，一點兒沒有給他為難。」

「我的爺，腦袋瓜兒怎麼能借？還有甚麼比這更使他為難？」

「我要是有心和他為難，早就把他拖到江邊斃了，還講這麼多廢話？」余千輕鬆地一笑。

王三嫂倒退一步。楊木森打一個冷噤，陪著笑臉說：

「余隊長，你借一兩天我都敢答應，借久了我實在擔戴不起。」

「我先向你說明，要借恐怕不止一天兩天？你不要說我言而無信。」

楊木森抓抓頭，一臉的尷尬。

余千慢慢地掏出手槍，輕輕地放在桌上，望著他似笑非笑。

「余老闆，他是初出道的小毛驢兒，你別駭著了他？」王三嫂哭笑不得地說。

「那他最好識相一點，」余千向王三嫂說：「免得我動手。」

「余隊長，我好不容易謀到這麼個差事，請你別砸了我的飯盌。」楊木森懇求地說。

「你放心，要是真的砸了飯盌，你找我余千，我會給你一盌飯吃。」余千拍拍胸脯。

楊木森望著余千哭笑不得，余千向他揮揮手，指著手下兩個人說：

「你把槍交給他們，子彈一粒也不能少，以後我們還要時常打打交道。」

楊木森只好出去。余千的兩個人跟在背後。

「余老闆，您沒有給我一點兒面子。」王三嫂嬌嗔地說。

「我給妳的面子纔大！不然我會把他當漢奸辦！」

「余老闆，您別嚇唬我鄉下人，他可憐巴巴的，算甚麼漢奸？」

「他是日本人的狗腿子，怎麼不算漢奸？」

王三嫂不敢再講。楊木森和那兩人一道進來，余千走上前去接過槍，拉開槍機看看，隨即交還那人，轉身問楊木森：

「一共有多少發子彈？」

「五十發，一顆不少。」

「你要是多領五十發，那不更好？」余千向他一笑。

「其實在百花洲連打狗棍也用不著帶。」楊木森說。

「你們不帶傢伙，我余千怎麼長得大？」余千哈哈大笑。

楊木森的臉一紅，余千又掏出兩張照片，交給他，拍拍他的肩說：

「老弟，昨天我又招了一個人，麻煩你辦張良民證，三天之內送到楓樹鎮胡家雜貨鋪，以後我會給你一份糧餉，身兼兩職，保險你餓不死。」

楊木森真是武大郎一跟斗栽進金銀窖裏，又驚又喜。王三嫂看他呆頭呆腦，連忙對他說：

「你還不謝謝余老闆？」

楊木森連忙身子一躬，說了聲謝謝。

余千大模大樣地走出王寡婦的家，他發現門前老楊樹上有隻喜鵲，從他部下手裏拿過楊木森那桿槍，槍機一拉，按了一排子彈進去，自言自語地說：

「我試試這根撥火棍，有沒有點兒用處？」

隨即舉起槍，獨眼一瞄，砰的一聲，那隻喜鵲從老楊樹頂上栽了下來，他把槍往部下手裏一拋，趕過去撿起喜鵲，喜鵲一絲氣兒也沒有。他提起喜鵲的翅膀抖了兩下：

「吃了喜鵲不頭痛，我帶回去下酒。」

隨後他又轉過身來對楊木森說：

「老弟，你這根撥火棍不錯。」

楊木森啼笑皆非，聽著槍聲趕出來的人怔怔地望著余千走向江邊。

余千過了江，楊木森也連忙坐船趕進城去。

楊木森當天沒有回來，他女人非常著急，王三嫂和荷花也放不下心來。

第二天下午，楊木森回來了，又揹了一桿槍，另外還增加了兩個警察兩桿槍。他們借了一個邊屋住，門口還掛起分駐所的木牌子。

楊木森還帶了楊國仁一封信來給大爹，拜託大爹協助維持地方治安，他已經由維持會長改為縣長了。大爹對楊木森說：

「你下次進城請代我問問楊縣長，百花洲的一百個壯丁怎麼肉包子打狗，有去無回？」

「江先生，我見不到縣長，局長我倒可以問問。」楊木森說。

「你告訴他，百花洲一無強盜二無賊，請他們放心。」

「江先生，我們在這兒還要請您多多關照。」

「我們都是自己人，你也不是不知道百花洲的事，你吃了這碗飯，自然不能不做個樣兒，但是瞞上不瞞下，瞞日本人不瞞中國人，這臺子戲你們可認不得真？百花洲都是善良百姓，你們千萬不能做日本人的狗腿子。」

「江先生，我們絕不會黑良心。」

「只要你們心裏明白，我能照顧你們的地方，自然會照顧，用不著他楊國仁寫甚麼信，我不願意惹一身騷。」大爹把信一揉，拋進字紙簍。

「江先生，我沒有喝迷魂湯，還認識老子娘，手指頭不會向外彎。」

大爹安慰了他兩句，他纔告辭，把余千要的良民證送到楓樹鎮去。

百花洲增加了兩個警察，更沒有事做，他們只好下下象棋，在王寡婦家裏打打小牌，消磨日子。

元宵那天，百花洲沒有鬧花燈的節目，不像往年從初十到十五，鑼鼓喧天，龍燈、高蹻、旱船、蚌殼精，爭妍鬥豔，十五這天更是鬧個通宵。

但是這天下午，百花洲突然停了幾隻大肚皮，賣賣私鹽、煙土，倒也湊了幾分熱鬧。本來寧波佬還想在王寡婦家賭寶，大爹向王寡婦特別警告，王寡婦纔沒有讓他們賭。可是日本人又到處打雞，因此有些女人向分駐所哭訴。

當他們提著雞，從分駐所門口經過時，有一個年輕的警察穿了制服，攔住他們，勸他們放下雞，不然就拿錢買。不知道是語言不通？還是日本人會錯了意？戴鴨舌帽的寧波佬狗仗人勢，朝那個警察臉上唾了一口，罵了一句下流話，那個警察抓住他的胸口往房子裏拖，兩個日本人拍拍地打了那個警察幾個耳光，寧波佬更塞了他幾拳頭，反而把他打進了屋子。楊木森看見兩個日本人手裏有槍，不敢動，寧波佬又朝那個警察唾了一口：

「瞎了你的狗眼，敢在老虎嘴裏拖豬？」

他和那兩個日本人便提著雞揚長而去。原先向警察哭訴的女人，已經駭得呆頭呆腦，怔怔地望著他們。

楊木森請姑爹替那個挨打的警察推拿了一翻，那個警察唉聲歎聲，自怨自艾地說：

「我們是私生子，到處受氣！」

這件事發生以後不到一個禮拜，余千又帶了六、七個人來向他們「借」槍。

楊木森知道余千的槍法，那兩個警察知道寡不敵眾，又都是中國人，根本不想開火，只求怎樣纔能脫卸責任？

他們在分駐所商量一番，最後決定由余千出一張「借」條，余千不會打條子，其餘的人也是西瓜大的字認不滿一籮筐，余千便帶著那三條槍來找大爹。

「江先生，我無事不登三寶殿，麻煩你代我打張借條。」余千開門見山地說。

「余千，你這是老虎借豬，要不要寫明歸還日期？」大爹明白他的來意之後，笑著問他。

「去他娘的！我余千是有借無還。」余千朝地上唾了一口。

大爹寫好借條，要他在自己姓名底下畫個押，他寫了一個大十字，捺了一個指模，交給楊木森說：

「我余千放個屁都算數，你交給你們的局長，他要是不服氣，讓他自己下鄉來，我余千要借他的腦袋！」

「余隊長，謝謝你這張借條，我們只要能交差就行，局長怎麼敢送肉上砧？」另外一個警察說。

「那要他多送幾條槍來好了。」余千哈哈一笑：「我可以留住他的腦袋。」

第十四章　余千招惹警備隊

荷花暗恨鬼子兵

余千兩次傑作，卻給楓樹鎮和百花洲惹來了麻煩。日本人派來了一個警備隊，二十幾個人駐在楓樹鎮，十四個人駐在百花洲。

派到百花洲的十四個鬼子，駐在我們的祠堂裏，他們一律黃呢軍服，黃統皮靴，除了一人一桿步槍之外，還有一挺機槍。他們一到就在祠堂門口挖了兩個工事，堆起沙包，另外還張貼了幾張佈告。規定成年人進出百花洲一律攜帶良民證；當游擊隊的殺無赦，襲擊皇軍的殺個雞犬不留，同時放火燒村。

當天他們就派了一個哨兵站在渡口，檢查良民證，沒有良民證的不准上百花洲，也不准進城或是去楓樹鎮，而且不管甚麼人都要向哨兵行九十度的鞠躬禮。他們兩個小時換一個哨兵，不分晝夜。

他們來了以後，不但百花洲的人像加了一道緊箍咒，警察也頭痛起來，因為不時要聽他們使喚，還得穿上警察制服，但是他們也有一樣好處，那就是辦良民證的人更多了，也多了一筆「外快」，連駝子哥也不得不辦一張，因為他早過了二十歲，算是「大人」。

「余千真是屁股頭掛紙錢，招神惹鬼！」駝子哥痛惜一塊錢的「工本費」，抱怨地說：「看他敢不敢在太上皇頭上動土。」

「駝子，縱然余千吃了豹子膽，敢過江來，還不是我們百花洲的人倒楣？」荷花說。

「要是余千真能把鬼子一網盡打，爺就服了他！」

「向老虎借皮，有那麼容易？」

「我們又不能買副香燭紙砲把他們送走，那怎麼辦？」

「只有希望中央早點回來，少一個靈牌，少一個鬼！」

「我看還是兔兒望月？」

「難道我們就這樣打入阿鼻地獄？」

荷花家的生意是愈來愈壞，許百萬進城之後，少了一個長期戶頭；鬼子一來，百花洲的人都敬鬼神而遠之，不常到這一帶來，生怕惹禍上身。

不過她們母女兩人很快就時來運轉，由於楊木森的關係，王三嫂和鬼子的頭目武田軍曹迅速地搭上了線。武田是個三十來歲的人，身體壯得很，一身精力彷彿無處發洩。百花洲的人最耽心的是鬼子在女人身上打主意，王三嫂擒賊擒王，不但沒有人責備她，大家反而鬆了一口氣。她的生意也漸漸好了起來。據說武田對她並沒有別的好處，就是送兩條旭光煙、一兩斤鹽。而她卻把武田當太上皇一般供奉著。起初，武田白天還避人耳目，不到她家，只是晚上偷偷地來去，漸漸地白天也藉故「巡視」一兩次，而且動起荷花的念頭了。

有天晚上，我從姑爹家打拳回來，經過荷花閨房的窗口，突然聽見王三嫂和荷花輕輕地談話，我腳步一停，聽見荷花氣憤地說：

「娘，這太不像話，您和武田的事，大家都知道，怎麼能再拖我下水？」

「荷花，這不是娘拖妳下水，是武田看中了妳，他早幾天就對我表示了這個意思，我一直和他打太極拳，娘便宜了他，妳總要撈個本！」

「娘，您別做夢，鬼子都是吃白食，您賠了夫人又折兵，他對我還會有甚麼好處？」

「話也不能這麼說，娘是明去暗來。木森辦張良民證，都要塊把錢，武田這張護身符，該值多少？」

荷花沒有作聲，王三嫂又接著說：

「我們不比別人，吃了這盌飯，就別想豎貞節牌坊，總要找個大戶頭，不然這臺戲就唱不下去。自從武田到我們家裏走動走動，不但生意好了，我們也水漲船高。」

「娘，我們在百花洲人的眼睛裏總是下三濫，連駝子鬼也瞧我們不起，還能高上天去？」

「所以娘也想趁現在還沒有老，弄個棺材本兒早點兒上岸，也好替妳找個正經主兒。」

「娘，人的名兒，樹的影兒，我這一身騷，鬼要？」

「嫁到別府別縣自然沒有人知道。」

「娘，您掩耳盜鈴，我看到頭來落得給人家做小！」

荷花輕輕地哭泣，王三嫂也輕輕歎氣：

「這也只怪妳老子死得太早，誰叫我們娘兒倆，生成的黃連命！」

她們沉默了一會兒，我正準備離開，王三嫂又輕輕地說：

「武田已經答應了我一斤煙土，不然就是三十斤鹽，只要妳點點頭就行。」

「娘，我恨日本人！妳不要貪小利。」

「荷花，妳不要糊塗，我們是砧板上的肉，要不是娘在他面前要幾手花招，他真不肯拔一根毛。他要是霸王硬上弓，妳敢說一個「不」字？多少黃花閨女都被他們糟蹋了？何況我們？到時候妳還得做點兒假，不然真是偷雞不著蝕把米！」

我聽到橐橐的皮靴聲，連忙悄悄離開。我發現來的鬼子正是武田，他裝作巡查的樣子，走向江邊的渡口，那裏正站著一個哨兵，他和那個哨兵嘰噥了幾句，便悄悄地拐進王寡婦的家。

這天晚上我沒有睡好覺。第二天我本來想把荷花母女兩人談話的情形告訴駝子哥，後來一想駝子哥的嘴巴刻薄，怕他在別人面前胡言亂語，在荷花面前顛三倒四，所以我只悄悄地告訴玉蘭。

「表哥你不是說鬼話？」玉蘭望望我，不大相信。

「句句人話。」我說

「那荷花姐真是啞子吃黃連！表哥，你還記得那次在城裏的事？」

我點點頭，那次的事到現在還只有我們三人知道。

「表哥，要是鬼子不早點兒王八搬家，我真有點兒怕。」

「妳怕甚麼？」

「我總會長大。」她望著我，像個大人的樣子。

「我不相信鬼子能穩坐江山，那時他們早就滾的滾、爬的爬了！」

「我看余千成不了氣候，除非麟表哥打回來？」

「鬼子是七十二戰，戰無不利。忽聞楚歌，一敗塗地。騎著驢子看唱本，妳走著瞧吧！」

「表哥，你又不是劉伯溫，能知過去未來？」

「只是我們都這樣想，鬼子凶不了我們。」

換班的鬼子囊囊地向我走來，我們退到路邊的大楊樹下，鬼子的臉上有一股橫肉，身子矮，人胖，戴著尖頂的小帽，非常難看。他把槍架在肩上，挺胸大步地行走，耀武揚威，走到我們面前，掃了我們一眼，盛氣凌人，我們怕挨耳光，連忙身子一彎，鞠了一躬，玉蘭不自覺地縮在我身邊。

「兩位躲在楊樹底下幹甚麼？小心喜鵲屙你們一頭糞。」荷花提著木桶向我們走來。

「荷花姐，鬼子凶神惡煞，我們在樹下避一避。」玉蘭回答。

「黃鼠狼進了雞窠，避也避不掉。」荷花牽起玉蘭的手：「走，陪我到江邊提桶水。」

玉蘭跟著她走，我也尾隨著。

荷花不走去渡口那條大路，踏著草地筆直朝江邊走。江邊一大片廣闊的草地，有很多水牛在吃草，枯黃的草在隱隱發青。

駝子哥在江邊放牛，他看見我們連忙走了過來，打量了荷花幾眼，笑著問她：

「小風騷，怎麼春天還沒有到，妳就像隻懶貓？」

「駝子鬼，你少管姑奶奶的閒事，」荷花把提桶放在草地上：「你要是真有孝心，就替姑奶奶提桶水。」

「小風騷，妳走錯了地頭，提水應該去渡口。」駝子哥向鬼子哨兵站的地方一指，那邊地勢平坦，正搭了一塊長跳板。

「妳姑奶奶不願意向鬼子低那個頭，情願爬點兒坡路。」

「低一下頭有甚麼關係，只要不四腳朝天就行。」駝子哥望著荷花一笑，樣子邪得很。

荷花抓起木桶向他扔過去，他連忙倒退，還是被提桶撞倒，跌個四腳朝天。

「駝子鬼，別在你姑奶奶的火上加油，姑奶奶纔要你王八過門檻，四腳朝天。」荷花指著駝子哥罵。

駝子哥慢慢地坐起來，奇怪地望著荷花，期期艾艾地問她：

「小風騷，妳吃了尖辣椒，怎麼這麼大的火氣？」

荷花又要打他，他就地一滾，滾出一丈多遠，荷花又好氣又好笑，玉蘭拉住她對駝子哥說：

「駝子哥，你將功折罪，快替荷花姐提桶水。」

駝子哥摸摸後腦殼，慢慢地爬起來，無可奈何地提起水桶，走了幾步，回過頭來對荷花諂笑：

「小風騷，打是情，罵是愛，上刀山爺也去，何況一桶水？」

荷花罵了他一句，兩腳一盤，像觀音大士打坐，在草地上坐了下來。

我們也跟著她坐下，玉蘭坐在她身邊，笑著問她：

「荷花姐，妳今天怎麼這麼大的火氣？」

「玉蘭，我啞子吃黃連，苦在心裏，駝子鬼偏偏找我窮開心，妳說我怎麼不氣？」

「駝子哥今天這個虧吃得可不小？這桶水他怎麼提得上來？」玉蘭說。駝子哥也沒有去渡口提水，他沿著陡坡下去，那真夠他累的。

「駝子鬼真不是好東西！他說我低一下頭沒有關係，他怎麼不到鬼子那邊去？」荷花指指那個哨兵。「他低頭用不著彎腰，比誰都方便。」

玉蘭嗤的一笑。鬼子哨兵向我們這邊打量了一眼。

楓樹鎮的渡口也站了一個哨兵，這幾天楓樹鎮和百花洲來往的人少多了，非萬不得已，沒有人願意走過鬼子的面前向他們鞠躬行禮。

江上有隻小火輪，拖著三條大肚皮，向上慢慢行駛，不知道大肚皮裝的是甚麼東西？

駝子哥提著一桶水慢慢爬上來，一上坡就仰著頭喘氣，看他那可憐的樣子，我只好跑過去幫著他提。

「駝子哥，真虧了你！」我看看滿滿的一桶水，他的鼻孔像扯風箱，不禁同情地說。

「小鳳，你還沒有到我這個年紀，不知道女人是塊吸鐵石？」他喘著氣回答。

「駝子哥，你也犯不著打腫了臉充胖子。」我覺得他可以少提一點，用不著十八兩老秤。

「小鳳，我不過使出吃奶的力氣，有的人還會為女人賣命呢！」他望著我說。

「哪有這樣的大草包？」我笑著搖搖頭。

「說不定你將來就是一個。」他用食指向我一指。

我笑著提起水桶就走，這桶水不輕，我搖搖晃晃地提到荷花面前，站著喘了一會兒氣，駝子哥纔勾著頭走過來。

「駝子鬼，你一個人吹簫，兩個人撩眼，姑奶奶不領你的情。」荷花說。

「小風騷，爺朝了一趟南海，總算盡了這份心，隨妳領不領情。」駝子哥笑著回答。

「駝子鬼，你替姑奶奶提回家去，就算你真有一份孝心！」

「小風騷，妳怎麼報答爺？」

「將來送你一副棺材板。」

「妳要給爺披麻戴孝纔行！」

「成！」荷花笑著跳了起來。

駝子哥望望她，又望望水桶，無可奈何地說：

「好！爺送佛送到西天。」

駝子哥勾著頭，提著一桶水，搖搖晃晃地走向荷花的家，我們在後面遠遠地跟著他。他勾著頭，看著腳尖兒走路，贈贈蹬蹬，根本不注意別人，在堤上恰巧迎面碰著武田，武田掛著武士刀，服裝整齊地出來巡視，駝子哥沒有向他鞠躬，和他擦身而過，他抓住駝子哥順手一個耳光，駝子哥連人帶桶滾瓜樣地一直滾到堤下去。

我和玉蘭一驚，不敢舉步，荷花也止步不前，她臉上似驚似怒。

武田向我們走來，我們想逃避也來不及。要是距離遠一點，我們還可以繞道，我和玉蘭總是這樣躲避鬼子。

為了不吃眼前虧，等他走近時我和玉蘭向他鞠了一個躬，他理也不理。荷花卻像木頭人樣立著不動，我們生怕她挨耳光，但是出乎我們意料之外，武田並沒有打她，反而向她笑了一下，咕嚕兩句，纔昂首闊步走開。

我們連忙跑到堤下去扶駝子哥，他大概跌得不輕，衣服濕了，人還坐在地上，東按西揉。

「駝子，跌傷哪兒沒有？」荷花伸手把他拉了起來，耽心地問。

荷花拉了他一把，駝子哥有點兒受寵若驚，他向荷花一笑：

「嗨！看來鬼子也是兩樣的心腸，厚此薄彼！」

「駝子，我生怕你跌傷了，你倒黃連樹下彈琴，那我是冤枉操心！」

「小風騷，你這句話就能治一切跌打損傷。」駝子哥笑著回答：「鬼子這筆帳慢慢地算，總有一天把他們丟進長江。」

第十五章　駝子歪嘴吹喇叭　荷花啞子吃黃連

鬼子要人向他們行九十度的鞠躬禮，使大家非常頭痛。百花洲的人拜祖先、敬神，拜孔夫子，雖然行三跪九叩首的大禮，平時大家見面，只是點點頭，站在路邊寒暄幾句，見了縣太爺也不作興九十度的鞠躬。百花洲的人除了按時完糧納稅之外，不羨王侯，一個小小的日本兵，也得向他行九十度的鞠躬禮，實在不甘心。因此盡量避免和鬼子碰頭，大爹更少出門，楊國仁帶信請他進城去他也不去，他不想招神惹鬼，因此對城裏的情況我們並不十分瞭解。姑爹在城裏匆匆來去，也只是浮光掠影，他所知道的只是城外的店鋪統統開了門，做生意的是清一色的日本人，而且都是批發大生意，城裏的商人得向他們購買，再轉手賣給自己人。

楊木森是唯一能給我們一點重要消息的人，他三兩天要進一次城，一有甚麼消息就會告訴大爹，不管是好的壞的，因此我們叫他「耳報神」。

正月底，他在城裏帶回來一張縣立初中的招生廣告，張貼以前就給大爹看，他知道以前只有我和玉蘭在城裏讀書，幾個有名的中學統統遷到後方去了，這是一個新辦的初中。

大爹看過廣告之後，把我父親和姑爹找來，商量了一番，決定讓我們復學，我和玉蘭又連夜準備功課。就在我們準備進城的頭一天夜晚，楊木森無意中說出教務主任是日本人，規定要讀日文，大爹突然改變了主意，不讓我們去了。

「大舅，當初我不主張玉蘭讀書，你好意把她帶進城裏上學，現在半途而廢，她既不會女紅，又不能下地，倒成了個繡花枕頭；小鳳也是良不良，莠不莠，這怎麼是好？」姑爹說。

「這也只怪他們運氣不好，偏偏遇上打頭風！讀書本來是明理，要是他們都變成了日本人，那我們纔後悔不及。雞婆孵鴨兒，你為甚麼？」

「要是中央不回來，那他們不是廢了？」過了好半天，姑爹纔這樣說。

「你好好地傳他們幾手三腳貓兒，我教教他們四書五經，雖然趕不上時代，總不至於忘本。」大爹說。

姑爹再也沒有話說。事實上我們進城讀書也有困難，以前是住在大爹家裏，現在大爹的房子被日本人佔住，我們就沒有這個方便。無論寄宿或是租房子住，不但增加開支，也沒有在大爹家那麼理想。

進城讀書既不可能，我們只有安心讀讀四書五經、練練拳腳了。我們生在百花洲，也喜愛百花洲，尤其是在春天的時候。

老楊樹不知不覺抽了芽，生了綠葉；柳條兒由鵝黃而嫩綠，拖了好幾尺長，迎風起舞，勝過美人兒披散的長髮；桑樹的淡黃的嫩葉，擠得出水，正好養蠶兒；桃花笑臉迎人，比荷花的臉蛋更好看；金黃的油菜花，開遍了百花洲，格外熱鬧，和那綠色的麥浪，相得益彰，柔和的春風一拂，它們便聯袂輕輕起舞，看了人都飄飄欲仙，醺醺欲醉。

鬼子好像也被百花洲的春色迷住，每天傍晚時分，除了站崗放哨的，他們便三三兩兩屁股後面掛著刺刀，在附近的堤上散步，望著遍地金黃的油菜花和起伏的麥浪出神。

武田已經把荷花獨佔起來，在我們祠堂隔壁的江大嬸家弄了一個寬敞的正房，用日本畫報裱糊起來，作為藏嬌的地方，既安全，又方便，因為許百萬曾經帶過口信，要荷花進城兩次，每次都是兩三天纔回來，武田的醋勁兒倒很大，雖然他不知道荷花進城幹甚麼？可是好像很不放心，這樣一來，他就不讓荷花離開百花洲一步，晚上也不讓她到娘家來，我們在一起的機會也少了。

不知道是鳥籠裏的生活太寂寞？還是和我們在情感上分不開？荷花只要發現我們三人在一起，總想法溜過來和我們玩玩。我和玉蘭是閒人，除了上午兩三小時的功課是在大爹的監督之下，其餘的時間不是捕捉蝴蝶就是追逐楊花，不然就採桑葉養蠶，駝子哥騎著水牛陪我們到處跑，因為到處有青草，到處有樹葉，牛吃得膘壯肉肥。

一天下午我正爬在桑樹上採桑葉，荷花看見我又跑了過來，而且幫忙我們採，駝子哥酸溜溜地對她說：

「小風騷，武田是百花洲的太上皇，你是百花洲的皇后娘娘，妳也來採桑？」

「駝子鬼，你不要往姑奶奶臉上貼金，妳姑奶奶纔不願作架上的黃鶯。」荷花說。

「哼，妳嘴上講得好聽！」駝子哥鼻子裏哼了一聲：「既是不願，怎麼沒有聽見妳喊叫一聲？」

「駝子鬼，你還解得了妳姑奶奶的厄？」荷花停住手反問他：「我喊破了喉嚨又有甚麼用？還叫得天應？你還敢拔武田一根汗毛不成？」

駝子哥一下就被荷花問住了，伏在牛背上不敢作聲。

「荷花姐，武田讓妳出來？」玉蘭輕輕地問她。

「他總不能把我繫在褲帶兒上呀！他們守住了渡口，我還能插翅飛出百花洲？」

一陣微風吹來，飄來如絮如雪的楊花，落了我們一身一頭，荷花拍拍自己的身上，又低頭吹吹玉蘭的頭髮，玉蘭也踮起腳尖，拂拂她的頭。

駝子哥用手在頭上亂拂了幾下，坐起來問荷花：

「小風騷，妳這不是一根爛索綑死一條牛？」

「駝子鬼，孫猴子還能翻得過如來佛的手掌心？」

「小風騷，妳是聰明人，也應該想想點子啥？」

「駝子鬼，我挖空了心思，也想不出一個點子，你是秤鉤兒心，看看有甚麼過門？」

「譬如說，日不做，夜不從。」駝子哥豎起兩個指頭。

「駝子鬼，你這是甚麼餿主意？」荷花嗤的一笑：「你以為我們是小夫妻？可以一哭、二餓、三上吊？」

「這怎麼是餿主意？」駝子哥不服氣：「只要妳自己吃下定心丸，霸王也上不了弓1」

「駝子，你真是高山滾鼓！你以為武田是甚麼好東西？那還不是自討苦吃？」

「要是這個法子行不通，那爺還有一個法子。」

「你老鼠打地洞，還有甚麼好法子？」

「莧菜煮團魚，讓他忘八蛋吃了翹辮子！」駝子哥的小拳頭在牛背上一搥。

「駝子，我一命抵一命倒無所謂，怕的是城門失火，殃及池魚。」

「嗨！」駝子哥歎口氣：「小風騷，妳既不敢戰，又不願降，爺這個軍師怎麼當？」

「駝子，你要是能請來三老四少，同意你這個法子，我就拚了這條命，來個莧菜煮團魚。」

駝子哥摸摸頭，無可奈何地一笑：

「誰肯用百花洲的人命，管你們兩人狗屁倒灶的事？」

「那你就少出些餿主意。」

駝子哥又摸摸頭，突然在後腦殼上一拍：

「小風騷，有了！」

「瞎子碰見鬼，你看見甚麼？」荷花一笑。

駝子哥伏在牛背上，勾著頭，輕輕地對她說：

「妳多用點兒軟功，多灌點兒迷湯，讓他害色癆，短陽壽，殺人不見血，這是個最好的法子！」

荷花用手中鉤桑葉的棍子，在牛屁股上用力一抽，牛突然一跳、一衝，駝子哥駭得哭叫，差點兒摔了下來。我看了哈哈大笑，雙手一鬆，身子失去平衡，從一丈多高的樹枝上倒栽下來，幸好順手一抓，抓到一根桑樹枝兒，身子翻了過來，吊著樹枝兒順勢跌下，人也跌閉了氣。

我慢慢睜開眼睛時，發覺荷花急得滿頭大汗，兩頰通紅，雙手在我胸口亂推；玉蘭含著兩泡眼淚，緊緊地抓住我的手，跪在我的身邊；駝子哥勾著頭，癡癡呆呆地站在玉蘭的身後，目不轉睛地望著我。

荷花看我眼睛轉動，大大地歎了一口氣，撫著胸口叫了一聲：「我的天！」玉蘭往我身上一伏，哭了出來；駝子哥咧嘴一笑，伸了伸腰，吐了一口氣。

他們扶著我站了起來，走了幾步，手腳並沒有跌壞，只是背脊隱隱作痛。

「表哥，你皇帝不急，倒急死了我這個太監！」玉蘭望著我一笑，眼淚還沒有乾。

「樹從根處起，怪只怪這個駝子鬼，禍椿子！」荷花順手在駝子哥的腦殼上重重地敲了一下。

「小風騷，見妳的大頭鬼！」駝子哥氣得跳腳：「你癩蛤蟆咬住板凳腳！武田那個忘八蛋妳不怪，反而咬住爺！妳水性楊花！妳纔是禍水！」

荷花氣得臉色發青，兩眼瞪瞪地望著駝子哥，駝子哥還不停地指著她罵：

「妳不要臉，妳甚麼人都姘，現在又姘東洋人！妳丟盡了百花洲的人！妳一粒老鼠屎，攪壞一鍋羹！妳壞了百花洲的名聲……」

荷花全身顫抖，突然手一伸，拍的一聲，括了駝子哥一嘴巴，又雙手蒙著臉，羞辱地哭泣起來。

駝子哥滿嘴鮮血，做不得聲，蹲在地上一口口地吐出來，不時用袖子去揩。

我和玉蘭手足無措，我抱歉地望著他們兩人。

荷花突然頭一低，往前一竄，跑回自己家裏。

駝子哥在溝裏捧了幾捧水，漱漱嘴，一聲不響地爬上牛背，在牛屁股上抽了一鞭，水牛一顛一蹶地跑開。

我不敢回家，悄悄地和玉蘭從後門溜進姑姑家裏。

我背脊痛，不敢作聲。玉蘭悄悄地告訴姑姑，姑姑把我往懷裏一拉，一面掀我的衣服，一面喃喃地說：

「寶，你怎麼不小心，要是跌斷了背脊骨，豈不枉費了姑姑一片心？……嗨！青了好幾塊！玉蘭！快去找妳爹來。」

玉蘭應了一聲是，轉身就走，我連忙對她說：

「玉蘭，千萬不要給姑爹知道！」

「表哥，你一背的傷，還想瞞天過海？」玉蘭回眸一笑。

姑姑揮揮手，要她快走，隨後又問荷花和駝子哥吵嘴的情形，我詳詳細細地告訴了他。

「唉！荷花是個好姑娘，可惜人爭氣命不爭氣，偏偏又遇上這種國運，鬼子到處橫行霸道，軍隊都擋他們不住，何況一個女人？」姑姑悠悠地歎了一口氣：「我們都是砧上的魚肉，不要說是荷花，鬼子要是看中了別的女人，誰還敢打他們的回票？不一鍋爛就算萬幸了！」

姑爹和玉蘭一道回來，他看我站著和姑姑談話，頓時放了心，不慌不忙地掀起衣服，看看我的傷勢，用手按摸，問我痛不痛？他檢查一遍之後，自慰地說：

「幸好學了幾個月的三腳貓兒，不然也會跌成一個駝子。」

「你別賣狗皮膏藥好不好！我問你：到底礙不礙事？」姑姑急著問他。

「玉蘭的娘，怎麼皇帝不急倒急壞了太監？」姑爹大笑：「他吃一次虧，學一次乖，看他下次爬不爬樹？小不小心？這次是駝不了的。」

姑爹在錫壺裏倒了半盌高粱酒，袖子一捲，要我伏在床上，他把我的長袍掀了起來，蓋住我的頭，要姑姑和玉蘭按住我的肩膀，他把高粱酒擦在我的背上，隨即用力推拿起來。

不推倒不覺得十分痛，姑爹手指用力一推，脊骨好像斷了一樣，我不覺哎喲哎喲地叫了起來。

「膿包！這點兒痛也受不了，還算男子漢大丈夫？」姑爹譏諷地說。

玉蘭吃吃地笑，姑姑馬上堵住姑爹：

「小鳳瘸子過溝，你怎麼還要扯腿？」

玉蘭嗤的一聲笑了出來，我卻痛出了眼淚。為了避免姑爹取笑，我咬著牙不敢吭聲。

姑爹推了大約二、三十分鐘，突然在我屁股上拍了一掌：

「起來，不要做狗熊了！」

玉蘭格格地笑。姑姑把我的衣服放下來，雙手扶著我，看我一臉的眼淚，笑著對姑爹說：

「你看他痛成這個樣子！」

隨即牽起衣角，替我輕輕揩拭。

「算得半條漢子。」姑爹說了一聲，走了出去。

我在玉蘭床上睡了一覺，醒來時早已天黑，背脊卻好了很多。姑姑煮了一盌油麵和三個荷包蛋給我吃，上面還放了兩枚大香菇。

「玉蘭的娘，妳這樣款待他，下次他更要爬樹。」姑爹捧著白銅水煙袋，慢慢吞吞地說。

我禁不住噗嗤一笑，玉蘭笑著把姑爹一推：

「爹，您站開些，別笑壞人！明天也要娘照樣煮給您吃就是。」

「水只往下流，妳娘對我纔沒有這麼好的心。」

「本來嘛，他吃了向上長，你吃了往土裏鑽，進香也要看看廟門！」姑姑說。

「玉蘭的娘，你不要算盤打斷了橋，看他將來對妳有多大的孝心？」

「屋簷水，點滴不差。我怎樣待他，他自然會怎樣對我。」姑姑笑著摸摸我的頭：「寶，你說是不是？」

我笑著點點頭，姑爹接著說：

「現在吃甜了嘴，只要到茅廁裏轉一趟，就三下五除二了。」

姑姑和玉蘭都大笑起來，玉蘭又把姑爹推了幾步。

我笑著吃完了蛋和麵，姑姑收去了盌筷，姑爹笑著對我說：

「今天我也優待你一下，免得你日後說我刻薄你。」

「爹，您拿甚麼優待表哥？」玉蘭問。

「今天晚上我免掉他幾套拳，這還不算優待？」

我鬆了一口氣。玉蘭望望我，有點羨慕。

姑爹隨即要玉蘭打拳，玉蘭懶洋洋地脫掉棉襖，穿著黑絲絨短夾襖，黑嗶嘰長褲，用一根杏黃的有穗的寬帶子往腰間一綑，用力拉緊，她的腰就顯得更細，看來不過盈盈一握。紮好了腰又綑住褲腳，然後頭一抬，向我一笑：

「表哥，你這一跤跌到棉花簍裏了！今天我一個人獻醜。」

姑爹聽她這樣說，連忙把白銅水煙袋交給我，笑著對玉蘭說：

「來，爹陪妳走兩招兒。」

玉蘭笑著搖頭：

「爹，還是讓我一個人獻醜！」

她隨即站著丁字腳步，雙手一抱，左右晃了兩下，身子一縮，打起猴拳來。

她的姿勢比我的好看得多，身子輕巧靈活，拳路又打得滾瓜爛熟，像她背書一樣快，一樣清楚利落。姑爹冷不防地石腳一伸，她居然能輕輕躍過，姑爹點頭一笑。

姑姑也走出來，靜靜地站在我的身旁，看玉蘭打拳。

玉蘭打完了猴拳，又站個丁字腳步，雙手一抱，晃了兩下，往姑姑懷裏一撲，喘著氣說：

「娘，累死我了！」

姑姑摸摸她的頭，替他揩揩額上的汗，在她光亮圓潤的額角上輕輕一吻：

「寶，妳現在不是繡花枕頭，快變成鐵觀音了！」

「娘，你別給我戴高帽子，摩天寶塔不是一天砌成的，還早得很哩！」

「玉蘭，憑妳這兩句話兒就可以成器。」姑爹高興地說。

「爹，多謝您的栽培。」玉蘭笑著向他雙手一抱。

姑姑把她往懷裏一摟，姑爹樂得咧開嘴巴一笑。

之後，玉蘭又打了幾套拳，姑爹還教她怎樣對敵過手，怎樣攻擊，怎樣防身的獨招單式，招招精采，這是以前我們沒有學的。有一招「四兩撥千斤」，完全是借力使力，以弱敵強的招法，玉蘭特別有興趣。我要不是背脊有點兒痛，也很想試試。

這天晚上我又很晏離開姑姑的家，為了避免從鬼子衛兵面前經過，我又繞了一條小路，還沒有走近荷花的窗口，就聽見荷花和她娘在輕輕地爭吵，伴著哭泣。

「娘，您要我丟盡了臉！丟盡了人！我在駝子面前也要矮三尺……」荷花的聲音。

「耳不聽，心不煩，駝子的話只當放屁。」王三嫂的聲音。

「娘，您宰相肚裏好撐船，我可受不了！」

「娘也不是生來的大肚皮，受不了也得受！娘要是宰相的女兒狀元的妻，哪會開這個鴉片館？見人就喊大爺？」

「娘，您豈止喊大爺？您是賠了女兒又賠自己，您做的是蝕本的生意！」

「我說了我娘兒倆只有兩張嘴……武田那裏妳今天去是不去？他已經催過兩次！」

「娘，刀架在頸上，今天我也不去！」

「妳這又給娘出難題目，娘生得賤，只好親自燒香還願了！」

荷花的房門呀然一聲，王三嫂走了出去，荷花嚶嚶地哭泣起來。

我怕被王三嫂發現，連忙隱入牆角。

第十六章　余千在船頭跑馬
漢鼎抱被臥上朝

淹了一場大水，百花洲的土地更肥，加上晚上幾陣春雨，白天花花太陽，油菜更是枝大莢多，麥穗也特別長，特別飽滿，看樣子比往年可以多收兩三成。除了少數清寒人家託王三嫂向許百萬借了一點印子錢，大多數的人家節衣縮食，都能勉強渡過這一大難關。

油菜快登場的時候，余千派了一個人過江來找大爹。他在渡口上岸時，鬼子的哨兵也檢查了他的良民證，根本不知道他是游擊隊。

這人也姓余，是余千的本家，叫余興發，本來是城裏水碼頭的腳伕，身長力大，用一根扁擔打下了太古公司的躉船碼頭。現在碼頭上沒有船靠，無事可做，就幹起游擊隊來。

他也認識大爹，不過他還是掏出了余千的信，信是別人寫的，余千只在上面畫了個押，蓋了個圖章。

大爹看看信，問余興發：

「這封信是誰寫的?」

「梁師爺。」余興發回答。

「余千居然請了一個師爺，那是麻雀雖小，肝膽俱全了。」大爹說。

「三塊石頭架個鍋，總也要像個樣兒。」余興發說：「江先生，余老板就是不知道他的筆墨怎樣?」

「還好，還好，」大爹笑著說：「反正你們是要槍桿兒的，不在乎筆墨。」

「江先生，余老闆麻煩你的事你看過了?」停了一會兒，余興發鄭重地問。

「我首先說明，他要百花洲攤五百擔米，我只能盡力而為；許百萬的五十擔米，那要他自己想辦法，我幫不了忙。」

「江先生，百花洲的事兒還不只要你一句話?」

「去年淹了一場水，元氣未復；現在油菜、小麥還未登場，是么是六，還很難說。因此我只能盡力而為。這五百擔米，不是個小數目，我既不願意和余千打高空，也不能向他開保單，就是這個道理。」

「那許百萬的五十擔米究竟怎麼辦?」

「許百萬上次繳了二十擔米，就一直住在城裏，我又久未進城，這座橋我就搭不起來了。」

「他許百萬不要以為躲貓咪就可以躲掉，老子照樣可以進城把他擒回來!」余興發袖子一捋大聲地說。

「老弟，你說話小聲一點兒，附近就駐了警備隊，不要招神惹鬼。」大爹提醒他。

「嘿！」余興發輕蔑地嘿一聲：「剛纔老子就從鬼子面前經過，他知道老子是誰？老子頭上又沒有刻字，誰還敢點水？」

「老弟，還是小心一點兒，不要因小失大。」大爹勸他

「江先生，你到底是讀書人。」余興發一笑：「余老闆就是怕驚動了你，所以纔要我來傳信。」

「老弟，不是我怕事，」大爹也向他說：「臥榻之旁有人，以後傳個口信就夠了，不要落筆，免得給日本人抓住把柄。」

「江先生，你真是穿釘鞋、拄拐棍，我不再打攪了，一切拜託，最好端午節前能送過江去。」

「我盡力而為。」大爹點點頭，把他送出門去。

他大搖大擺地走向渡口，一身莊稼人的裝束，青藍布舊褂褲，腳上一雙破布鞋，平頭，紫銅色的皮膚，粗人粗相。

他走近哨兵時，腰一彎，屁股一撅，向鬼子行了一個禮，掏出良民證，往鬼子面前一伸，鬼子揮揮手，讓他過去。

大爹看了好笑，慧芬姐對大爹說：

「爹，百花洲又不是金銀山，余千獅子開大口，一次就是五百擔，您怎麼不一口回絕？」

「叫化子到我們家裏來也不打空手，怎麼好意思回絕他？」大爹轉過身來對慧芬姐說：「再說，他無糧無餉，還能蜻蜓喝露水？」

「爹，您知道他到底有幾個毛人？說不定他是渾水摸魚？五百擔米，一百個人也要吃一年，他余千又不是薛仁貴，有多大的肚皮？再說，斤千擔子也不能要你一個人挑，他也不能單吃百花洲！」

慧芬姐的話說得有板有眼，字正腔圓，大爹不能駁她，只是猛力抽口煙。

玉蘭向慧芬姐做了一個鬼臉，慧芬姐得意地一笑，輕輕地對玉蘭說：

「妳大舅是根鰱魚腸，一直通到底，不點他一下不行。」

玉蘭看見大爹走開了，輕輕地說：

「表姐，妳不怕大舅罵妳架上的鸚鵡？」

「我被妳大舅罵死了皮，不在乎，」慧芬姐輕輕地說：「何況這是正經事，我不說誰說？妳麟表哥不在家，娘嘛，又是糯米團兒，我唱閨門旦的也只好反串花臉了。」

慧芬姐是個京戲迷，在城裏時，要是有上海來的大京班子，她一定不惜一兩塊銀洋帶我和玉蘭去看，她對戲的內容記得很熟，角色也分得很清楚，甚至能記住那些精采的道白和唱詞。外甥走娘舅家，熟門熟路。所以她隨口套上了。

玉蘭聽她這樣說，不禁吃吃地笑，手一揚，筆尖弄了一臉的墨，像一撇八字鬍。黑墨在她的白臉蛋上，格外明顯。慧芬姐看了好笑：

「小鳳還沒有長鬍子，妳倒長起鬍子了？」

玉蘭連忙放下筆，跑去洗了個臉。

天氣漸漸燠熱起來，小棉襖都穿不住，玉蘭隨手脫掉，只穿著紅毛衣夾褲。

姑爹提了一串筷子長的楊花魚，帶了兩根小麥穗進來。楊花魚是他船上鉤的，現在已近尾聲。這種紅眼睛、無鱗、軟刺的楊花魚，用油炸非常好吃，大爹和慧芬姐也非常喜歡。姑爹把魚交給慧芬姐，把麥穗拿給大爹看。

「大舅，今年的年成的確不壞，你看，小麥的漿灌得像乳娘的奶。」姑爹說。

大爹看了點頭一笑：

「總算老天給百花洲的人一盌飯吃。」

我們也走過去看看，一棵穗上有上百粒灌飽了漿的麥子，鼓得像臨盆的女人的肚皮。慧芬姐抬起頭來向姑爹說：

「姑爹，只怕百花洲的人在河裏摸，余千在籮裏摸。」

「慧芬，妳缽裏套盌，好像話中有話？」姑爹望著慧芬姐說。

大爹把剛纔余千送信的事兒告訴他，他問大爹信在哪裏？大爹說：

「我剛纔點把火燒了，我可不要他余千功勞簿上記一筆。就是幫他的忙也不能給鬼子抓住小辮子。」

「瓦罐不離井口破，余千的膽子也太大了！萬一在余興發身上搜出那封信，大舅你真的跳進長江也洗不清。」

「不是我怕死，我還想看看世情，看看家麟哪天回來，鬼子哪天滾？」

「大舅，真是多個靈牌多個鬼，我看你以後不要讓他余千禿子跟著月亮走。」

「我是希望狐狸成正果，要是余千走火入魔，那百花洲的人就變成了釜底游魚。」

「大舅，誰能瞭解你這顆心？」

「我看爹是披著被臥上朝，苦盡忠。百花洲的人不一定見他的情？」慧芬接嘴。

「爹豈是送了棉花就要布的人？」大爹白了慧芬姐一眼：「我只是盡我的心。」

「大舅，我看這是空船裝獨蘿蔔，兩邊撞。」姑爹說。

「姑爹，五百擔米不是小數目，我看百花洲的人是親家母抱驢蹄，誰『肯』？」慧芬姐說。

「妳架上的鸚鵡，少管閒事。」大爹又用這句話來堵慧芬姐。

玉蘭望著慧芬姐嗤的一笑。慧芬姐也不禁好笑，隨後又向大爹嘴兒一撇：

「爹，您別把我的話不當數，周郎要你十萬瑯琊箭，我看您怎樣借東風？」

大爹也不禁失笑，隨即濃眉一鎖，臉孔拉長起來。

油菜次第登場。花花太陽也把麥子熬乾了漿，葉子在漸漸枯黃。百花洲的人又眉開眼笑，忙碌起來。

姑爹拖起了鉤船，下地收穫。

駝子哥自然也不能悠閒地騎在牛背上，他也在地裏作點雜事兒。我和玉蘭是不甘寂寞，也去趕趕熱鬧。荷花也不時溜到娘家幫幫王三嫂的忙。因為老年人的體力差，一綑麥把就有一百五、六十斤，要他們用鐵羊叉舉到一丈多高的牛車上，實在吃力，不能不抽一兩口鴉片提提神，因此王三嫂的生意也好了起來，她一個人忙不開，荷花自然要幫她一下。

百花洲整天響著伊伊呀呀的牛車聲，悠揚悅耳，和天空的雲雀、林中的黃鶯千迴百囀的歌聲，以及快割鳥的「快割，快割！」的清亮的聲音，互相呼應，變成了百花洲最快樂的交響曲。很多人家門前，油菜、麥把，堆得像幾層大樓房，平地起高樓，非常壯觀好看，清寒人家也堆得像一座三開間的平房。

女人們趁著大好晴天，把油菜、小麥鋪在平坦的打麥場上，劈劈拍拍地打下來。今年不比往年，受了去年水災的影響，大家都想早點脫手求現，很少人囤起來。

城裏「跑邊莊」的掮客，早幾天就趕到百花洲來，像一群職業叫化子一樣，在百花洲到處竄。他們的長布袋裏卻裝滿了銀元鈔票，沿門定貨。

跑到姑爹家的是個姓吳的老掮客，和姑爹很熟，油菜他只出六塊五一擔，小麥只出四塊五，姑爹非常奇怪地問他：

「吳老板，今年的行情怎麼這麼低？」

「今年是日本人收購，不是我們自己人作陸壟生意，鬼子只出這個價錢，我們跑邊莊的人有甚麼辦法？」

「難道上海沒有大客人上來？」

「嗨！雞蛋還能碰石頭？有哪一個中國人敢和鬼子搶生意？鬼子是大老闆，中國客人頂多是個轉運棧，你要是賣給自己人，還賣不到這個價錢。」

「吳老闆，那比往年要吃虧兩三塊一擔哪！」姑姑說：「鹽漲了十多倍，土貨跌了兩三成，這樣一來一往，兩頭吃虧，我們百花洲的人就倒了大楣啦！」

「這都是鬼子開的行價，我在生意場中打了十幾年滾，也想不出他們葫蘆裏賣的是甚麼藥？」姓吳的摸摸後腦殼說。

「吳老闆，我看鬼子是蝦蝦釣鰝魚，本小利大。」姑姑說。

「我們是榨房裏的菜子芝麻，也只好讓他們榨。」姓吳的向姑姑和姑爹一笑：「棺材上了山，總得要埋，兩位說是不是？」

姑爹望望姑姑，姑姑默然無語。姑爹自嘲自解地說：

「玉蘭的娘，破船總要漏水，我們也不止吃這一次虧。掛了幾個月的魚，還不是忙得好看？黃梅天，菜子、小麥總不能放在家裏爛？別人捨得心頭肉，我們也只好捨。還有余千那筆『債』，也快到期，我們總不能讓大舅為難？」

「玉蘭的爹，反正頸子掐在別人的手裏，你怎麼說就怎麼辦。你們男子漢都被別人牽著鼻子走，我一個婦道人家還能扭轉乾坤？大家啞子吃黃連好了。」怔了半天，姑姑纔這樣說。

於是姑爹接了姓吳的定錢，姓吳的又在園子裏看了貨，約定三天後銀貨兩訖，他帶來的幾條大帆船都停在江邊。

幾天後，姓吳的那幾條船，滿載著百花洲的菜子、小麥，水幾乎齊到船舷，揚帆而去，別的「跑邊莊」的掮客的大船，又停在江邊。

大爹早就開始為余千張羅那五百擔米，他找了好幾個原來的保長商量，請殷實的人家按地畝分攤，費了很多口舌，那幾位保長又多半是本家，礙於他的面子，只好答應下來，可是他們奔走的結果，成績並不理想，始終湊不起五百擔米的現款。

四月底，余千帶著余興發和梁師爺親自過江來。余千穿著破衣、破鞋，背上揹著個長布袋，手上端著一個破缽頭，拄著一根打狗棍，臉上抹了鍋煙，一副花子相，大爹沒有想到他會來，乍見之下，完全不認識，看了余興發纔想起是他。

「余千，你真是船頭上跑馬，不怕日本人殺你的頭？」大爹輕輕地問他。

「哼！鬼子做夢也想不到老子就是余千！」余千得意地一笑，掏出一張良民證，遞給大爹：

「江先生，你看看這是誰？」

良民證上的照片糢糢糊糊，照片下面寫著尤金山三個字。大爹看了一笑：

「余千，你真是狡兔三窟。」

「江先生，不瞞你說，這種狗屁良民證，我還有四、五張。」余千又得意地一笑，把良民證往破荷包一塞：「在自己屋門口，和鬼子捉咪貓，還會落在他們的手裏？那不是陰溝裏翻船？」

大爹招呼他們到房裏，余千喝了一口茶就開門見山地問大爹：

「江先生，我拜託你的事，沒有問題吧？」

大爹把經過的情形告訴他，他顯得有點失望，翻著獨眼睛望望大爹：

「江先生，百花洲今年大豐收，難道五百擔米也湊不齊？」

「余千，我打開天窗說亮話，這次小熟雖然多收了一兩成，怎樣也抵不過去年那場大水。何況行情比往年低兩三成，還是等於歉收。這三百多擔米的現款，我費了九牛二虎之力纔替你收齊，如果你還嫌少，我就無能為力了。」

余千聽大爹這樣說，馬上見風落蓬，向大爹拱手一笑：

「江先生，屢次麻煩你，我余千瞎子吃湯圓，心裏有數，應該謝你。看在你的面上，這次收多少算多少。」

大爹打開錢櫃，把銀洋鈔票統統點交給他。余千留下三十塊銀洋，往大爹面前一推：

「江先生，這送給你買四兩茶葉，小意思，折現。」

「余千，你不要弄錯了，我江漢鼎不是收紅包的人。」大爹身子向後一退：「我扶著猴兒上樹，不是希望牠給我摘果子。何況你是土地神，保佑地方風調雨順，六畜平安，我怎麼能接你的紅包？」

余千怔怔地望著大爹，突然一笑：

「江先生，四兩豬頭肉，你是不是嫌少？」

「余千，你要是全部給我，我就送還大家，以後恕我不能幫忙了。」

「好，江先生，你既然不吃羊肉，我也不能糊你一身牛屎，不過我倒有一個請求——」余千站了起來。

「有何見教？」大爹問他。

「我余千少讀幾句狗腳跡，想請你當個軍師，廟小菩薩大，不知道你肯不肯屈就？」

「謝謝你的好意，我老牛破車，不能誤你的事。只要我能幫忙的地方，我一定幫忙，毋須加官晉爵。」

「江先生，你是不是怕鬼？」余千哈哈一笑。

「余千，你看左了，我要是怕鬼，早就和你一刀兩斷，何必招神惹鬼？」

「的確，江先生為你作這些事，不知道要擔多大的干係？」梁師爺對余千說。

「不過我不贊成暴虎憑河。」大爹說。

余千不懂這句話的意思，望望梁師爺，梁師爺笑著問大爹：

「江先生，恕我半瓶兒醋，你的意思是不是不贊成虎豹過河？」

「嘿！老虎豹子不過河，哪有豬吃？」余千嘿嘿一笑。

「你們全會錯了意。」大爹搖頭一笑：「這是孔夫子的話，不贊成血氣之勇。老虎雖是山中之王，過河說不定會餵魚？」

「江先生，謝謝你的金言。」梁師爺假斯文地說。

余千和余興發不以為然，不過沒有講出口。余千向大爹要了一斗小麥，倒了一半到布袋裏，然後把鈔票銀元放進去，再倒進幾升小麥蓋住，這就更像一個討飯袋了。

大爹看看桌上還留著十塊錢，問他為甚麼不收進去？他笑著回答：

「江先生，你怕惹一身騷，楊木森總會見錢眼開？這個給他，麻煩你打發人叫他來，我還有幾句話要交代。」

大爹望望我，我連忙把楊木森找來。余千把錢交給他，又介紹余興發和梁師爺給他認識。

「以後我們有人到百花洲來，你要多多關照。要是有甚麼風吹草動，你先給我報個信兒。」余千囑咐他，他連忙點頭。

「江先生，許百萬回來沒有？」余千又問大爹。

大爹搖搖頭。

余千又對余興發和梁師爺說：

「你們到他家裏去一趟，有錢拿錢，沒有錢抓人，我要綁許百萬一次肉票！看他肉豬躲到鍋裏去？」

「余千，許百萬不在家，你不可以行蠻，駭著了他一家老小。」大爹馬上阻勸。

「江先生，芝麻、菜子不榨不出油，你何必作好人？他許百萬未必感你的情。」余千說。

「你真要他出錢，也應該找許百萬本人，雞婆不能還年，他女人作不了主。」

「好，江先生，我買你一個面子。」余千考慮了一會兒說，隨即轉向楊木森：「麻煩你通知許百萬一下，限他半個月內交錢，不然我要他吃不了兜著走。」

他隨即揹起長布袋，拄著打狗棍，從後門轉出去。余興發和梁師爺從前門出去，他們三人先後在渡口會合。哨兵看了他們的良民證，摸了一下余千的長布袋，揮揮手，放他們上船。

余千在百花洲打了一次獵，滿載而歸。

第十七章　百花洲成孤兒院　許百萬作甕中鱉

端午節的前一天，我、玉蘭、慧芬姐三人，正在堂屋裏包粽子，突然來了一個馬臉、高高瘦瘦的生人，三十來歲，一身舊藍布大褂，看來像個落魄的遊學先生，兩隻眼睛卻很深沉。

「請問你找誰？」慧芬姐問他。

「我找江漢鼎先生。」說著他就邁步進來，聽他的口音是外鄉人。

慧芬姐連忙起身招待，大爹聞聲從房裏走了出來。打量了那人一眼，問：

「請問貴姓？」

「敝姓馬，小字志遠。」他點點頭。

「馬先生找在下有何貴幹？」大爹一面招呼他坐，一面問。

「啊！您就是江老前輩？失敬，失敬！」他連忙伸出手來和大爹一握：「久仰大名，我是特來請教的。」

「豈敢，豈敢！」大爹隨著他落座。慧芬姐送上茶，他謝了一句，又對大爹恭維地說：

「百花洲真是個好地方，遍地黃金。」

「承你抬舉，不過百花洲落了難，現在是末路王孫。」

「這我知道，」他點點頭：「去年日本人拉了百花洲一百個壯丁，接著淹了一場大水，日本人偷雞摸狗不說，大年初一又打死了一個人，後來又有個余千招神惹鬼，惹來了警備隊，他又一再混水摸魚，前幾天還撈了一大筆回去，新登場的菜子、小麥，日本人又踩價，百花洲的人吃虧不少，這些我都知道。」

大爹瞪著眼睛望著他，我們也睜大眼睛望著他。玉蘭用手肘碰碰我，輕輕地說：

「奇怪，這人莫非有千里眼、順風耳？」

「馬先生，你怎麼知道？」大爹忍不住問他。

「牆有縫，壁有耳，百花洲出了這麼大的事，我怎麼不知道？」他哈哈一笑。

我們弄不清這人是甚麼來頭？大爹也摸不著頭腦。過了一會兒，大爹輕輕地問：

「馬先生，請問你是哪一方面的人？」

「我是新四兒。」他冷靜地伸出四根手指說。

大爹先怔怔地望著他，隨後領悟過來，點點頭。他向大爹一笑：

「江先生，你放心。江南、江北都有我們的人。」

「貴部駐在哪裏？我怎麼沒有見過人？」大爹問。

「我們化整為零，神出鬼沒，你江先生自然見不到。我沒有來府上之前，你江先生不是也見不到我這個人？」他非常自負地說。

大爹又打量他一眼，我們也奇怪地望著他。我們從來沒有聽說過這種影子軍隊。

「江先生，你是百花洲最有名望的士紳，以後希望你多同我們合作。」他看大爹不作聲，又接著說。同時掏出幾本小冊子，交給大爹：「江先生，你有空時不妨看看，你就會瞭解我們。」巴掌大的小冊子，牛皮紙的面子，裏面是毛邊紙，印得很差。大爹翻了幾下，連忙放進口袋。

「江先生，你看過以後，不妨傳給別人看。」

「百花洲的人都是捋牛尾巴的，識字的不多。」

「那你得便也可以講給別人聽聽，我相信你一言九鼎。」

「馬先生，鬼子來到百花洲，我就足不出門，平時也很少人來客往。」

「江先生，你講給余千一個人聽聽也行。」他望著大爹笑笑。

「馬先生，余千是個粗人，鴨子背上澆水，潑不進。」大爹也笑著回答。

「要是余千肯向我們靠攏，比他唱獨腳戲好得多，不然他玩不起來。」

「余千不一定能成甚麼氣候，不過他倒很有幾分霸氣，歡喜自成一家。」

馬志遠哈哈一笑，鄙薄地說：

「他那幾個烏合之眾，幾桿爛槍，除了唬唬老百姓，混水摸魚之外，還想稱霸稱王？」

「人望高處走，水往低處流。」

「江先生，坦白告訴你，我們反對這種霸王思想，反對騎在人民的頭上。」

「馬先生，余千不過是個地頭蛇，頂多只能為害一方，日本人纔是我們的太上皇，你們有甚麼方法除掉？只要日本人一趕走，余千做文章也就找不到題兒，我們百花洲的老百姓就可以像往年一樣，完糧納稅，過太平日子。」

「江先生，日本人沒有甚麼了不起，果子熟了我們自然會摘，百花洲的十幾個鬼子我們隨時可以把他們丟進江去。」

大爹望望他，有點莫測高深。

一個換班的鬼子從門口經過，望望我們，馬志遠裝作沒有看見，不去理會，鬼子走遠了，大爹纔輕輕地對他說：

「馬先生，百花洲現在是虎口，不是福地，你還是謹慎一點兒。我們到底是中國人，不要栽在鬼子的手裏。」

「江先生，你放心，我們見過大風大浪，絕不會栽在鬼子手裏。」他哈哈一笑，站了起來，和大爹握握手：「今天打擾你了，以後再來請教。」

大爹連說了幾句「不敢當」，把他送到大門口。

他不去楓樹鎮，不經過渡口那個哨兵，他向東北方走，百花洲方圓幾十里地，後面還有幾個渡口，不止對著楓樹鎮的這一個。他大概是到江北去，或者住在甚麼人家裏？

馬志遠走遠之後，大爹纔進來，一臉的疑雲，濃眉深鎖，好像解都解不開。

「爹，百花洲成了老虎口裏的豬，您又樹大招風，說不定以後烏龜兔子都會找上門？」慧芬姐說。

「爹是一棵老楊樹，老鴉、喜鵲都愛在上面落腳做窠。現在百花洲又成了過風亭，妳能禁止誰上門？」

「那姓馬的到底是甚麼路道的人？是不是來路不正？」大媽問。

「狸貓換太子，我們老百姓一時怎麼弄得清？」大爹搖頭。

大爹從口袋裏摸出那本小冊子，慧芬姐走過去伸著手說：

「爹，是甚麼奇文？給我看看。」

「這又不是《水滸》、《紅樓》，有甚麼好看的？」大爹把小冊子往口袋裏一塞。隨後又點燃一根紙捻，掏出來蹲在門角燒掉。

「爹，姓馬的千里送鵝毛，您何必辜負人家一片心？」慧芬姐笑著說。

「姓馬的和我非親非故，我何必屁股頭掛錢紙，招神惹鬼？」大爹回答。

「爹，那他不是蔣幹過江，白跑一趟？」

「爹又不是及時雨宋江，怎麼能有求必應？」

「我看他以後是外甥走娘舅家，順路。」大媽說。

「我們又不給他吃雞膀兒，來去隨他，還怕他踩死了百花洲的螞蟻不成？」

玉蘭聽了吃吃地笑。大媽笑著摸摸她的頭：

「妳放心，舅媽的雞胯兒會留給妳吃。」

包完了粽子，玉蘭要我到她家去。在路上，遇著荷花，幾天不見，她好像清瘦了一點兒，顯得更加好看。她關心地問我：

「小鳳，你的背好了沒有？」

我點點頭。

「妳真是一身狗肉！」她向我一笑：「那麼高跌下來，要是別人準會跌成個駝子，你好得這麼快?真是楊樹杪上捉泥鰍，難得！」

「荷花姐，妳和駝子哥講和沒有?」我笑著問他。

「那個死駝子，我纔不和他講和！」荷花銀牙輕輕一咬。

「荷花姐，駝子哥嘴沒遮攔，大人不見小人怪，妳何必認真?」玉蘭說。

「玉蘭，人怕傷心，樹怕傷根，駝子的嘴太毒了！」

「荷花姐，妳那一巴掌可也不輕。」

「玉蘭，要不是他的話太傷人，我怎麼會出那麼重的手?」

「荷花姐，人在氣頭上，一掌可以打死人，要是出了人命，那怎麼辦?」玉蘭向她一笑。

「一命抵一命，我情願壓棺材底。」荷花爽快地回答。

「荷花姐，妳紅花綠葉兒的，那太不值得。」

「玉蘭，人靠一張臉，樹靠一層皮，臉上沒有光彩，活著又有甚麼意思？」

「荷花姐，我們四人在一起，黃連樹下掏蜂窩，一簍兒蜜，纔有意思！」

荷花被玉蘭說得嗤的一笑，摸摸她的頭，輕輕地說：

「我就是捨不得妳！」

「荷花姐，不要生氣，我找駝子哥向妳賠個禮。」玉蘭笑著對她說。

荷花沒有作聲，默默地和玉蘭分手。她向娘家走，我和玉蘭一道。

姑姑家的粽子已經下鍋，鹽鴨蛋已經煮熟，她分給我們一人一個，笑著說：

「你們嚐嚐看，鹹淡如何？」

「娘，妳沒有嚐？」玉蘭問她。

「我讓你們先嚐，只要你們滿意，娘還在乎甚麼鹹淡？」

我們把蛋剝開，蛋是姑姑自己的鴨生的，綠殼，很大，味道剛好，不鹹不淡，蛋黃還透出一團油，和蟹黃一樣。

玉蘭嚐了一口，又讓姑姑嚐嚐，姑姑滿意地一笑：

「去年的鹹水，力道真足。」

隨後她又問大爹家的粽子包好沒有？玉蘭告訴了她，又把馬志遠的事說了出來。

「人的名兒，樹的影兒，妳大舅坐在家裏，也會有人找上門來，就不知道是禍是福？一個臭蟲余千，已經使妳大舅頭大了，唯願不要再爬上一頭的蝨。」姑姑說。

「娘，要不是日本人佔了城裏的房子，大舅可以住到街上去，免得烏龜兔子上門。」

「百花洲的人吃肉不記得妳大舅，有了紕漏就會去找他。再說楊國仁那班人雖然一步登天，近水樓臺，遇了大事也少不得要找妳大舅，他不比許百萬，屁股一拍，灰塵落地，他真是棵老楊樹，牽藤絆葛。」

的確，除了余千之外，還沒有人找過許百萬的麻煩。他進城之後，余千對他也莫可奈何，楊木森傳信給他，他使幾個小錢塞住楊木森的嘴，對余千仍然相應不理。

這天傍晚，他卻悄悄地回到百花洲，不知道是回來過節，還是想念荷花？荷花已經很久沒有進城了。

他下船時向哨兵行了一個禮，他本來就彎腰駝背，鞠躬並不費力。哨兵望了他的良民證一眼，手一揮，讓他過來。他向大爹應了一個卯，輕輕地囑咐大爹：

「長子，千萬不可聲張出去，我過了節就走。」

「你放心，我不會點你的水。」大爹說。

「百花洲最近有甚麼風吹草動沒有？」

大爹把馬志遠來訪的事告訴他，他臉色一青，怔怔地望著大爹：

「長子，他會不會共我的蓬？」

「這我怎麼知道？」大爹搖頭一笑。

「嗨！」許百萬把腳一頓：「閻王開了鬼門關，鬼子佔了百花洲，一個余千我已經吃不消，又來了一個姓馬的！哪有許多包袱燒？」

他盡抓後腦殼，大爹也無話可說。他突然頭一抬，仰臉問大爹：

「長子，你家麟有信來沒有？」

大爹搖搖頭。

「要是他能早點打回來就好，不然我們只有死路一條！」

大爹問他城裏情形如何？他隨便談了幾句，摸出一份八開小報往大爹手裏一塞，勾著頭匆匆地向王寡婦家走去。

這張八開小報，一共兩版，第二版登些地方新聞，第一版登著「皇軍」勝利的消息，和大批飛機轟炸後方的城市，我們根本不知道是真是假？大爹看後兩條濃眉打架。

「報上怎麼說？」大媽問他。

「看樣子天亮還早。」大爹低沉地的回答。

「娘，重慶都挨了炸彈，您說我們是不是兔兒望月？」慧芬姐說。

「九更天滾釘板，那我們還有得滾了！」大媽說。

「可不是！哥哥也像斷了線兒的風箏。」

提起家麟哥，大媽就有點黯然欲泣，慧芬姐也不再講話。

晚飯後，我送玉蘭回家，經過王三嫂的窗外，忽然聽見許百萬說話，玉蘭把我一拉，駐足傾聽：

「妳怎能把荷花送進虎口？我回百花洲好比船頭上跑馬，怎麼連面都見不到？」

「爺，這不能怪我，我婦道人家，還敢在老虎口裏拖豬？」王三嫂說：「只要你把鬼子趕出百花洲，還不是外甥打燈籠，照『舅』？」

「我手無寸鐵，妳這不是叫起武大郎犯夜？」

「爺，那我又有甚麼法子？」王三嫂輕輕一笑。

許百萬似乎把虎頭拐棍在地上重重地一擣，走了出來，玉蘭連忙把我一拉，碎步跑開。

「表哥，許百萬流年不利，遇上了剋星。」跑了一段路，玉蘭輕輕地說。

「武大郎遇上了西門慶。」我說。

「秀才遇到了兵。」玉蘭馬上接嘴。

我們同時笑了起來。

端午節這天上午，余興發又單人匹馬過江來，起先我們以為他是找大爹，慧芬姐眉頭一皺，輕輕歎了一口氣，沒想到余興發過門不入，一逕沿著大路翻過堤壩向後面走去。

快吃午飯時，余興發和許百萬突然出現在大爹門口，許百萬勾著頭跌跌撞撞地跑進來，喊冤似地向大爹說：

「長子，請你講個公道，新年我出了二十擔米，余千現在又要我出五十擔米，我拿不出來，這位老弟硬要把我押過江去，彷彿我許某人欠了他余千一屁股債？今天又是大時大節，潑我一頭的糞，你說有沒有這個道理？」

「許百萬，你分明耍賴，哪裏拿不出來？」余興發說。

「老弟，我承祖上的餘陰，雖然揹了一個富戶的招牌，五十擔米可也不是少數，哪像他余千白手求財那麼容易？」許百萬理直氣壯地說：「何況是一而再？」

「要是你們富戶不出糧草，我們還能餓著肚子打游擊？」余興發說。

「老弟，我們不是三歲的小孩，你們究竟有多少人馬？打過幾次游擊？」

「許百萬，你想看我們的底牌？可沒那麼容易！」

「如果余千不要我出糧草，我不敢放這個屁。百花洲的人既然出了糧草，就不該把我們蒙在鼓裏，這十幾個鬼子他余千就應該趕出百花洲纔是。」

「許百萬，你不過是有幾個臭錢，你出五十擔米就要我們賣命，哪有這麼容易？」余興發朝地上唾了一口。

「他余千既然打的是抗日的旗號，保衛地方，就不能只徵糧草不打仗？」

「許百萬，不要和我嚕囌，有理過江去說，看余老闆會不會饒你？」余興發伸手拖許百萬。大爹勸余興發不要行蠻，好好地商量，余興發這纔住手，對大爹說：

「江先生，今天許百萬要是不出五十擔米，我就交不了差。余老闆不見糧草就見人，他有本領就和余老闆對手剝皮，不要在我面前耍賴。」

「這次你到底打算怎樣？」大爹問許百萬。

「長子，錢丟在水裏也要響一聲，我用錢向來用在刀口上，要是他余千能把百花洲這十幾個鬼子丟進江裏，五十擔米我一粒不少，不然我一粒不出。」許百萬說。

「好，許百萬，你存心要賴，老子要你好看！」余興發袖子一捋，準備揍他。

大爹往中間一站，向余興發搖搖手。許百萬胸有成竹地說：

「老弟，你不必行蠻，人逼懸樑，狗逼跳牆，你要是真想押我過江，休怪我向日本人點水，我們一鍋兒爛好了！」

「你敢！」余興發指著許百萬說，聲音有點不大自然。

「你要是逼人太甚，我就喊救命！」許百萬毫不退讓。

「你們兩位有話不妨好好地商量，我們不要雞窩裏起火，讓日本人看笑話。」大爹說。

「江先生，許百萬要賴不行，你看怎麼辦？」余興發說。

「老弟，我坦白告訴你，新四兒已經到過百花洲，你們都是打著抗日的旗號，可是誰都沒有動日本人一根毛，百花洲的人滾釘板，日子倒越來越難過，我更是在中間撞蘿蔔。如果我不是百花洲的人，我就不管你們的閒事，大家一鍋兒爛，誰也別想過好日子。」

余興發聽了大爹的話，有點發愣，他只能打架，不會說理。大爹又轉向許百萬：

「萬春，你既然上了我的門，就不能鬧笑話。這不是九龍口，日本人真會砍頭。余老弟既然專為你來了一趟百花洲，你總不能讓他打空手。」

許百萬聽大爹提到九龍口，臉上微微一紅，搭訕地說：

「長子，你說怎麼辦，就怎麼辦。」

「這不是我的事，我不能代你作主。」大爹搖搖頭。

許百萬摸出一個大煙泡，喝了一口茶咕的一聲吞了下去。然後慢條斯理地說：

「長子，本來我一粒米也不想出，我不願意用肉包子打狗。看在你的面子上，我照上次的例，出二十擔米。」

「老弟，你看怎樣？」大爹轉問余興發。

「我不能作主。」余興發搖搖頭。

「老弟，你告訴余千，要也隨他，不要也隨他，二十擔米，下不為例。」許百萬說。

「許百萬你說話算話？」余興發問他。

「我們百花洲的人說一不二。要，我三天內差人送去；不要，拉倒。」許百萬斬釘斷鐵地說。

「好，江先生，你作見證，」余興發對大爹說：「看在您的面上，我不押他過江，拍拍手回去。」

大爹留他吃飯，他不肯，一腳跨出大門。許百萬趕上一步對他說：

「老弟，麻煩你轉告余千，他要是能把百花洲的鬼子丟進江去，我再出五十擔米。」

「許百萬，你不要以為你有幾個臭錢，告訴你，這年頭風吹草動，靠不住！誰給你火中抓栗子？」余興發回頭瞪他一眼，昂著頭走向江邊。

「長子，我看余千真是渾水摸魚，說不定新四兒也是掛羊頭賣狗肉，他們都放著眼面前的日本人不打，還抗甚麼日？多個靈牌多個鬼，只有我們老百姓該死，處處受欺。」許百萬憤憤地說。

「百花洲現在是孤兒院，又是和尚打傘無『法』無天，除了委曲求全，向誰喊冤？」大爹說。

第十八章　喝雄黃大家解毒　吃桑棗一人錐心

往年端午節，一定要划龍船，江邊早就站滿了男男女女，江面咚咚嗆，咚咚嗆，非常熱鬧。遇著停了寧波佬的大肚皮，還會放下瓜皮艇，扮演白蛇精、青蛇精和許仙的故事。今天江上不咚不嗆，除了帆船、小火輪、日本汽艇來來往往之外，不見一條披紅掛彩的龍船。江邊也是空空蕩蕩的，只有渡口站著一個荷槍的鬼子兵。

和往年一樣的是，家家門口都掛了菖蒲和艾，煮了粽子和鹽鴨蛋，吃雄黃酒。玉蘭特別做了兩個紅緞黑邊的粽子形的精緻香袋，分了一個給我。

姑姑在玉蘭和我的眉心，塗了兩團雄黃，還逼著我和玉蘭喝雄黃酒。

上好的高粱酒，擦一根火柴就可以點燃，聞著有一股濃香，喝在嘴裏卻有一種火辣辣的味道。姑爹愛喝兩盅，姑姑也有一盅酒量，我和玉蘭卻不敢沾惹，尤其是雄黃，有一種苦味。

姑姑先要玉蘭喝，玉蘭兩眉一愁，右腳輕輕一頓：

「娘，好事兒您不找我，偏要我喝這種古怪酒。」

「寶，雄黃酒解毒，端午節喝雄黃酒，三伏天不生疱癤。」姑姑笑著哄她。

玉蘭眼睛向我一瞄，笑著對姑姑說：

「娘，您要表哥先喝。」

「這要是一碗冰糖水，我看妳就沒有這麼好的心腸。」姑姑向玉蘭一笑，端著盅兒走向我：

「寶，你是表哥，你就先喝。」

我退了兩步，愁眉苦臉，玉蘭抿著嘴笑。姑姑用嘴在盅口抿了一下，笑著對我說：

「寶，一點不苦，保險不是毒藥。」

看著酒裏黃澄澄的雄黃，真像毒藥，加上沖鼻的酒味，我又不自覺地退後一步。姑爹端著酒杯，調侃地說：

「男子漢，大丈夫，真是毒藥，也一口喝下去。」

玉蘭望著我嗤嗤地笑，姑姑說好話兒哄我，我突然身子一挺，上前一步，捧著酒盅喝了一大口，乾了一半，姑姑一笑，姑爹把大姆指一伸：

「這纔像個大丈夫！」

玉蘭先是好笑，看我把酒吞下之後，兩眉一皺。姑姑端著酒盅走到她面前，笑盈盈地說：

「寶，表哥已經喝了一大半，妳總不好意思不喝？」

「表哥，你真害人！你不喝多好？」

「我不喝姑爹會罵我孬種，這張臉往哪兒放？」我說。

「我挖個地洞給你鑽。」玉蘭嗤的一笑。

「妳再不喝下去，我看妳真應該鑽地洞。」姑姑笑著對她說。

「好，娘，毒藥我也喝下去。」她雙手捧著酒盅，脖子一仰，喝了下去。連忙用手蒙著嘴，像吃了辣椒，嘴裏嘶嘶響。

姑姑摸摸她的頭，輕輕一笑。

「好，再過兩年，給你們喝個合歡杯兒。」

「娘，我不依您！」玉蘭往姑姑懷裏一倒，頭在姑姑懷裏左右鑽動，像小牛兒吃奶。

姑姑連連倒退，和姑爹相視一笑。

喝過酒我臉上發燒，玉蘭也兩頰緋紅，像粉紅的玫瑰。

「你們真沒種，喝了一口酒就變成了關公。」姑爹端著酒盅悠然地說。

「爹，您是海量，我們怎麼能和您比？」玉蘭說。

「妳爹是酒葫蘆，飯桶兒，不要和他比。」姑姑笑著接嘴，又分給我們一隻鹽鴨蛋。

我們已經很飽，不想再吃，把鹽蛋放進口袋，出來找駝子哥玩。

平時駝子哥是最愛趕熱鬧的，看花燈，看龍船，趕廟會，總少不了他的份兒，而且要把我們拖上，今天不知道他忙些甚麼？

江水在漸漸上漲，地裏又是一片青苗。芝麻、黃豆、綠豆、花生、高粱，綠油油的，十分可愛。

玉蘭養的蠶兒已經結了繭，生了籽，桑樹葉兒早老了，桑棗結了一樹，早熟的已經發紫發黑，將熟未熟的紅豔欲滴。駝子哥正在一棵桑樹下摘桑棗，他人矮，樹高，伸手攀不到，用棍子綁著一個倒鉤，鉤住枝條往下拉。

玉蘭發現他隨手把我一拉，我們跑了過去。

駝子哥的臉也像個關公，他見了我們非常高興。

「兩位來得正好，我費了好大的勁，還是吃不到唐僧肉。」他笑著對我們說。

「駝子哥，你不在家裏吃魚吃肉，怎麼來摘桑棗？」玉蘭問他。

「玉蘭，我是叫化子命，上不得朝，喝了幾口馬尿，一身發燥，想吃桑棗解解酒。」駝子哥回答。

「這容易，我上樹去！」我馬上脫掉鞋子。

玉蘭把我一拉，望著我說：

「表哥，你又冒失，上次沒有跌痛？」

我望望她，自然氣餒，又把鞋子穿上，駝子哥笑著對我說：

「上次害我挨了荷花那個臭婊子一個嘴巴，你不上去也好。」

「駝子哥，你們還沒有講和？」玉蘭笑著問。

「她見了爺眼睛望著天，爺還向她磕頭請安不成？」駝子哥鼻子朝天。

「駝子哥，禍由我起，我替你們講個和好不好？」我說。

「她姘上了太上皇武田，狗不吃屎，架子大得很，汗毛比我的腰桿兒還粗，這個和怎麼講法？」駝子哥問我。

「駝子哥，你別冤枉荷花姐，她纔不是那樣眼淺的人。」玉蘭說。

「駝子哥，你不知道，荷花並不願意跟武田。」我說。

「那還不是大姑娘上花轎，嘴裏哭心裏笑？」駝子哥說。

「駝子哥，你也積點兒德？」玉蘭嗤的一笑：「何必損人？」

「娘兒倆一個窯裏的貨，還豎得起貞節牌坊？」駝子哥鼻子裏哼了一聲。

「駝子哥，荷花和王三嫂不同，你不要看走了眼！」我說。

「一個窯裏的貨，哪一點不同？」駝子哥望著我兩眼一翻。

「駝子哥，今天過端午節，你怎吃了一嘴的豆渣？」玉蘭笑著罵他。

「駝子哥，我去找荷花來，你可不能再損她？」我說。

「她怎麼來，爺怎麼去，八兩對半斤，公公平平。」

「駝子哥，你該先向她賠個禮兒纔是，男子漢怎麼能和女人家一般見識？」

「噓！」駝子哥向我一笑，瞄了玉蘭一眼：「你宰相的肚皮好大的量？要是東風壓到了西風，我看你以後怎麼抬得起頭來？」

「駝子哥，你狗咬耗子，少管閒事。」玉蘭笑著罵他。

駝子哥得意地一笑，我囑咐他說：

「等會兒要是我和荷花走來，你就在桑樹背後躲一下，免得她打退堂鼓。」

「古時候用的是昭君和番，你倒要我躲貓咪兒，這是甚麼狗屎主意？」駝子哥笑著問我。

我沒有理他，逕自去找荷花。

站在祠堂門口的鬼子兵認識我，我向他鞠了一躬，他就讓我過去。走到荷花那間屋門口去反而有點膽怯起來，因為武田的樣子凶，那撮仁丹鬍髭我也看不順眼。

我悄悄地走進去，荷花的房門是半開半掩，我一眼便看見武田摟著荷花在喝酒，武田光頭，上身穿著棉毛衫，下身馬褲，一身的肉。荷花一發現我連忙掙脫身子，跑到門口來，輕輕問我：

「小鳳，甚麼事？」

我扯了一個謊，說是王三嫂找她。荷花跑回去向武田唧噥了兩句，又做做手勢，武田不大樂意地點點頭。

「小鳳，娘找我有甚麼事？」走過了祠堂，荷花急切地問我。

我只好向她直說，她輕輕地歎口氣：

「唉！我還以為黃鼠狼拖了雞？要我去追。和駝子鬼講甚麼和？」

「你們又不是有殺父之仇，眉毛眼睛在一堆，怎麼能老不講和？駝子哥已經答應向妳賠禮。」

「不管駝子鬼賠不賠禮，妳把我叫出來也是好事。」

「為甚麼？」

「武田滿嘴的酒氣，我實在被他纏煩了？」荷花掠掠頭髮：「要是灌多了馬尿，他更不安分……」

「許百萬回來了，妳知道不知道？」

荷花點點頭，望望我說：

「聽說他又蝕了一把米？」

「妳沒有會他？」

「我怎麼敢？武田知道了會要他的命，我也沒有兩個腦袋。」

「武田又不是明媒正娶，他捧甚麼醋罈兒？」

「吃進了嘴的肉，他還會吐出來？」

「荷花姐，他對妳總應該有點兒好處？」

「真是碰見了鬼！鬼子都是雞販子，小器鬼，我算是賠了夫人又折兵，認命。」

駝子哥看見我們，真的往那棵大桑樹背後一溜，樹大，人小，再也看不到。只看見玉蘭拉著一根桑樹條在摘桑棗。

荷花看見玉蘭，馬上眉開眼笑，隨手把我一拉，碎步跑了起來。

「你們真是活神仙！鬼子也不找你們的麻煩。」荷花望望玉蘭，向我一笑。

玉蘭吃了桑棗，嘴上像塗了藍墨水，她手裏還握著一把，看見荷花過來，連忙伸手給她：

「荷花姐，這棵樹的桑棗真甜，最好解酒。」

荷花拿了一顆，往嘴裏一塞，笑著點點頭：

「真是落口消！玉蘭，妳吃了多少？」

「我喝了酒，嘴乾舌燥，吃了好幾把。」玉蘭笑著回答。

「難怪妳的嘴像個雞屁股！」荷花嗤的一笑，從腋下取出手帕，替玉蘭擦擦嘴，但是擦不掉。

「小鳳，你要我和駝子鬼講和，駝子鬼呢？怎麼神龍見首不見尾？」荷花看看不見駝子哥，轉身問我。

「小風騷，爺在這裏。」駝子哥從桑樹後面站了出來。

他嘴巴周圍、鼻尖，都是紫藍色的桑棗汁，他頭小臉小，看來像個小丑，荷花嗤的一笑，把頭轉了過去。

「小風騷，千錯萬錯，都是爺的錯。皇后娘娘在上，爺在這兒有禮。」駝子哥一揖到地。

「駝子鬼，你怎麼又屎少尿多？你姑奶奶可不吃這一套。」荷花故意瞪他一眼。

「小風騷，恕爺多喝了幾盅馬尿，妳宰相肚裏好撐船，就帶過爺這一篙吧？」駝子哥嬉皮笑臉。

「荷花姐，伸手不打笑臉人，妳還好意思和他計較？」玉蘭抓住荷花的膀子笑著搖了幾搖。

荷花一笑，眼中爆出兩顆淚花，雙手摸摸玉蘭的頭說：

「玉蘭，女人都是弱門，妳荷花姐還有臉伸手打人？」

「小風騷，妳別說這種喪氣話，爺請願讓妳再打一嘴巴。」駝子哥打趣地說。

荷花黯然一笑，吐了一口酸水。駝子哥睜著兩隻眼睛望著她，她向玉蘭要桑棗，玉蘭統統給了她。

她吃完了望望桑樹，還想再吃。我把鞋子一脫，對她說：

「荷花姐，我上去替妳摘。」

「小鳳，算了吧，不要為我跌斷了腰。」她笑著阻止，但沒有伸手攔我。

我拿起駝子哥的麥草帽，爬上大桑樹，揀那些烏得放亮的大桑棗，一顆顆摘下來，放進草帽裏。

我摘了一大草帽，足有一斤多，荷花伸著竹桿，我把帽帶綑在上面，讓她慢慢地吊下去。她把手帕鋪在地上，雙腳一盤，坐了下去，他們三人圍著草帽吃了起來。

我爬下樹，玉蘭挑了幾個大的桑棗給我，荷花笑著對我說：

「小鳳，多謝你雪中送炭。」

「荷花姐，桑棗兒多的是，不用錢買，喜鵲八哥兒當糧食，妳何必客氣？」玉蘭說。

「玉蘭，禮輕仁義重，難得他冒險上樹。」荷花望望玉蘭又指指我。

「小風騷，爺吃桑棗解酒，妳解甚麼？」駝子哥故意問她。

「駝子鬼，你又狗咬耗子！」荷花白了他一眼。

「小風騷，妳別狗咬呂洞賓，爺倒是一番好心。爺猜妳是『懷肚』。」駝子哥一再打量她。

荷花臉一紅，隨即胸一挺，珠走玉盤地問：

「你又不是姑奶奶肚子裏的蛔蟲，你怎麼知道？」

「爺沒有吃過豬肉，總看見過豬走路唅！妳紙糊籠，瞞誰？」

荷花打量他幾下，翻翻眼睛說：

「駝子鬼，你喝多了馬尿，別葫蘆藤扯上絲瓜架！」

「爺吃了桑棗，心裏明白的很，爺看妳是茄子開黃花，變了種哪！」

荷花臉色一黯，兩眼怔怔地望著駝子哥，玉蘭連忙打岔：

「駝子哥，我看你今天是吃多了豆渣？」

「好，就算我吃多了豆渣。」駝子哥向玉蘭一笑，又轉向荷花說：「小風騷，但願爺是胡言亂語，茄子不開黃花。」

荷花臉上紅一陣，白一陣，又哇的一聲，吐出一口酸水，隨後又哇哇幾聲，卻甚麼也沒有吐出來，只爆出一顆顆淚花。玉蘭連忙拿手帕替她擦乾眼淚，她扶著玉蘭的肩幽幽地說：

「玉蘭，妳陪我回去。」

玉蘭馬上攙著她走，我也跟在後面，駝子哥望著我們不知如何是好？

「荷花姐，是回武田那邊去還是回妳娘那邊去？」玉蘭輕輕問她。

「自然是回我娘那邊去。」荷花說。

在路上她像失魂落魄的樣子，一句話也不講，我們也不知道講甚麼好？

我們伴著她回家，她一回到自己房裏就往床上一倒，啊的一聲哭了出來。

王三嫂丈二和尚摸不著頭腦，不知道是怎麼回事？她輕輕地問我們：

「荷花姐發了甚麼瘋？你們兩位知不知道？」

玉蘭紅著臉講不出口，我也有點兒為難，荷花卻一躍而起，瞪著王三嫂說：

「娘，都是您招神惹鬼！我自己丟人不說，還要留下一條禍根，萬世的罵名！」

荷花一說完又倒到床上哭泣，王三嫂好像有點兒手足失措，望望我們又走過去撫著荷花的肩，輕輕地說：

「往年落雨沒有生菌子，娘也沒有料到武田這傢伙會結子？」

「娘，您做夢娶媳婦，想的總是好事！我肚裏這個禍根，看您有甚麼法子？」

王三嫂輕輕歎了一口氣，幽幽地說：

「這又不是冬瓜茄子，可以隨手摘掉？娘又不是千手千腳的觀音大士，有甚麼法子？」

「娘，您既然沒有法子，您教我怎麼做人？」荷花抬起頭來問王三嫂。

「嗨，哪個雞婆不生蛋？哪個女人不生囝？還沒有到瓜熟蒂落的時候，妳急甚麼？」

「娘，您校場上的馬，啥都不在乎！我粘米粽子怎麼出得了檯？」

「好漢作事好漢當，妳還怕武田不認賬？」

「娘，他認賬又怎樣？還會帶回日本去？」

「不管好歹總是妳身上落下的肉，妳養著又有何妨？」

「娘！養私生子已經丟了祖宗八代的人，還有臉養個野雜種？」

「那怎麼辦？娘又不能畫道符，把小東西化成水。」王三嫂無可奈何地說。

荷花在床上哭著滾來滾去，用手在小腹上擂。王三嫂捉住她的手，苦笑地說：

「妳這是何苦？壞了小雜種不打緊，母子同命，壞了妳自己的身體可不是玩兒的。」

「娘，我也不想活了，我情願投江。」荷花哭著說。

「裹腳布上吊，臨死帶臭。妳就是投了江，難道百花洲的人還會替妳豎一塊貞節牌坊？」

「娘，您害了我！您自己濕了腳，又拖我下水！現在我娘兒倆一般臭，您總心甘了？」

「荷花，今天過節，妳是不是喝多了馬尿？怎麼說些渾話？」

「娘，我滴酒未沾，我一點不渾，我心裏明白得很！」荷花坐了起來。

「荷花，當著他們兩位的面，不要再獻醜了。」王三嫂指指我和玉蘭說。

「娘，他們兩位不是外人，紙包不住火，遲早要出醜。」

玉蘭把我輕輕一拉，向荷花說：

「荷花姐，妳在床上歇一會兒，我們不再打擾了。」

「玉蘭，小鳳，多謝妳們兩位，荷花姐失了你們的面子。」荷花擦擦眼淚說。

「荷花姐，好花自然香，妳不用糟踐自己。」

玉蘭一面說，暗中把我輕輕一帶，我跟著她退了出來。

回家後，玉蘭把這些情形輕輕地說給姑姑聽，姑姑聽完後，重重地歎了一口氣：

「唉！孽種！孽種！荷花真是一顆明珠掉進大糞坑裏！」

第十九章　荷花早成慰安婦
武田移交接棒人

楓樹鎮過來了一個鬼子兵，他在渡口和哨兵唧噥了幾句，就直接向我們祠堂走去，不知道有甚麼鬼事？

那個鬼子兵沒有耽擱多久，又搭渡船回楓樹鎮，他來時沒有付船錢，去時也不付，王老頭問都不敢問。

他走後不久，駐在祠堂裏的鬼子兵，便把毯子、軍服之類的東西搬出來晒，槍也擦得乾乾淨淨，架在外面。

楊木森過來悄悄地告訴大爹說：

「江先生，鬼子要調走了。」

「真有這回事？」大爹問。

「昨天我在局裏就聽到一點風聲，今天看他們這種情形，準是王八搬家。」

「謝天謝地，叫他們快點滾快點爬吧！」慧芬姐笑著插嘴。

聽說鬼子要走，大家都很高興，彼此交頭接耳，很快地就傳開了。

我和玉蘭也很高興，因為我們最近又開始摸魚，鬼子的哨兵每天都要順手牽羊，捉幾條回去。武田這傢伙尤其愛吃魚，他總是叫荷花來拿，荷花自己都不好意思，又不敢不來。真是我們在河裏摸，他們在籮裏摸。有時我們摸了一天，自己反而沒有魚吃。

駝子哥聽了這個消息，更是高興，他吃過武田的苦頭，始終沒有報復，只好自嘲自解地說：

「像江大嬸一樣，爺一定要買副香燭紙砲送瘟神！」

可是王三嫂聽見這個消息反而顯得有點慌，不知如何是好？她請我把荷花找回來，我只好跑一趟。

武田背著手在房裏踱來踱去，矮胖的身體使得他的腳步沉重。他指頭上的旭光香煙吸了一半，煙灰在背後飄落，臉色陰暗，顯得更加怕人。

荷花正在替他收拾東西，沒有注意到我。武田看見我，瞪了我一眼，喝了一聲，我有點膽怯，正想退走，荷花走了過來，輕輕地問：

「小鳳，甚麼事？」

「妳娘要妳回去。」

她望了我一會兒，然後轉臉對武田說：

「我回去一下就來。」

武田懂得她的意思，但沒有表示可否，荷花也不管他同不同意，邁步跨出門檻。他伸手一抓，抓住了荷花的手腕，咬著牙齒用力一握，荷花痛得兩眉一皺，臉色發白，哎喲一聲，他咧嘴一笑，把荷花一推，荷花跌跌撞撞地跑了幾步，把我一拉，我們一道走了出來。

「畜牲！砲子兒穿心的，不得好死！」走過祠堂，荷花扯下手帕，拭了一下眼淚，輕輕地咒罵。

「荷花姐，妳怎麼咒他？」我問。

「小鳳，你不知道，他是個畜牲，也不把我當人！」荷花羞辱地說。

「看樣子他有點捨不得妳？」

「他自然希望把我塞進口袋，隨時聽用，可惜塞不進去！」

「他想帶妳走？」

「辦不到！他調到前方去，自已都不知道哪天死？」

「那妳是出了籠的黃鶯兒，可以自由了？」

「我只希望再沒有人來糟蹋我。」她望望天，天上飄著幾朵白雲，自由自在。隨後又低頭問我：「小鳳，我娘找我有甚麼鬼事？」

「我也不知道？」我搖搖頭。

她一走進門，王三嫂就笑臉相迎，她對荷花好像有點抱歉的樣子。

「娘，您找我有甚麼事？」荷花問他。

「聽說鬼子要開走，有沒有這回事？」

「有。」荷花點點頭。

「那武田不是也要走？」

「娘，您還想留他做女婿？」

「荷花，妳別把娘頂到壁上去，妳近水樓臺，娘自然只有問妳。」王三嫂容忍地一笑。

「娘，大小王八都搬家，他還能單獨留下來？」

「我前天和他提的那件事兒，他怎麼不咚不嗆？」

「娘，您別做夢娶媳婦，他還會給瞻養費？」

「那妳肚子裏這塊肉怎麼辦？」王三嫂指指荷花微微隆起的小腹。

「他家裏有兒有女，他還在乎這個孽種？」

「妳怎麼知道？」王三嫂驚奇地問。

「我給他收拾東西，發現他們的照片。」

「他承認了？」

「娘，他怎麼不承認？您以為他把女兒當作一品夫人？」荷花眼圈一紅：「他不過把女兒當作野食，臨時救救飢荒！」

王三嫂怔怔地望著荷花，半天沒作聲。荷花反問她：

「娘，您找我就是這件事？」

王三嫂點點頭，荷花轉身就走，王三嫂叫住她：

「荷花，妳自己也告告枕頭狀吧！說不定妳一句抵娘十句。」

「娘，女兒是打落門牙和血吞，武田要滾蛋了，我還再丟這個人？」

「他以前許的願都沒有兌現，我還指望線兒放得長，魚兒養得大，現在既然王八搬家，妳再不撈他一把，豈不是白白地被他糟蹋？」

「娘，我說了您和武田做的是蝕本的生意，現在他拍拍屁股『開路』，您還敢咬他一口？」

王三嫂被荷花搶白了幾句，無話可說，荷花拔起腳來就走，王三嫂趕上一步，輕輕地說：

「荷花，武田既然狼心狗肺，妳何必再去服侍他？」

「娘，武田還沒有離開百花洲，女兒不敢翻筋斗。」

王三嫂眼圈發紅，輕輕地歎一口氣。

這天晚上，楊木森沿家通知，要每家買掛鞭砲，準備明天歡送警備隊。大爹問他這是誰的主意？他尷尬地回答：

「江先生，這是武田的命令，我還敢出這個狗屎主意？」

「他倒會往自己臉上貼金！好，我們就買副砲仗送瘟神。」大爹說。

第二天吃過早飯，鬼子的背包統統打好，整齊地放在打麥場上，排成一行。鬼子全副武裝，像來時一樣。武田也全副武裝，掛著武士刀，穿著黑馬靴，巡視了一遍，就走進那間「金屋」。

我們心裏都暗自慶幸，鬼子終於要離開百花洲。駝子哥高興地說：

「少個靈牌少個鬼，走了這批王八蛋，爺就不必再低頭，你們也不必耽心貓兒拖魚。可惜爺不能把武田這王八蛋丟進江裏餵江豬。」

「駝子哥，鬼子走了就是幸事，余千、新四兒都沒有拔鬼子一根毛，你還想把鬼子丟進江裏？」玉蘭說。

「可惜我是個武大郎，想得到做不到，不然我一定要報武田一箭之仇！」

「駝子哥，你真是狗掀門簾子，全憑一張嘴。」玉蘭望著他一笑。

駝子哥的臉微微一紅，沒有再說下去。

武田他們遲遲不走，快近中午時，楓樹鎮開來了一條木船，除了船老闆以外，沒有載一個老百姓，卻載來了十幾個鬼子兵。他們上岸之後，成一路縱隊向祠堂走去。

武田在祠堂門口歡迎他們，他和新來的頭目互相敬了一個禮，又握握手，陪新頭目看看祠堂內外的情形，指手劃腳咕嚕了一陣，又帶著新頭目走進他的藏嬌金屋。

武田介紹荷花和新頭目認識，他要荷花學著日本女人的樣子向新頭目行九十度的鞠躬禮，荷花只好依樣葫蘆。

武田和新頭目嘀咕了一陣，新頭目不時發出笑聲，打量荷花幾眼。當荷花倒茶給他時，他捉住荷花的手腕，在她臉上輕輕地擰了一下，哈哈一笑。荷花窘得滿臉通紅，武田一點也不在乎。

玉蘭看不過去，把我一拉，我們悄悄離開窗口，生怕被荷花發現。

過了一會兒，他們兩人一道出來。武田發了一聲口令，他的部下馬上集合，揹起背包，成一路縱隊向江邊走去。

新來的頭目和武田走在最後，他們兩人邊走邊談，談些甚麼？我們根本不懂。

楊木森和另外兩個警察，服裝整齊地站在渡口，他們早已拉了一些老頭子帶著鞭砲，排在江邊，隊伍一到，他就領先鼓掌，點燃鞭砲。武田非常得意，特別介紹他們和新頭目認識。他們三人向新頭目敬了一個禮，新頭目只點點頭，沒有舉手還禮。

武田他們乘著先前那條木船，向對面的楓樹鎮直駛過去。

新頭目送走武田他們，楊木森和那兩個警察陪著他回去。楊木森已經會講簡單的日本話，他和那個新頭目一路嘀嘀咕咕，打著手勢。新頭目看來比武田年輕高大，卻滿臉風霜，他沒有蓄鬍髭，也沒有武田肥胖。

荷花乘武田他們走後，溜了回來，一直不過去。王三嫂沒有得到武田的好處，現在荷花擺脫了武田，她也高興。

晚飯後，我和玉蘭在荷花房裏玩，楊木森來找她，期期艾艾地對她說：

「荷花，荒木請妳過去。」

「我既不該他的，又不欠他的，我和他河水不犯井水，他找我幹甚麼？」荷花沒有好氣他回答。

王三嫂在隔壁房間裏，聽見他們談話的聲音，悄悄地走了過來，問楊木森：

「木森，荒木是甚麼人？」

「就是今天來的荒木軍曹，他是剛從前方下來的，和武田的地位一樣，是百花洲的新太上皇。」楊木森回答。

「木森，我已經走錯了一步棋，當初就不該讓荷花跟武田的，我啞子吃黃連，現在不能再吃。」王三嫂說。

「姑，這不是您願不願意的問題，武田已經把荷花移交給荒木了。」

「荷花又不是桌椅板凳，武田怎麼可以移交？」

「姑，秀才遇到兵，還有甚麼道理好講？」楊木森苦笑。

「你當了警察，就是土地菩薩，難道這點兒忙也不能幫？」

「姑，我是泥巴菩薩過江，自身難保。」楊木森無可奈何地說：「本來我不知道荒木他們今天來，沒有放砲仗接他，他已經打翻一缸醋，我還敢再多嘴？」

「木森，你屁股頭掛鑰匙，所管的哪一門？」王三嫂質問她。

楊木森的臉一紅，輕輕歎口氣：

「姑，您還不知道我們是紙老虎？只能聽聽差，跑跑腿！」

王三嫂望望荷花，又望望楊木森，故意大聲大氣地說：

「你告訴荒木，武田許的願還沒有還，他別想再吃白食。」

「娘，您還想貪小利？」荷花問她。

「妳放心，這次娘絕不做蝕本的生意。」王三嫂弛向荷花一笑。

「娘，這次我也不送肉上砧！」荷花賭氣說：「您別再做夢娶媳婦。」

「荷花，那我怎麼交得了差？」楊木森抓抓頭皮。

「你狗咬耗子，少管閒事。」荷花白他一眼。

「我吃了這盌尷尬飯，還能坐在家裏納清福？太上皇的吩咐，我怎麼敢打回票？」

「真沒有出息！你那根撥火棍是幹甚麼的？」荷花罵他：「虧你是個男子漢大丈夫！」

楊木森灰頭灰臉，下不了臺。王三嫂向他眼睛一歪，他跟著王三嫂退了出去。

我和玉蘭要做晚課，練拳，也向荷花告辭。荷花似乎不願意我們離開，依依不捨地說：

「你們不多玩一會兒？」

「荷花姐，我們要練三腳貓兒，再不回去爹會罵的。」玉蘭說。

「玉蘭，人善被人欺，馬善被人騎。但願妳練成一身武藝，免得日後受欺。」荷花把我們送到房門口，摸摸玉蘭的頭說。

深夜，我打完了拳回來，從荒木的窗外經過，無意中朝裏面望了一眼，在小美孚油燈暗淡的燈光下，發現荷花頭髮凌亂，月白的單褂上襟紐扣敞開，低著頭坐在床沿上暗自落淚。

荒木赤身露體，仰面朝天地躺在她的背後，像一條刮光了毛的肉豬。

第二十章 荷花生子蒙羞辱 荒木拜年藏獸心

荷花的肚子一天天大起來，她更不好意思出門，見了我們好像也很慚愧。直到她肚子大得像個巴斗。她纔回到王三嫂身邊來住，這時已是天寒歲暮了。

王三嫂的生意大不如前，許百萬端午節上街以後，不敢再下鄉來。鴉片煙雖然便宜，但土貨更賤，秋季的大豐收，只是好了日本人，以往一麻包黃豆可以換一麻包鹽，秋收時日本人規定的行情卻是十斤鹽換一麻包黃豆，黃豆比戰前低了五十倍，再加上繳給余千的那三四百擔米，和城裏的糧稅，百花洲的人是白辛苦一頓，一天三餐都成問題，因為缺鹽，有不少人身體浮腫，誰還有錢來抽大煙？喝高粱酒？倒是不時停在江邊避風的寧波大肚皮，給她帶來一點兒生意。他們在他家裏賭博、抽煙、喝酒，使她撈了不少油水，而她也會聰明地亮出荒木那張底牌，使那些寧波佬和日本浪人規規矩矩，甚至多打一點水子。她還可以從他們船上買點兒鹽、糖，這比市價便宜不少，而且我們已經很難買到。

臘月二十四是小年，往年定要熱鬧一番，殺年豬多半在這一天。今年的年豬早就賣給屠戶，拿了定錢，自己只留三五斤肉應應卯，再沒有人殺一隻整豬自己吃。竹棍上是空空的，再沒有大魚大肉，牆壁上偶然掛著幾串鯽魚，也醃得很淡，因為鹽比魚貴幾十倍，所以這個小年冷冷清清。

荷花卻為小年帶來幾分熱鬧，她生了一個兒子。事先沒有驚動任何人，由王三嫂悄悄替她接生。孩子的哇哇啼聲纔把女人孩子引了過去。

慧芬姐和玉蘭也趕了過去，我走到房門口慧芬姐雙手把我往外推，笑嘻嘻地說：

「去，去，去！這不關你們男人的事，你半大人了，還好意思趕這個熱鬧？」

我紅著臉退了出來，駝子哥正在大門口探頭探腦，他對我一笑：

「怎麼？我們大字底下多一點，就不能進去？」

「駝子哥，你最好學孫悟空，搖身一變，變個女的進去。」我說。

「爺情願多一點，不想受那個罪。」駝子哥笑著回答。

玉蘭在荷花房裏停了沒多久，就跑了出來，駝子哥笑著問她：

「玉蘭，妳看見甚麼西洋景兒沒有？」

「駝子哥，那小東西真像武田！」玉蘭輕輕地說。

「茄子開黃花，變了種！」駝子哥刻薄地說。

「駝子哥，王三嫂添了外甥，歡天喜地，你怎麼潑冷水？」

「百家姓上沒有武田這個姓，看這小雜種上得了誰家的譜？」

「跟荷花姐姓王不成？」

「荷花自己都譜上無名，何況這個小雜種？姓王的雖然是三塊石頭架個鍋，小門小戶，也絕不會要個野種。」

「駝子哥，你這些話要是傳到王三嫂的耳朵裏，她真會掌你的嘴。」玉蘭把我一拉，走了出來。

「她敢？」駝子哥跟在我們後面說：「她上樑不正下樑歪，爺又不是空口說白話，她敢掌爺的嘴？」

「要是傳到荷花姐的耳朵裏，她也會傷心。」玉蘭回頭望了駝子哥一眼。

「她宰相肚裏好撐船，還容不得爺這一篙？玉蘭，妳真是替古人耽憂。」駝子哥望著玉蘭一笑。

看熱鬧的女人們，一個個地走了出來，唧唧喳喳，像麥把堆上的麻雀。經她們一傳播，荷花生私生子、小雜種的消息，很快就傳開了。這在百花洲的確要算得上是一件大新聞，寡婦生孩子的事都沒有過，像荷花這樣未出嫁的閨女生孩子更不平凡，而且生的是武田的孩子。因此沒有人給她送雞送麵，荒木這傢伙也沒有甚麼表示，大概他知道這孩子不是自己的骨肉。

正月初一，我和玉蘭到王三嫂家拜年，我纔乘機到荷花房裏看看。她已經起床，坐在床沿上，看見我和玉蘭笑著站起歡迎。她的身段又是那麼窈窕，紅綾襖、黑緞褲，頭上還保留那撮瀏海，看來仍然像個大閨女，臉色又紅又白。

「荷花姐，恭喜妳。」我向她拱拱手。

「小鳳，屋簷沒有喜鵲叫，我喜從何來？」她向我一笑。

我指指床上那個小東西，她又喜又羞慚，望了他一眼，低聲對我說：

「小鳳，這是個孽，武田在我臉上刻了字，再也洗不掉了！」

「荷花姐，妳抱起來看看，長了沒有？」玉蘭說。

荷花俯下身去，小心地把他抱起來。他連頭帶腳裹成一個大棉條，只露出一個紅紅的小臉，像剝皮的老鼠。眼睛緊緊閉著，塌鼻樑、厚嘴唇，一點也不像荷花，卻和武田一模一樣。我看了兩眼，就不想再看。荷花卻把他緊緊摟在懷裏，生怕跌下來似的。

玉蘭用手摸摸他的小臉，問長問短，也婆婆媽媽起來。

王三嫂端了一碗油麵進來，遞給荷花，她把小東西接過去，摟在懷裏。玉蘭笑著對她說：

「三嬸，恭喜妳做了外婆。」

「唉，小東西投錯了胎，不該來的他偏偏來了，我這個外婆也做得灰頭灰臉。」王三嫂一面和玉蘭說話，一面抖抖手裏的小東西。

「娘，妳灰頭灰臉？我纔真的見不得人！」荷花接嘴。「武田留下了這個禍根，荒木還不知道哪天滾？娘，今天大年初一，我看妳最好燒副香燭紙砲，送送瘟神。」

「我纔不化那個冤枉錢，送去了一個又來一個，妳豬肉上了砧，還想脫身？」

「娘，大年初一，休怪我怨您，我掉進糞缸一身臭，還不是得您的力？」

王三嫂不作聲，抱著小東西在房裏走來走去。荷花那盌麵還沒有開始吃，她從盌底翻出兩個荷包蛋，輕輕地問我們：

「你們兩位餓不餓？吃個荷包蛋好不好？」

「荷花姐，妳別客氣，這是妳發奶的，我們不餓。」玉蘭說。

我正想離開時，荒木突然出現在荷花的房門口。荒木一身黃呢大衣，兩眼滴溜溜地望著荷花。

荷花站了起來。王三嫂連忙走上前去，抱著小東西向荒木行了一個鞠躬禮。還說了兩句吉利話兒，拍拍荒木的馬屁。

荒木沒有看那個小東西，也沒有理會王三嫂的話，他一步跨了進來，走到荷花身邊坐下，兩眼滴溜溜地打量她。荷花低著頭，不聲不響，也不看他。

王三嫂連忙把小東西放在床上，用被子蓋著。把我們支使出來。我們看見翻譯坐在堂屋裏，王三嫂連忙向翻譯敬煙倒茶，還講了幾句奉承話。

「吳翻譯，荒木無事不登三寶殿，今天你陪他來，可是有甚麼事兒？」王三嫂問翻譯。

「一來是向妳拜個年——」

「喲！那我怎麼受得起？」王三嫂受寵若驚地說。

「二來他希望大姑娘早天過去。」

「吳翻譯，荷花生了還不到十天，請他耐點兒性子，滿了月我自然會要她過去。」王三嫂輕輕地說。

「等會兒妳再當面同他講講，不然他還以為我手指頭向裏彎。」

「我是不通氣的煙袋，一句日本話也不會講。」王三嫂笑著說：「那要偏勞你費費口舌。」

翻譯點點頭。王三嫂留他吃飯，請他對荒木講一聲，翻譯叫她不要客氣，他說他們的菜多得很。年前荒木要百花洲的人獻了他們一百斤豬肉、一百斤魚，還有十幾隻雞。他們的鹽充足得很，醃了一大半，新鮮的留在新年吃，比哪一家過年都篤實。

荒木走了出來，荷花沒有送他，王三嫂卻笑臉相送，荒木昂著頭走出去，她連講話的機會都沒有。

荒木一走，我和玉蘭也跟著出來。駝子哥迎著我們說：

「怎麼？太上皇向王寡婦拜年，那她又水漲船高了！」

「駝子哥，你真是見人屙尿喉嚨癢，難道你也想荒木向你拜年？」玉蘭說。

「爺大字底下多一點，他向爺拜個甚麼年？百花洲只有她娘兒倆纔有這個大面子。」

「駝子哥，狐狸向雞拜年，還安甚麼好心眼兒？」

「難道荒木還想吃王寡婦這隻老母雞？」

「那倒不是，」玉蘭搖搖頭：「他要荷花姐早天過去。」

「嚯！想不到荒木這傢伙也是一隻貪嘴的貓兒？說不定荷花來年還會開黃花，結苦果？」

第二十一章　鷸蚌爭爾詐我虞　龍虎鬥文勝武輸

初三上午，馬志遠突然到大爹家來拜年。他穿著長袍馬褂，完全一副教書先生的樣子，手裏還提了一盒糕餅。

當他跨進門時，笑著打量了慧芬姐一眼，拱拱手說：

「大姑娘，恭喜，恭喜，拜個晚年。」

慧芬姐心裏雖然不大高興，還是連忙點頭還禮，招呼他坐，倒茶遞煙。

大爹聽見有客人上門，從房裏走了出來。馬志遠看見他，連忙起立，雙手一揖，滿臉堆笑。

「江先生，拜個晚年。」

「不敢當，恕我失禮。」大爹也向他拱拱手。「我有心進香也找不到廟門。」

「爹，馬先生太客氣，還送了一盒糕餅。」慧芬姐指指桌上，大聲提醒大爹。

「馬先生，何必破費？」大爹掃了桌上的糕餅一眼：「國難當頭，我又足不出戶，這份人情，倒真不好回報。」

「江先生，小意思，你何必介意？」馬志遠皮笑肉不動：「我們是客，以後仰仗你的地方多得很。」

大爹不好接腔，他便和大爹扯野話，問問去年秋收的情形，他知道的很多，完全是明知故問。

「馬先生，你既然摸清了百花洲的米桶，我就不必細說了。」大爹望了他一眼，緩緩地說：「不過，百花洲去年年成雖好，可惜土貨賣不起價錢，一擔黃豆只值十斤鹽，這是開天闢地以來也沒有的事。」

「這完全是日本人的經濟壟斷，殺人不見血，他們在實行以戰養戰。」馬志遠說。

「馬先生，日本人既然以子之矛，攻子之盾，你們有沒有甚麼法子，救救我們老百姓？」

「江先生，我們的法子多得很，不過現在時辰日子未到，等我們長大了，自然會解放你們？」

「馬先生，難道百花洲這十幾個鬼子你們也不能對付？」大爹笑著問。

「江先生，我們不願意打草驚蛇，線兒放得長，魚兒養得大，對付日本人容易。」馬志遠哈哈一笑。

大爹莫名其妙地望著他，他卻笑著對大爹說：

「江先生，聽說去年秋收余千又徵了三百多擔米，你不要把他餵得太飽。」

「馬先生，請不要誤會，」大爹連忙解釋：「不是我餵他，老虎長了牙，他把百花洲當作一隻肥豬。」

「江先生，你要保全百花洲，倒有一個最簡單的法子。」

「馬先生，請問你有甚麼妙計？」

「要是余千的人再過江來要米，你暗中向日本人點點水，讓他吃次虧，保險以後不敢再來。」

「馬先生，鷺鷥不吃鷺鷥肉，我江漢鼎不能做那種事。」大爹用力搖搖頭。

「江先生，這叫做以毒攻毒，除掉一害少一害。」

「不管怎樣，余千是我們自己人，我只能幫助他打日本人，絕不能叫日本人消滅他。」

「江先生，你既不願意借刀殺人，那我們來擋擋余千好了。」馬志遠自告奮勇地拍拍胸脯。

「謝謝你，馬先生，你們千萬不要鷸蚌相爭，讓日本人撿便宜。」

「我是替百花洲的人民著想。」馬志遠冠冕堂皇地說。

「馬先生，謝謝你的好意，我心領了。」大爹向他一揖。

他向大爹一笑，看了慧芬姐一眼，隨即輕輕地對大爹說：

「江先生，我有句私話和你講，可不可以換個地方？」

大爹到門口打量一眼，把他帶進書房，隨手把房門帶上。

「小鳳，馬志遠這傢伙鬼鬼祟祟，你過去聽聽，看他葫蘆裏賣的甚麼藥？」慧芬姐在我耳邊輕輕地說，隨即把我輕輕一推。

我怕被大爹發現，不敢過去，慧芬姐假裝生氣地說：

「小鳳，你真沒有出息，我白疼了你！」

我望望玉蘭，玉蘭笑著把我一拉，我們用戲臺上蔣幹盜書的步法，悄悄地走了過去。慧芬姐看著我們抿著嘴兒一笑。

「馬先生，這樁事兒恕我不能答應……」大爹的聲音。

「江先生，對方是營級首長，年輕，思想前進，門當戶對，不會辱沒你們的……」馬志遠的聲音。

「馬先生，不是這個意思，只是小女早已訂婚。」

「對方是甚麼人？」

「是小兒的同學。」

「在甚麼地方？」

「在後方抗日。」

「江先生，遠水不救近火，我看大姑娘年齡已經相當，應該出閣了，那種婚約可以作廢。」

「他會回來的，小女再等幾年也沒有關係。」

「江先生，你何必要大姑娘兔兒望月？我看幾年之內不一定回來得了。」

「馬先生，照你這樣說，那我們這個亡國奴不是作定了？還有甚麼希望？」

「江先生，睡覺也應該換換頭，你不要死心眼兒只往一頭想。老實說，希望在我們身上。所以我特地來做這個媒，要是結上這門親，對你對百花洲都有好處。」

「馬先生，你的好意我非常感激，但是我江漢鼎不能毀約背信。」

「江先生，你的想法和我們不同，我們不揹這種包袱。」馬志遠哈哈一笑。

大爹沒有作聲。慧芬姐突然走了過來，輕輕地對我說：

「余千來了！」

我和玉蘭連忙退到門口張望，余千剛下船，他穿著長棉袍，套著青布外套，圍著皂色圍巾，戴著灰禮帽。余興發跟在他的後面。他們手裏提著糕餅茶葉，夾在一船拜年的人中間，鬼子哨兵望了他們的良民證一眼，就讓他們跟著大夥兒過來。

「表姐，妳要不要告訴大舅一聲？一山難藏二虎，余千和馬志遠一覿面，說不定會鬧起來？」玉蘭輕輕地對慧芬姐說：「我們小船停在大船邊，不起火也生煙。」

慧芬姐看了玉蘭一眼，又望望余千，突然身子一旋，跑到門邊，握起拳頭敲敲門說：

「爹，余千來了！」

大爹連忙拉開房門急切地問：

「在哪裏？」

「已經上了岸，快到了！」

大爹連忙轉身對馬志遠說：

「馬先生，余千來了，他是個粗人，我看你最好避一避？」

馬志遠走了過來，笑著對大爹說：

「江先生，你放心，他來得正好，我正想會會他。」

「馬先生，你們千萬不能衝突？出了事兒我可負不了責。」

「江先生，你放心，我諒想余千不敢雞蛋碰石頭。」馬志遠邁步跨了出來。

大爹走到門口一望，余千在兩丈外向他拱拱手，快步走了過來。余興發走到門口也向大爹雙手一拱，大聲地說：

「江先生，恭喜發財！」

大爹把他們兩人招待進來。馬志遠打量了他們兩人一眼，余千漫不經意地用獨眼望了他一眼，大爹連忙替他們介紹。

余千一怔，這纔鼓著獨眼深深地看了馬志遠一眼，拱拱手說：

「你就是馬委員？恕我余千有眼不識泰山，大名是早就聽見過的。」

「余隊長，今天真是幸會。」馬志遠假笑回答，沒有拱手。

余興發鼓著兩隻牛眼望著馬志遠，馬志遠裝作沒有看見。大爹又替他們兩人介紹了一下，他們都沒有客套。

大家僵了一陣，慧芬姐奉煙倒茶，端上果盒，空氣纔逐漸緩和輕鬆下來。

「今天真是難得的很，一定要在舍下吃頓便飯，免得我再下請帖。」大爹先開口。

「爹，飯菜已經好了，隨時可以開。」慧芬姐說。

「那我們只好叨擾了。」余千望望余興發說。

「恭敬不如從命，我也只好奉陪。」馬志遠笑著接嘴。

大爹馬上吩咐慧芬姐開飯，我和玉蘭也幫忙打雜。大媽待客一向捨己，弄了一桌子菜。誰坐首席？大爹倒有點躊躇起來。他不便指定誰坐，余千和馬志遠客套了一番，最後馬志遠大模大樣地坐了下去。余興發有點不高興。

大爹斟好酒，余千首先端起酒盅向馬志遠說：

「馬委員，兄弟借花獻佛，改天再請你過江聚聚。」

「余隊長，我早就想去貴隊拜望拜望，你可不能擺鴻門宴囉？」馬志遠舉起杯子，望著余千臉上，皮笑肉不動。

「馬委員，我們都是抗日的，你何必多心？」余千打了一個哈哈，一飲而盡。

馬志遠喝了一口，把酒盅輕輕放下，笑著對余千說：

「余隊長，今天你把話說開了最好，既然我們都是一條陣線，我們非常歡迎你加入我們的大隊伍，比你一個人單打獨幹要好得多。」

余千用一隻獨眼望著他，還未答話，余興發就搶著說：

「馬委員，你們抗你們的日，我們抗我們的日，我們還是各立門戶，河水不犯井水好些。」

「你們不怕被日本人消滅？」馬志遠轉臉問余興發。

「笑話！」余興發把拳頭在桌子角上輕輕一搥：「百花洲和楓樹鎮這幾個鬼子，我們隨時都可以把他們吃掉，他們還想消滅我們？」

「老兄，那你們怎麼按兵不動？」馬志遠笑著問他。

「叫化子盤蛇，總要有蛇可盤，消滅了鬼子，我們玩甚麼？」余興發喝了一大口酒，粗魯地說。

「你不要說酒話！」余千連忙以目示意。

馬志遠笑了起來，獨自喝了一口酒，笑著對余千說：

「余隊長，原來你們掛的『酒』字招兒不賣酒哇？想不到，想不到。」

「馬委員，你別信他的酒話。」余千舉起酒盅一笑：「我余千就是為了抗日愛國，纔打起游擊隊的旗號。說來慚愧，我這幾手兒還是向你們剽學的哩！」

「余隊長，」馬志遠臉色一整：「你可不能在粉壁牆上糊牛屎，壞了我們的名聲？我們是真正的抗日。」

大爹連忙舉起酒杯，向他們兩人面前一晃：

「好，我敬兩位一盅水酒，拜託兩位早日把鬼子趕出百花洲。」

他們兩人不約而同地望著大爹，同時舉起酒盅，馬志遠碰碰大爹的酒盅，望了余千他們一眼，笑著對大爹說：

「江先生，剛纔余隊長他們說過百花洲這幾個鬼子他們隨時可以吃掉，你還是請他們偏勞吧？何況百花洲供應了他們的糧草，我們要是插一手，豈不搶了他們的功勞？」

余興發臉上紅一陣白一陣，有點兒掛不住，看看余千的臉色，又忍了下來。

「剛纔我是一句戲言，」大爹向他們三人一笑：「你們功在國家，日夜辛勞，吃菜，吃菜。百花洲這幾個鬼子算老幾？說不定他們會一夜瘟掉！」

玉蘭噗嗤一笑，連忙躲進廚房。

余千和馬志遠望了玉蘭的背影一眼，大爹抱歉地說：

「兩位不要見怪，她是我的小外甥女兒，不懂事。」

慧芬姐端上來一隻香菰燉雞，他們聞到一股香味，又眉開眼笑。

余興發大口喝酒，大口吃菜，他不和馬志遠敷衍應酬。

余千和馬志遠卻你一杯來，我一杯去，稱兄道弟。馬志遠連喝幾杯高粱，面不改色，余千也是海量。大媽的菜味道又好，余千讚不絕口，馬志遠也感歎地對大爹說：

「江先生，我吃慣了大鍋飯，跑遍了大江南北，我們的小灶也沒有府上這麼好的味道。」

「過獎，過獎，馬先生要是不嫌粗茶淡飯，歡迎常來。」大爹客氣地說。

「江先生，我們不比烏合之眾，向來不動人民一針一線，今天我叨擾府上這頓酒菜，已不應該。下不為例，下不為例。」馬志遠哈哈一笑。

余千的臉一紅，余興發鼓著眼睛望著馬志遠，馬志遠根本沒有把余興發看在眼裏，照常喝酒吃菜。

酒醉飯飽之後，馬志遠首先站起來向大爹拱拱手：

「江先生，今天叨擾了，非常感謝。我先前和你提的那件事兒，希望你再考慮。」

大爹沒有答話，他又向余千拱拱手，邁開大步就走。

余興發突然趨前一步，一把扣住他的手腕，沉聲喝問：

「哪裏去？」

「回去。」馬志遠輕鬆地回答。

「姓馬的，只怕你來得去不得！」

馬志遠哈哈大笑，輕輕問余興發：

「老兄，你打算怎麼樣？」

「隨老子過江去，要你的狗頭搬家！」余興發咬牙切齒，用力扣緊馬志遠的手腕。

馬志遠又哈哈一笑，滿不在乎地說：

「憑你這塊料，也想我馬志遠的腦袋搬家？只怕我的腦袋沒有搬動，你們早就連根拔了！」

余興發一怔，大爹連忙趕過去打圓場，把余興發的手拉開，笑著對他說：

「老弟，不要鹵莽，你們今天是在舍下作客，好聚好散。」

馬志遠的手腕雖然不再被余興發扣住，可是他並不走，反而笑問余千：

「余隊長，您的意思怎樣？是不是也要我馬志遠的腦袋搬家？」

「馬委員，不要誤會，」余千向他假笑：「江先生說了，我們好聚好散。我們都是抗日的，應該一個鼻孔出氣，怎麼可以雞窩裏起火？」

「余隊長，你到底有點兒見識，歡迎你向我們靠攏，我馬志遠保證給你一個支隊長。」

「呸！」余興發向地上唾了一口，指著馬志遠說：「姓馬的，你別做夢，我們姓余的不做尾巴。老子打開天窗說亮話：靠山的吃山，靠水的吃水！從今以後，我們河水不犯井水。你也打聽打聽，早先我余興發就靠一條扁擔起家，現在有了這些撥火棍，日本人也不敢動老子一根毛，你姓馬的有三頭六臂？」

馬志遠輕蔑地望了余興發一眼，一笑而去。

「草包！」馬志遠一走，余千就跳起來指著余興發大罵：「你這雙土狗兒還想和千年狐狸鬥？他過的橋比你走的路還多，你揭了我的底，還抖甚麼威風？你簡直是狗屎！」

余千把灰禮帽往頭上一蓋，撩起長袍下擺，直衝出去。

余興發怔了一下，回頭向大爹一拱手，說了聲「得罪」，追了出去。

楓樹鎮剛好開來一條渡船，船上的人統統上了岸，岸上的人紛紛搶上船去。余千和余興發把良民證在鬼子哨兵面前一晃，縱身一躍，先後跳上船頭。

「爹，您敬的不是土地神，是吸血鬼。」慧芬姐望了大爹一眼說。

大爹瞪了她一眼，氣得往裏一衝，他的長皮袍鼓起一陣風。

慧芬姐把我和玉蘭拉在一邊，悄悄地問：

「先前爹和姓馬的在房裏唸的甚麼貓經？」

我和玉蘭一五一十地告訴她，她聽了把俊俏的嘴角微微一撇：

「一馬不配二鞍，我情願當老閨女！」

第二十二章　江家麟東征西戰　余興發卸甲丟盔

姑爹從楓樹鎮回來，在仁和南貨店帶來了家麟哥的信。仁和南貨店設了一個信箱，百花洲的信件一向由它轉。

姑爹一進門，就大聲地對大爹說：

「大舅，家麟來了信，他在湖南。」

「他信上怎麼說的？」大爹高興地走了過去，大媽、慧芬姐、玉蘭和我都圍了過去。

「大舅，你自己看吧？」姑爺把信遞給大爹：「裏面寫些甚麼我不清楚，我只看了信封。」

大爹連忙把信封撕開，抽出兩張信紙，他人高手長，我搆不上，看不到。大爹一看完，慧芬姐就把信搶在手裏，大媽急著問大爹：

「家麟到底在哪兒？身體怎樣？」

「他是一隻花腳貓兒，湖南、湖北、廣東、江西到處跑，馬不停蹄。身體倒好，就是『生意』不大順手。」

「他提貽新的事兒沒有？」貽新是慧芬姐的未婚夫。

「提了，貽新也和他一樣，睡不安枕。」

「唉，他們怎麼那麼忙？」大媽輕輕歎口氣。

「大舅母，就靠他們打日本人，怎麼不忙？」姑爹插嘴。

「不知道他們的『生意』哪天纔能順手？」

「他們的『生意』雖然虧了血本，家麟倒很有信心，他認為遲早會賺大錢。」大爹說。

「家麟他們是王麻子老店，我們也只有指望他們。」姑爹說。

「貽新要是有個確切的地址，我看還是把慧芬送到後方去，了卻我們一樁心願。」大媽望了慧芬姐一眼。

「妳真是糊塗神！」大爹笑著反駁大媽：「不說千里迢迢，兵荒馬亂。我們在後方無親無故，貽新他們又自顧不暇。軍令如山，說走就走，說打就打，怎麼能增加他的家累？前不巴村，後不巴店，慧芬一個人在後方怎麼辦？在家千日好，出外一時難，鬼子的飛機又到處轟炸，妳放得下心？」

大媽聽大爹這麼說，眼圈一紅，望了慧芬姐一眼，又問大爹：

「家麟也沒有提成家的事兒？」

「娘，」慧芬姐把信一摺，連忙接嘴：「您也不想想？哥哥在槍林彈雨中出出進進，大火燒著屁股，怎麼能成家？」

「唉！」大媽歎口氣：「鬼子真是害人不淺！弄得你們娶的不能娶，嫁的不能嫁……」

「妳不要只想到自己，」大爹打斷她的話：「還有多少人妻離子散，家破人亡？」

「你不要把我頂到壁上去？」大媽笑著回嘴：「你秀才不出門，能知天下事，我是青光瞎，百花洲的牛頭馬面都看不清楚，兒女是我身上的肉，自然只想到切身的事。」

大爹望了她一眼，不聲不響走進房去。

「娘，爹見風轉舵，您贏了這場官司。」慧芬姐雙手扶著大媽輕輕一笑。

大媽也望著慧芬姐一笑，卻滾出兩顆眼淚。

晚上，大媽穿得乾乾淨淨，繫好黑裙，點起三柱一尺八寸的香，向祖宗牌位三跪九叩，磕了響頭，口裏唸唸有詞。隨後他又拉著慧芬姐，輕輕地說：

「妳也來磕幾個頭，請祖先保佑哥哥和貽新平安無事，長命百歲。」

慧芬姐只好依樣葫蘆，三跪九叩。

「娘，您不要爹來磕頭？」慧芬姐起立後輕輕問她。

「妳爹是丈二蠟燭，照得見別人照不見自己。他將來要成為百花洲的土地神，還是我娘兒倆的婆婆經，他心到神知，免了。」

慧芬姐看看我站在旁邊，隨手把我一拉：

「小鳳，你也來磕個頭，請老祖宗保佑麟哥旗開得勝，馬到成功。」

「也保佑貽新姐夫年年如意，步步高昇。」

「好口彩。」大媽笑盈盈地說。

「娘，只要四季平安，早點把鬼子趕出去就好了。」慧芬姐說。

我沒有三跪九叩，拜了三拜就起來。

大爹在房裏覆麟哥的信，我們在堂屋裏談天。大媽和慧芬姐都很興奮，談來談去總是談到麟哥和貽新姐夫兩人。

「要是他們郎舅兩人帶領一枝人馬，打回楓樹鎮、百花洲，把鬼子趕走，那就天下太平了。」大媽自言自語地說。

「娘，光趕走鬼子還不能天下太平，一定要繳掉余千的撥火棍。」慧芬姐說。

「一正壓三邪，趕走了鬼子，一切牛頭馬面，自然變成縮頭的烏龜。」

「娘，您真是做夢娶媳婦，專想好事。」慧芬姐笑著調侃她。

「百花洲以前不是清平世界，朗朗乾坤？六月天睡在外面，誰又關過大門？黃鼠狼偶然拖了一隻雞，就是天大的新聞。娘只想恢復往日的老樣子，並不希望天上掉下一顆星，慧芬，難道這也是做夢不成？……」

一聲尖銳的槍聲，打斷了大媽的話。大爹從房裏趕到大門口，側耳傾聽。我們也趕到門口，又聽見啪的一聲，在楓樹鎮那邊噓噓地劃空而過，靜夜聽來，特別清晰驚心。

警備隊的鬼子們，很快地就全副武裝，腳步咚咚地跑到江邊，渡口站了兩個鬼子兵，其餘的一字兒排開，每隔二三十步就站一個，面對著楓樹鎮，槍端在手上，一尺多長的刺刀，在朦朧的月光下閃著陰森的光芒。

楊木森和那兩個警察，也穿著黑制服，背著槍，在附近巡邏，他們像在散步，不像日本人那麼緊張。

「木森，到底是怎麼回事兒？」楊木森走過來時，大爹悄悄地問他。

「我也不知道，」楊木森搖搖頭，輕輕回答：「荒木怕是余千攻打楓樹鎮的警備隊，猴兒都爬上樹，也要我們窮忙一陣。」

「余千的牙齒爪子真的長硬了，吃得下警備隊？」慧芬姐問楊木森。

「他有上百根撥火棍，還有十幾枝快慢機，吃楓樹鎮和百花洲的警備隊自然沒有問題，只怕他不肯張嘴！」

「說不定他會偷咬一口，撿個便宜！」大媽說。

「要是余千真的和警備隊開火，你們怎麼辦？」慧芬姐問楊木森。

「那我們就成了夾心餅乾。」楊木森笑著回答，又問問大爹：「江先生，我們總共纔三個人，三條槍，您看我們到底應該怎麼辦？」

「正好裏應外合，余千到底是自己人。」

「我們也是這樣想，就是沒有這個膽量。」

「男子漢，大丈夫，砍掉腦殼也不過盌口大的疤，何況你手上有根撥火棍，怕甚麼？」大爹鼓勵他。

荒木腳步沉重地向這邊走過來，楊木森連忙離開，我們也縮進來。

過了好半天，還沒有聽見槍聲，我們走到門口望望。荒木在渡口指手劃腳，向那兩個哨兵唧唧噥噥。其他的鬼子兵像石頭人般地挺在江邊。

楊木森他們還是在我們這一排房子前面走來走去，他們三個人不時交頭接耳。

「要是余千今天真的吃掉警備隊，明天我要請他一桌酒，秋收時再要百花洲的人加他一百擔米。」大爹自言自語。

「爹，您真是壽星唱曲子，老調兒。我看說不定是擦槍走火。」慧芬姐說。

大爹向她瞪了一眼，沒有作聲。

很久沒有動靜，我和慧芬姐都有點兒失望。江邊的鬼子兵一個也沒有撤走，我瞌睡來了，先上床睡覺。

第二天天剛亮，我就起來，連忙打聽消息。渡口只站著一個哨兵，一切如常，看不出有甚麼變動。我跑近祠堂瞄了一下，祠堂門的口的沙包沒有一個槍眼，沙包後面站著一個衛兵，悠閒得很。

我問駝子哥知不知道發生了甚麼事情？他沒有好氣地回答我：

「害得爺一夜沒有睡覺，指望余千把鬼子丟進江裏，爺也好拉一條腿。想不到是一場空歡喜，鬼子還是穩坐江山。獨眼龍只會在我們老百姓面前逞強，那敢捋虎鬚？」

「那兩聲槍倒真稀奇?」我不相信是走火，但我又猜不透是甚麼原因?打仗也絕不止放兩槍。

荷花抱著孩子走過來，她頭未梳，臉未洗，我連忙攔住她問：

「荷花姐，妳怎麼起得這麼早?」

「荒木一夜沒有睡覺，他剛上床，怕小傢伙吵，我纔抱著他出來。」荷花掠掠頭髮說，這小傢伙長得又白又胖，已經會笑。

「小風騷，到底是哪塊天塌了下來，妳知不知道?」駝子哥問。

「你姑奶奶又不是包打聽，怎麼知道那些雞貓子喊叫的事情。」

「妳近水樓臺，荒木也不透漏一點消息?」

「我們是啞巴打官司，千言萬語都爛在肚子裏。」

「要是余千昨夜把荒木宰了，妳也不嚎一聲?」

「人不傷心不流淚，姑奶奶嚎甚麼?」

駝子哥不敢再問，荷花抱著小傢伙走回娘家。

荷花似乎比從前更豐滿，駝子哥望著她的背影，有點發呆。

玉蘭望見我們，連忙跑過來，笑著問我：

「表哥，你起得這麼早，不怕遇到禍事?」

「我想坐山觀虎鬥，看看熱鬧，想不到連貓兒打架也看不到。」

「你黃鶴樓上看翻船，好寬的心！娘急得一夜沒有睡覺，爹也摸出了軍刀。」玉蘭聲音越說越低。

「玉蘭，妳爹還準備露兩手兒？」駝子哥輕輕地問。

「他怕余千不成，準備暗中接應，先抄掉鬼子的窩，宰掉荒木。」

「可惜鴨兒上不了架，白費你爹一片心。」

楊木森和一個鬼子兵走了過來，我們連忙走開，他和那個鬼子走到渡口，要王老頭把船開到楓樹鎮。

這天除了王老頭這條船打了一趟差之外，沒有別的船來往，警備隊封鎖了楓樹鎮和百花洲的交通。

下午，楊木森纔從楓樹鎮回來，他先到大爹家裏，大爹把他帶進書房，輕輕問他：

「你去了楓樹鎮，究竟是怎麼回事？」

「嗨，江先生，真是笑話！」楊木森搖頭一笑：「原來是雞窩裏起火。」

「怎麼？余千他們自己幹起來了？」大爹濃眉一鎖。

「那倒不是，」楊木森搖搖頭：「是新四兒把余千吃了。」

「真有這回事？」

「一點不假。」

「余千完了？」

「損失了余興發一個小隊，連人帶槍，統統吃掉。」

「余興發有沒有被他們逮到？」

「余興發卸甲丟盔，光人跑掉，不然不會響那兩槍。」

「余千肯就此甘休？」大媽插嘴。

「江太太，余千識相得很，雞蛋不碰石頭，他連夜把人拖上山，不然會片甲不留。」

「楓樹鎮的鬼子沒有插一手？」大爹問。

「江先生，我說您別生氣？鬼子壞得很，隔山觀虎鬥，讓他們狗咬狗，鬼子可笑掉牙齒。」楊木森說。

「要不是余千和馬志遠一肚子鬼胎，楓樹鎮和百花洲這幾個鬼子怎麼能穩坐釣魚臺？」慧芬姐說。

「我一心指望他們抗日，想不到他們都是掛羊頭，賣狗肉，各懷鬼胎。」大爹悠悠地歎口氣。

第二十三章　許百萬下鄉消遣　老拳師戲女試徒

「狗咬狗」的新聞傳開以後，余千在百花洲人的心目中，一落千丈。百花洲一般人對他本來沒有好感，但是怕他的「撥火棍」。這一來大家心裏反而一陣痛快，甚至有人罵他「紙老虎」。駝子哥更在我和玉蘭面前奚落他。

「原來余千只會吃住我們百花洲的老百姓，遇上了賣生薑辣椒的，他也只好吃不了兜著走。現在老虎變成了狗，我看他破風箏抖不起來啦！」

「駝子哥，你也不要小看他，余千是地頭蛇，吃一次虧，學一次乖，以後的事兒還很難說。」玉蘭說。

「多一個靈牌多一個鬼，余千既不動日本人一根毛，爺倒願意老天爺把他收掉。」

許百萬一年多不敢下鄉，聽說余千吃了大虧，縮了頭，也回到百花洲來看看。

他和大爹很久不見面，顯得十分親熱。大爹寂寞得很，對他也熱忱招待。

「萬春，你聽到了風聲？」大爹笑著問他。

「長子，不聽到風聲我還敢送肉上砧？」他也笑著回答。

「你這次準備在鄉下住多久？」

「我不過是回來看看，還敢久住？余千雖然暫時縮了頭，我也怕那姓馬的共我的產。現在的百花洲，蛇鼠一窩，無法無天。人為刀俎，我為魚肉，還是躲在街上好些。城裏只有一個天，不像百花洲七娘八老子。」

「余千的人一直沒有進城找你？」

「沒有，」許百萬得意地搖搖頭：「長子，人逼懸樑，狗逼跳牆，要是他余千欺人太甚，我就鬧到日本憲兵隊，看他有幾個腦袋？」

「你不怕他扣你的帽子？」

「長子，這年頭鬼只怕惡人。如果我不先放放空氣，他早就找上了門！」

「你倒很有幾手兒。」大爹向他一笑。

「長子，亂世人不如太平狗，狡兔尚且有三窟，我要是一個蘿蔔一個坑，一個余千早就把我吃住了。」

隨後他又和大爹談到城裏的情形，大爹一直沒有進城去，也很關心，尤其是時局的情形。許百萬所報告的新聞仍然使人十分失望，真不知道甚麼時候纔能「天亮」？

「長子，我看一時還不會天亮，你還是搬進城裏去住，免得烏龜兔子都找上門。」許百萬勸大爹：「至於房子，我同楊國仁談談看，有沒有辦法收回來？」

大爹沒有作聲，他不願意和楊國仁打交道，日本人是老虎借豬，楊國仁也絕不敢為他得罪日本人。

許百萬在百花洲住了三天，在王三嫂那邊泡的時間多，荷花雖然不能陪他，倒也見過一面，他對荷花那個小傢伙看了又看，發覺一點也不像他，他似乎有點兒慚愧、失望。

余千這次真的沒找上許百萬，他在鄉下消遣了一陣，大搖大擺地搭船進城，不像上次單獨包條船偷偷地溜走。

姑爹對我和玉蘭教得也更認真，一方面見我們的拳腳有了基礎，二來人也漸漸大了。另外一個原因是識破了余千和馬志遠葫蘆裏賣的甚麼藥。

「別人都掛羊頭，賣狗肉，你們可要一個腳步一個印兒。打拳就是打拳，要像家麟一樣，抗日就是抗日，不要耍把戲。我看以後一切都要靠自己，孝敬別人無益。」姑爹這樣對我們說。

「玉蘭的爹，你擀麵棍吹火，怎麼也搞通了？」姑姑笑著問他。

「玉蘭的娘，正月初三余興發在大舅家裏露出了馬腳，最近馬志遠他們吃掉余千一個小隊，他們都養著日本人不打，自已滾雪球，滾來滾去，還不是我們老百姓倒霉！看樣子，他們倒真不希望日本人滾蛋。」

「日本人滾了他們還盤甚麼蛇？清平世界，朗朗乾坤，余千不又成了赤膊鬼？」

「所以我也想通了，龍是龍，蛇是蛇，烏鴉變不成鳳凰。我也要勸勸大舅，不要再雞婆孵鴨兒。我們一方面希望家麟、貽新他們早點打回來，一方面把這兩位教成材，將來也好有人接接腳。」

「玉蘭的爹，這一下你倒歪打正著。」姑姑向姑爹一笑：「我贊你的成，如其把九斤黃、大鯉魚往別人嘴裏送，不如讓他們兩個寶吃了日長夜大，何況他們已經到了這個節骨眼兒。」

姑爹望了我和玉蘭一眼。玉蘭最近真像雨後的春筍兒，長得特別快。

「好，玉蘭的娘，這兩塊芝麻地，妳就多加點兒肥。」姑爹指著我們笑著回答。

「爹，您就不會說句好話兒？」玉蘭望望姑爹，笑著抗議。

「爹是打漁的，種地的，抓著葫蘆就是葫蘆，瓠子就是瓠子，妳要爹引經據典不成？爹哪有那麼大的學問？」

玉蘭被姑爹說得嗤的一笑，姑爹身子一蹲，站了個騎馬樁，雙手微微一揚，笑著對她說：

「來，妳學了兩三年，看妳攻不攻得動爹這個樁？」

「爹，那不成，徒弟怎麼能打師父？」玉蘭笑著搖頭。

「這不算犯上，爹要試試妳到底有幾斤幾兩？」姑爹笑著慫恿她。

「爹，您這個鐵馬金鞍，我可不敢動。」

「妳不妨把十八般武藝都使出來，妳要是能使爹移動半步，我要妳娘殺隻九斤黃。」

「爹，我不上您的當，我也不想吃九斤黃。」玉蘭雙手直搖。

「真是個孬種！」姑爹笑著罵她：「打拳不但要練手練腳，也要練膽，人沒有膽，天大的本事也沒有用。像妳這樣紙糊的燈籠，只配給妳娘端端馬桶。」

姑姑嗤的一笑，玉蘭的臉一紅，往姑姑懷裏一倒：

「娘，爹糟蹋人也不是這樣糟蹋，您替我出口氣，攔腰一棍，要他雙腳直跳。」

「娘手無縛雞之力，又沒有學過三腳貓兒，何必給他抓癢？」姑姑笑著回答。

「娘，您順水推舟，看著我丟臉？」玉蘭把姑姑搖了幾搖，姑姑的身子晃來晃去。

「寶，妳這麼大的手勁兒，坐山虎也能打倒，何必怕妳爹那個紙老虎？」姑姑慢慢站穩身子，笑著對玉蘭說。

姑爹哈哈一笑，我也好笑。玉蘭把姑姑用力一搖：

「娘，您罵得我好苦！一句話兩把刀。」

姑姑笑哈哈地把玉蘭往懷裏一摟，玉蘭和她差不多高。

「家鳳，你來。」姑爹突然對我把手一招：「打個樣兒給玉蘭看看，你男子漢，大丈夫，別像她那麼膿包。」

我有點兒膽怯，不敢上去。玉蘭笑著慫恿我：

「表哥，你給爹個下馬威，替我出口氣。」

「玉蘭，妳別抬舉我，抬得高，跌得重。」我說。

玉蘭嗤的一笑。姑姑鼓勵我說：

「家鳳，你上去試試，不管能不能動他的樁，我都殺隻九斤黃給你吃。」

「姑，您這隻九斤黃可不好吃。」

「放心，他不敢整你。」姑姑替我打氣：「你有多大的本事，儘管使出來，給他個下馬威，看他以後神不神氣？」

「表哥，你先探探爹的虛實，我再接應你。」玉蘭笑著說。

「好哇，你們三人打我一個，今天我一定被你們打得落花流水。」姑爹笑著插嘴。

玉蘭靠著姑姑，笑得像春風春雨中的花兒，微微顫抖。我慢慢地走到姑爹面前，雙手一抱：

「姑爹，我不成材，您手下留情。」

「你別秀才賣文章，一肚子酸氣。」姑爹向我一笑：「你不妨使出吃奶的力氣。」

我左手虛晃一招，右腳對準他的腳脛，使了一個掃堂腿，我用了十分力氣，以為這一下即使不把他掃倒，創動他的騎馬樁絕無問題。想不到他左手向上輕輕一撥，我身子一虛，差點兒跌個仰面朝天，退了兩步，纔穩住身體。我臉上一陣熱，他卻沉聲叫了一聲「好」，笑著說：

「到底是秀才先生的底子，開了竅！要是捋牛尾巴的就不會虛晃一招。我差點兒著了你小猴兒的門道！」

姑姑和玉蘭笑成一團，玉蘭隨即鼓勵我：

「表哥，你這手調虎離山真的不錯！再來一下就可以吃到九斤黃了。」

「玉蘭，妳哄死了人不償命，」我回頭對她說：「要是我這一下再不成功，妳可要上陣？」

「好，」玉蘭笑著點頭：「表哥，我一定接應你。」

我向姑爹一衝而上，兩隻手和他對招，但不十分接近，以免被他抓到。我想把他的手引開，朝他上三路進攻，可是他兩隻手像兩隻活動的機器，防衛得非常嚴密。好半天我纔找著一點空隙，右腳一抬，直搗黃龍，向他胸口一蹬，他及時把我的腳掌抓住，輕輕向後一推，我整個身子向後倒去。尚未完全落地時玉蘭一個箭步搶了上來，把我托住，我鯉魚挺身，站了起來。

「不錯，鴨兒可以上架了。」姑爹身子一躍，站了起來。

「爹，表哥程咬金三板斧，還只使了兩斧頭，你怎麼收了樁？」玉蘭笑著問他。

「玉蘭，妳表哥兩斧頭爹已經手忙腳亂，再來一斧頭爹一定栽在他的手裏，那豈不喪了爹一世的英名？」姑爹向玉蘭一笑。

「爹，您吃飽了飯，尋我們開心！」

「爹可是一板一眼在教給你們。剛纔妳表哥那兩個招兒可真辣，幸虧是我，要是妳還不當場出醜？」

玉蘭望著我一笑，我對姑爹說：

「姑爹，幸虧您手下留情，不然我纔當場出醜。」

「寶，那是你氣力還沒有長足，」姑姑望著我說：「不然他還不四腳朝天？」

「玉蘭的娘，妳說的是，再過兩年，他肉厚膘肥，我就不是他的對手了。」

「爹，表哥一不是牛，二不是豬，您怎麼講他肉厚膘肥？」玉蘭笑著接嘴。

「玉蘭，爹沒有喝幾滴墨水兒，怎麼會咬文嚼字？打拳的時間，妳何必搬子曰《詩》云來唬我！」

玉蘭和姑姑好笑。姑爹隨手提起一條長凳，抓住兩頭的凳腳，對我和玉蘭說：

「今天我教你們用幾樣東西，隨手抓來，都是兵器。一條板凳，可以敵住三五個人，用處大得很。」

說著他隨手揮舞起來，前後左右上下揮動，把身子罩在板凳當中。

他揮了一會兒，把板凳交給玉蘭，玉蘭拿在手裏試試，搖頭一笑：

「爹，這是桑樹板凳，有好幾十斤，我動不了。」

「孬！」姑爹笑著罵了一句。「妳真是鴨兒上不了架。」

玉蘭臉一紅，牙一咬，舞了幾下，把板凳一拋，靠著姑姑喘氣：

「娘，累死我了！」

姑姑拍拍她，埋怨姑爹：

「她又不愛和別人打架，女孩兒家，你何必教她這一手？」

姑爹沒有答話，提起板凳交給我，我只好依樣畫葫蘆，但是我舞不快，比玉蘭也多不了幾下，放下板凳，我氣喘如牛。

「好，就這樣已經比普通人強。」姑爹安慰我。

我休息了一會兒，姑爹又拿出一根桑樹扁擔，握在手裏，舞成一個圓圈，虎虎生風，又劈擲幾下，然後扁擔一收，靠在肩上，像一桿槍，要我搶奪。

我抖著膽子試了幾下，都沒有成功。他把扁擔交給我，要我抓緊，他三下兩下就奪了過去。隨後又吩咐玉蘭，照著他的訣竅，從我手裏搶奪。

玉蘭雖然懂得姑爹指示的訣竅，但她的力氣沒有我大，搶了一會兒搶不過去。她輕輕地對我說：

「表哥，你讓我一手兒。」

我雙手暗中一鬆，扁擔被她奪了過去。

姑爹不聲不響，又遞給我一根銅尺。同時對玉蘭說：

「玉蘭，空手奪白刃我早教過，妳再試試。這次再能奪下來，就算妳鴨兒上了架。」

玉蘭向我一笑，走了過來，雙手一抱，朗朗地說：

「表哥，得罪了！」

他人隨聲到，伸手就搶。我看她來勢洶洶也不放鬆，幾次把她甩開。她氣喘吁吁地向我使了一個眼色，我手一鬆，立刻被她搶了過去。玉蘭把銅尺在手上耍了兩下，大模大樣地對姑爹說：

「爹，剛纔我這兩手兒，您看怎樣？」

「好哇！你們猴兒耍把戲，居然敢在爹面前做手腳？妳以為爹的眼睛是兩粒豆豉？」

玉蘭噗嗤一聲，銅尺掉在地上。

「玉蘭的爹，你也該給她留點兒面子，西洋鏡兒何必當面揭穿？」姑姑笑著說。

「嘿！女兒像娘，一點不錯！」姑爹笑著說：「她這兩手兒全是從妳那兒學的，我可沒有教她。」

玉蘭和姑姑笑作一團，我也忍不住笑。

「爹，對敵也不全是鬥力，也要鬥智。」玉蘭抬起頭對姑爹說。

「要是家鳳不和妳狼狽為奸，妳就是諸葛亮，也奪不下他的鋼尺。」姑爹說。

「爹，表哥和我是您一個師父傳下來的，要是別人，縱然有幾斤蠻力，我未必不能搶到手？」

「妳王母娘娘手上的龍頭拐棍，也有點兒彎彎理。」姑爹摸摸嘴巴一笑。「不過妳要記住，別人可不是家鳳，不會買妳這個面子。真的對敵不是你死，就是我亡。……」

「爹，您別講得那麼怕人！」玉蘭打斷姑爹的話：「我又不跑江湖，闖碼頭，怎麼會和人家動手？」

「現在是鬼世界，說不定人在家中坐，禍從天上來。我恨不得三天兩天就把這幾手三腳貓兒全傳給你們。」

「爹，您不要藏私，究竟您還有幾手兒？」玉蘭笑著問他。

「爹所會不多，殺手兒都傳給你們了。但是拳腳要精，功夫要深，你們要到火候，還早得很。」

「爹，我們又不想設鏢局，當教師爺，能防防身就行。」

「我知道妳們女孩兒家沒有志氣。」姑爹望了玉蘭一眼：「要是只為防身，對付一兩個人，那倒不難。你們再加點兒勁，等到成人，就綽綽有餘了。」

「爹，您這可是奉承話兒？」

「馬屁不值錢，爹奉承妳幹麼？」

玉蘭高興地手一拍，摟著姑姑說：

「娘，您快點兒殺隻九斤黃，讓我們順風順水到南海。」

「現在是五鬼大鬧百花洲，娘也但願你們兩個寶日長夜大，保個本兒。」姑姑望著我們說。

第二十四章　駝子戲弄武田子
今井討好百花洲

日子在苦難中彷彿蝸牛爬牆壁，慢得很。

不知不覺，荷花的那個小傢伙已經會走路，會東跑西竄，而且會叫娘了。只是不會叫爹，大概荷花沒有教他，這小傢伙矮矮胖胖，越長越像武田。

駝子哥總是抓著他開玩笑，擰擰他的小臉蛋：

「爺要打你這個小雜種，報你老子一箭之仇。武田那狗東西要是再到百花洲，爺要在他盌裏下毒……」

「駝子哥，你何必放馬後砲？」玉蘭笑著打斷他的話。

「玉蘭，我那口氣實在難消，我手無寸鐵，又是一身殘疾，不然我早報了那一箭之仇，還會放馬後砲？」

說著他又逗那小傢伙，擰擰他的耳朵：

「小雜種，你不是百花洲的人，百家姓上也找不出你的姓，你是茄子開黃花，變種！」

小傢伙睜大眼睛望著他，咧著嘴笑，駝子哥又指著他的鼻尖說：

「你無名無姓，看你粘米粽子怎麼出得了檯？告訴你娘，要是她肯跟爺，爺就收留你這個小雜種，賞你一個名兒姓兒。」

一天，駝子哥把小傢伙逗哭了，荷花趕了出來，笑著罵他：

「駝子鬼，你白活了二十幾歲，怎麼以大欺小？」

「小風騷，妳別狗咬呂洞賓，爺不逗他玩，誰人理他？」駝子哥理直氣壯地回答：「只怪這小傢伙不識抬舉，爺好意逗他，他反而張著大嘴吹喇叭。聽說他老子還沒有砲子兒穿心，他嚎甚麼喪？」

荷花望著駝子哥臉上紅一陣白一陣，沒有作聲。自從生了這小傢伙之後，她好像矮了半截，對駝子哥也忍讓三分。

她低著頭把小傢伙抱了起來，自怨自艾地對小傢伙說：

「你是粘米粽子出不了檯，誰叫你出來野，你孤魂野鬼，閻王怎麼不收你去？」

「荷花姐，他不懂事，妳何必罵他？」玉蘭走過去安慰她，又逗逗小傢伙。

「玉蘭，自從生了這個冤孽，我更沒有臉，連駝子鬼也騎到我頭上來了。」荷花眼圈一紅。

「小風騷，你別多心。」駝子哥陪個笑臉：「爺不是搬石頭打妳的腳，爺是恨武田那個狗東西。」

「駝子鬼，打狗欺主，怎麼說他也是我身上落下來的肉，你也多少給我留點兒面子。」

「小風騷，我們四人是在一起玩泥巴的，這兒又沒有外人。爺縱然有一言半語冒犯了妳，妳就不可以包涵包涵？」

「對，荷花姐，大人不記小人過，妳就原諒他一次吧？」玉蘭抓住機會說。

「玉蘭，妳荷花姐是弱門，他大字底下多一點，是大爺，我怎麼敢怪他？」荷花擦擦眼睛說。

「小風騷，承妳抬舉，爺再陪上一個禮。」駝子哥向她雙手一揖。

「駝子鬼，我可不敢受你這樣的大禮。以後你嘴上積點兒德，少糟踏我母子兩人就行了。」

「駝子哥，以後你再一嘴的豆渣，我們都不理你了。」玉蘭故意指著駝子哥說。

「玉蘭，妳也快是大人了，我看我們玩泥巴的日子是完了。」駝子哥微帶感傷地說：「我這個大沒人理的，和那個小沒人理的，說不定要屙尿和泥巴，玩在一起了。」

「駝子哥，你來個老揹少，那不正好？」玉蘭說。

「玉蘭，要是小風騷說爺以大欺小，那爺不是揹個黑鍋？」

玉蘭望望荷花，荷花突然哇的一聲，嘔出一口酸水。

「荷花姐，妳又有了？」玉蘭輕輕地問。

「孽，真是冤孽！」荷花眼圈一紅，抱著小傢伙轉身低頭回去。

「要是鬼子不早點滾蛋，恐怕荷花姐要變成一隻豬婆了。」玉蘭輕輕地說。

「妳以為鬼子歡喜老母豬?」駝子哥向玉蘭一笑:「我看他們都是刁嘴的貓兒。不信,荷花這個小雜種一生,說不定就會打入冷宮。」

「一個葫蘆兩把瓢,那不正好?你以為荷花姐願意跟鬼子沒頭沒臉的過日子?」玉蘭說。

「荷花自然是八哥兒出籠,求之不得。誰是她的替身?那就難說。」

「百花洲沒有第二個荷花。」

「荷花也不是生的賤,還不是逼上梁山?」駝子哥望望玉蘭。

玉蘭沒有作聲,我接著說:

「駝子哥,你總算說了一句良心話。」

「小鳳,男人都是吃不著葡萄說葡萄酸,你日後也會一樣。」駝子哥附著我的耳朵輕輕地說。

「駝子哥,光天化日,你何必鬼鬼祟祟?」玉蘭發問。

「這是我們的私話兒,可不能讓妳聽見。」駝子哥格格乾笑,尖得像個女人的聲音。

我們一天天長大,他越來越顯得矮小了。

荷花的肚子也在一天天長大,像吹了氣的皮球,慢慢膨脹起來。

荒木在荷花有五六個月身孕的時候突然調走,而且沒有鬼子來接替他們。荷花恢復了自由,百花洲的人也鬆了一口氣。

荒木一走,荷花立刻搬回娘家,生怕再被「移交」。幾天以後,還是不見鬼子到百花洲來,她纔放心。百花洲的鬼子為甚麼撤走？沒有誰知道。楓樹鎮的鬼子沒有撤走，但也少了一班人。

馬志遠很久沒有到百花洲來，余千也縮了一段日子。不過聽說余千損失的人槍又補充起來。原因是大家的生活越來越困難，百花洲已經有很多人沒有鹽吃，也買不起米。以白水煮黃豆充飢，那種腥味實在難以下嚥，小孩子都哭著不肯吃，大人也愁眉苦臉。由於長久缺鹽，很多人患了水腫病，大人的腿比孩子的腰桿兒還粗，小孩兒都鼓著肚子像十月懷胎的孕婦。余千乘這時候招兵買馬，三十歲以下的壯丁，一個月有五斗米的餉，四十歲以下身體好的，每月四斗。百花洲就有兩個人為了生活，不得不去參加。武器從哪兒來？那就不知道了。

荒木他們走後不到一個月，余興發又單人匹馬到百花洲來。他一方面要糧，同時向楊木森他們「借」槍。

大爹沒有以前那樣熱心幫助他們，他對余興發說：

「百花洲的人自己都斷鹽斷米，哪有力量供應你們的糧草？」

「江先生，你要是不問百花洲的事，那我只好自己帶人徵收了。」余興發帶著威脅的口吻說。

「老弟，你要自己徵收就自己徵收，不過你要知道百花洲現在是枯竹子炸不出油！」

「江先生，狗頭上也有四兩肉，何況百花洲？」

余興發不相信大爹的話，他直接去找了幾位過去的保長，硬性規定他們每保出多少米，要他們自己送去。沒有米到時候他就抓人，那些保長都忍氣吞聲。

最後他把楊木森叫來，開門見山地對楊木森說：

「今天我過江來有兩件事：一是徵糧，二是借槍。征糧不關你的事，你只要把槍借給我就行。」

「只要你出借條，我自然不敢不借，反正上面也是睜一隻眼，閉一隻眼。不過要是再惹來警備隊，那又替百花洲惹麻煩。」楊木森一面回答他，一面望望大爹。

「你放心，聽說鬼子早和老美幹起來了，現在抽不出兵。」余興發說。

「老弟，楓樹鎮有幾十條槍，你可以向鬼子借。」大爹插嘴。

「江先生，不是我們不敢，是怕鬼子燒掉楓樹鎮。」余興發冠冕堂皇地說。

「你們連人帶槍一起解決了，還怕他們燒楓樹鎮？」

「江先生，你是讀書先生，狗打痛了也會反咬一口，何況日本人？楓樹鎮和百花洲，四通八達，鬼子隨時可以調兵遣將。」

「那你們就不動他？」

「現在時辰日子未到，新四兒都不動他，我們何必動他？」

「老弟，照你這樣說，老百姓的苦頭還有得吃了？」

「江先生，過了荒年有時年，再苦也苦不到你頭上來。」余興發咧開大嘴一笑，又壓低聲音說：「麻煩你代我寫張借條。」

大爹望望楊木森，楊木森對余興發說：

「借我自然不能不借，不過我要打開天窗說亮話，你可不能砸了我們三個人的飯碗？」

「你放心！」余興發把胸脯重重地一拍：「東方不亮西方亮，你們要是願意過江，今天就同我去，少不了你們擔把米。」

「如果不砸掉飯碗，我們還是吃這份老人糧，萬一砸掉飯碗，我們再過去，行不行？」

「行！」余興發把頭一點：「人多為王，我們不在乎多添幾個飯碗。」

他們就這樣一言為定，大爹只好替余興發寫張「借」條，余興發打了一個手模，把「借」條交給楊木森，沒有多久，楊木森就揹來三條槍，交給余興發。

「楊木森，我余興發不會虧待你，改天你再過江去領賞。」

余興發揹著三條槍，揚長而去。大爹問楊木森：

「一張借條你就過得了關？」

「江先生，我自然有我的跳牆法，不到最後關頭我不會亮出借條。局長都怕死，我們何必拚老命？反正槍是日本人的，又不是我家裏的撥火棍。」

「好哇，你們都是吃裏扒外，不會落輸。」慧芬姐調侃地說。

「大姑娘，我楊木森有奶就是娘，但絕不傷天害理。在這一江渾水裏，也犯不著吃眼前虧。別人吃肉，我啃骨頭，總不為過？」

「你講的倒是實話。」大媽說。

「師母，不瞞你說，我當茶房出身，別的本事沒有，只學會了怎樣孝敬客人。真中央也好，假中央也好，新四兒也好，日本太上皇也好，都是我的衣食父母，我得罪得起哪一位？我見人矮三尺，無非是為了保住飯碗，頂多要點小賬。我到百花洲這麼久，託你們的福，大樹底下好遮陰，總算沒有出紕漏，可也沒有作過黑良心的事，這總是你們親眼得見的。」

「你這一進城報案，說不定又惹來日本鬼子，那不是給百花洲添了麻煩？」慧芬姐說。

「大姑娘，這可怪不得我？」楊木森向慧芬姐苦笑：「余千以大吃小，不報我脫不了干係。」

「報歸報，但你最好也能阻止日本人到百花洲來。」大爹說。

「江先生，要是你能勸住余千不再繳我的討飯棍，我的話或者有點效用，不然一定碰一鼻子灰。」

大爹沒有作聲，這樣牽藤絆葛，永遠扯不清。

第二天，楊木森用白布包了手，獨自進城去報案。

半個月後，又有一班鬼子兵開到百花洲來。這一班人不像以前兩班人那樣年輕力壯，平均年齡大些，還有幾個鬼子兵相當瘦弱。他們的頭目今井軍曹，看來四十出頭，一副老奸巨滑的樣子，和尚頭光得放亮。

這一班鬼子駐紮在百花洲，本來在百花洲人的心上也投了一道陰影。可是今井和武田、荒木的作風不同，不像武田那樣兇橫，也不像荒木高高在上，不可一世。他提倡「中日親善」、「中日提攜」，在我們祠堂的牆壁上貼了好幾條標語。這是百花洲的人沒有見過，也沒有聽過的。可是卻給百花洲的人帶來幾分好感，甚至改變了對日本人的印象。

裝滿了鹽停在江邊避風的大肚皮，那些寧波佬和日本浪人上岸打雞時，也被今井擋駕。他殺雞警猴，還賞了一個戴鴨舌帽、捲著白袖口的寧波佬一記耳光，使他們夾著尾巴跑回船上去，真是大快人心。

荷花也安心住在家裏，不再提心吊膽。

鬼子的態度為甚麼轉變？沒有人知道，也猜不透。

第二十五章 天外飛來一鐵鳥
江中漂滿大群魚

中午吃飯時，隱隱約約聽見城裏有爆炸的響聲，像以前日本飛機投彈，只是聲音更大、更沉。但是淪陷了好幾年，從來沒有見過我們飛機的影子。淪陷以前，眼見我們的飛機成群結隊向下游飛去，結果零零落落跑回來，日本飛機還咬著屁股緊追不捨。曾經有一架飛機掠過百花洲的楊樹頂，摔落在堤內，飛行員受了傷，暈迷過去，人立刻送進城裏，飛機過了兩天纔運走。百花洲的人對這件事的印象特別深，知道我們自己的飛機、大砲不如日本人。

大爹聽見城裏轟轟的聲音，也不相信是飛機投彈。

「難道日本人會自己炸自己？說不定是余千的人混進了城，炸了日本人的彈藥庫？」

「爹，您的夢還沒有醒？余千連楓樹鎮、百花洲這幾個日本人都不想動，還肯鑽進老虎口裏去送死？」慧芬姐說。

「不然就是新四兒進了城？」

「爹，您這也是單相思！」慧芬姐嗤的一笑：「馬志遠醉翁之意不在酒，他還會比余千蠢？」

「打虎還要親兄弟，怎麼說他們都是自己人。妳年紀輕輕的，不要想歪了。」大爹訓了慧芬姐幾句。

「爹，他們這些人都是秤鉤兒心，哪像您一根鱔魚腸子？」

大爹還沒有答話，就傳來隱隱的機聲。我們有好久沒有看見飛機，日本飛機都開到前方去了，百花洲這種地方根本看不到。因此我一個箭步搶到門口，慧芬姐和大爹也跟著趕出來。

兩架灰色的飛機從城裏那個方向沿江直飛下來，不到兩千尺高，很快地我就發現這是兩個身子的怪飛機，從來沒有見過。牠飛得很快，在正午的陽光照耀下，閃閃發光。

牠們突然向正在我們門口向下游行駛的一條屁股後面掛著太陽旗的汽艇俯衝下去，機槍格格格地叫著，子彈像蟒蛇的信舌，直向汽艇前後左右噓噓地落下來。子彈打在江裏鼓起一個個水泡，像開鍋的粥，打在艇上的叮叮噹噹。

艇上的機槍手匆促地拉起機槍，向上掃射。第一架飛機已經呼嘯而過，第二架飛機狂風暴雨般地掃下一串子彈，鬼子的機槍手應聲倒在甲板上，舵手連忙鑽進艙裏。

站在渡口的鬼子哨兵，也連忙跑到一棵楊樹底下臥倒，頭都不敢抬。

我們發現機身上的青天白日國徽，不禁歡呼起來，駝子哥拍手大叫。

我們站在外面沒有躲，一點不怕。

兩架飛機又繞著汽艇掃射一次，再在百花洲和楓樹鎮上空盤旋一周，纔雙雙向南飛去，毫無攔阻。

我們每一個人都興高采烈，像撿到發財票。姑姑和玉蘭趕了過來，打聽消息，姑姑情急地問大爹：

「大哥，是不是天快亮了？家麟快要打回來了？」

「妳不要見了風就是雨，小心鬼子兜著豆兒找不到鍋炒。」大爹說。

「只要我們的飛機多來幾次，鬼子就會做賊心虛。」姑姑說：「國家有辦法，我們就壯了膽，還怕甚麼鬼子？」

「姑姑，看樣子天是快亮了。」大媽也高興地說。

「大嫂，說不定這兩架飛機是來給我們報個信兒？」

「妳們姑嫂兩人這樣一拉一唱，日本鬼子不用打也會被妳們唱垮的。」大爹笑著說。

「大哥，那真說不定，」姑姑接嘴：「楚霸王七十二戰，戰無不利，忽聞楚歌，一敗塗地，這總不是假的？」

「娘，這真巧！」玉蘭高興地說：「那年三十夜，我和表哥就取了這麼一副牙牌數，說不定真要應驗了。」

「惟願家麟、貽新早點打回來，我也好早點吃慧芬的喜酒。」姑姑望了慧芬姐一眼說。

「姑，您放著眼面前的喜酒不吃，怎麼望空打卦？」慧芬姐望了我和玉蘭一眼，反問姑姑。

玉蘭一頭撞在慧芬姐的懷裏，推著慧芬姐說：

「表姐，我們河水不犯井水，妳和娘打官司，怎麼要帶我一筆？」

慧芬姐笑著倒退。玉蘭已經和她一般高，勁兒比她大，輕輕一推，她就站不住腳，笑著告饒：

「玉蘭，表姐可沒有學三腳貓兒，你留兩手兒好不好？」

姑姑和大媽都笑了起來，玉蘭也笑著抬起頭對慧芬姐說：

「表姐，妳要打官司儘管和娘去打，可不能再拖人下水？」

「那我們聯成一氣，抬姑姑的轎子好不好？」慧芬姐笑著回答。

「表姐，孫猴兒翻不過如來佛的手掌心，我可不敢碰娘一下。」

「玉蘭，妳越大越精，妳讓表姐一個人挺，妳好站在黃鶴樓上看翻船是不是？」

玉蘭嗤的一笑，我們都笑了起來。

下午王老頭從城裏回來，他一跳下船，把錨往岸上一插，就弓著背過來向大爹報告城裏的消息，他氣喘吁吁地說：

「江先生，我們的飛機炸了躉船碼頭，城外的鬼子駭得雞飛狗跳，我們中國人都站在江邊看熱鬧。」

「王老倌，你親眼目擊？」大爹問他。

「江先生，正月十五看花燈，我剛好遇到。」

「王老倌，炸傷甚麼沒有？」大媽問他。

「炸傷了太古公司的躉船，和一條在二流上拋錨的輪船，江裏也落了炸彈，震死了好多魚。」

「王老倌，你撿到魚沒有？」慧芬姐問。

「大姑娘，我家裏沒有一粒鹽，撿回來幹甚麼？白水煮螺絲，怎麼吃？」王老倌從腰上抽出旱煙桿，慧芬姐遞根紙捻給他，他感謝地對慧芬姐說：「大姑娘，妳要吃魚，江上可以撈到。順風順水，魚已經漂下來了。」

「王老倌，我不會水，又沒有那麼長的手，怎麼撈？」慧芬姐笑著回答。

「大姑娘，妳不要用計，」王老倌望著慧芬姐一笑：「直鉤兒釣魚，妳直說好了。船在江邊，要不要我送妳去撿？」

「多謝你，王老倌！」慧芬姐笑著點頭：「這是淌來的口福，怎麼不撿？」

王老倌笑著站了起來，啣著旱煙桿，弓著背跨出大門。慧芬姐提了個篾籃，把玉蘭的手一挽，跟著出去，又回頭對我說：

「家鳳，你也來。」

我只好跟著她們走。玉蘭長得很快，已經像個大人，和慧芬姐挽著手兒真像一對姊妹花；我也不矮，因此不好意思再像從前那樣百無禁忌，兩小無猜，雖說是表兄妹，除了讀書、練拳以外，也不能不避著點兒。

玉蘭看我跟著出來，高興地一笑。

我們一跳上船頭，王老頭就把鐵錨提起，跟著上來。

他雙槳一倒，船就輕輕滑開。離開岸邊十幾丈遠，我們就發現前面有翻著白肚皮的魚在水面一沉一浮，順流而下。

王老頭把船橫在江心，我們伏在船舷，伸手在江裏撿，魚是死的，一個也走不掉。因為缺鹽，加之攀了魚要「孝敬」鬼子，我和玉蘭已經很久沒有攀魚了。去年冬天姑爹的鉤船就沒有下水，所以我們也很久沒有吃魚。現在江裏淌來許多魚，我們只要手到擒來，又是三兩斤以上的大魚，心裏真有說不出來的喜悅。慧芬姐和玉蘭撿了大魚就嘻嘻地笑。

王老頭看我們撿了大半籃，勸我們回去。慧芬姐捨不得錯過這個好機會，要繼續撿，王老頭笑著對她說：

「大姑娘，『猴』多了一頓吃不了，又沒有鹽醃，妳留在家裏生蛆發臭？」

「王老倌，這麼好的魚，不撿回去實在可惜。」慧芬姐說。

「大姑娘，要是像往年鹽賤，這些魚也不會淌到百花洲來。別人都不要，妳何必當寶貝？」

我們幾家人雖然還沒有斷鹽，但菜非常淡，半斤鹽要吃兩三個月，像王老頭他們家裏已經斷了很久的鹽，過年過節纔能嚐點兒鹹味。魚不比青菜，沒有鹽去不了腥，因此我也不主張多撿。

慧芬姐最後還是撿了一條三、四斤重的鯉魚纔洗手。

我和玉蘭抬著一大籃魚，從鬼子哨兵面前經過，這個戴著眼鏡的瘦弱哨兵，伸過頭來在籃子裏看看，饞涎欲滴，我隨手抛了兩條魚在他腳邊，他非常高興，沒有要我們向他行禮。

走到門口，慧芬姐挑了兩條大魚送王老頭，王老頭搖搖頭不要，慧芬姐輕輕對他說：「我送點鹽給你。」他纔笑著收下。

慧芬姐隨即從廚房裏盛了一小酒盅鹽給他，他看了一怔，又十分感激地一笑：

「大姑娘，鹽貴如金，妳好大的手面！」

「王老倌，你多吃幾頓好了。」慧芬姐笑著說。

「大姑娘，妳以為我會一頓吃掉？不瞞妳說，要是鬼子再不滾蛋，我要吃它三年六個月。」說完他又望望手上的酒盅，忍不住伸出舌尖輕輕一舐。慧芬姐和玉蘭都笑了起來。

「兩位別見笑，我真是活殘了。」王老頭紅著臉，弓著背高興地離開。他年紀越來越大，背也有點像許百萬了。

這天我們非常高興，駝子哥和荷花也非常高興。駝子哥逗著荷花那個小傢伙玩，指著他的鼻子笑罵：

「小雜種，你老子的末日快到了，你知不知道？」

他望著駝子哥憨笑，荷花也沒有罵駝子哥。駝子哥又指著荷花鼓得像個氣球的大肚皮說：

「小風騷，遲早會日落西山，一個粘米粽子出不了檯，妳還想再養一個？」

「駝子鬼，既然蠶兒結了繭，還能把牠拉出來？你姑奶奶只好認命！」

「小風騷，一個菩薩也有一個廟，他們無名無姓，怎麼成？以後的日子長得很。」

「駝子哥，你收他們作乾兒子，讓他們跟你姓好了。」玉蘭說。

「玉蘭，光讓我頂個臭名，那我可不幹，除非連他娘一起收過來！」駝子哥指指小傢伙向玉蘭眨眨眼睛一笑。

玉蘭望望荷花，荷花望了駝子哥一眼，回答玉蘭：

「今天大家都在興頭上，我不罵他，讓他嘴上長疔好了。」

鬼子的心情卻和我們不同。今井的臉上彷彿挨了兩記耳光，那個慌張地跑到楊樹底下像隻駝鳥似的膽小的哨兵，挨了他的罵。黃昏時他又帶著十來個鬼子兵在草地上練習擊劍。

他們臉上戴著細籐般的面罩，胸口也戴著有彈性的墊子，手上持著步槍一般長短的特製的木棍。今井指導他們互相擊打，他的身手矯捷得很，他的光得放亮的和尚頭，和一對鷹樣的眼睛，也顯得比其他的鬼子精明。此外一個身體特別粗壯的矮腳虎，和一個在他們當中顯得特別高大魁梧的鬼子，更蠻悍潑辣。

晚飯後我們沒有事，都站在堤上看他們練習。

他們發現我們在看，更精神抖擻。今井指手劃腳，發號施令，神氣得很。

「今天我們那兩架飛機給了鬼子一個下馬威，現在他們是草地上放風箏，拚命抖。」駝子哥輕輕地對我說。

第二十六章 紅顏薄命荷花女 異想開天駝子哥

荷花又生了一個男孩。

這次冷冷清清，沒有誰看熱鬧。大家生活都苦，添丁已經不是一件喜事，何況荷花生的是私生子，又是日本人作的孽，大家嘴裏不講，心裏卻十分鄙視。

王三嫂的生意很差，生活也不如意，連鹽都沒有，臨時向大媽借了一盅鹽，大媽多送了她一盅。糖我們有兩年沒有見面，她也早斷了，因此荷花這次坐月子連一盌紅糖水也沒有喝。

臘月間，又是風雪連天。江邊時常有「大肚皮」避風避雪，一停就是十條、八條，三、五天都不能開走。寧波佬都聚在王三嫂家裏賭錢、抽煙，王三嫂纔又喘了一口氣。她把那些寧波佬侍候得像老祖宗，也乘機刮了他們一筆。

有一個四十來歲的姓章的船老板，看中了荷花，想討她做小，他出了一包鹽的價錢，但是要大不要小。王三嫂已經動心，不過她要那姓章的再加一包鹽，理由是她要撫養兩個小傢伙。那姓章的只肯增加半包。

聽到這種傳說，我和玉蘭非常關心，生怕荷花被那個寧波佬帶走，我們實在捨不得她離開百花洲。

駝子哥更急得像熱鍋上的螞蟻，他拉著玉蘭悄悄地問：

「王寡婦要賣荷花，你們知不知道？」

我點點頭。玉蘭卻說：

「駝子哥，你不要說得這麼難聽，我只聽說王三嫂要一包半鹽，不是賣。」

「玉蘭，妳不要替王寡婦臉上搽粉。一手交鹽，一手交人，不是賣是甚麼？」

「駝子哥，王三嫂自然不能白白地把荷花姐嫁給那個寧波佬，她不要點兒老本吃甚麼？」玉蘭說。

「王寡婦也太狠心，一包半鹽就把女兒送給寧波佬做小！」

「駝子哥，一包半鹽數目不小，一擔黃豆四斤鹽，你算算看，一包鹽有一百五、六十斤，要抵三十四擔黃豆，抵得上中等人家的一季收成。」

「玉蘭，不是我誇海口，要是在平時，十包鹽你駝子哥也出得起，誰料得到這幾年鹽漲上了天？」

「駝子哥，鬼子沒有來以前，百花洲隨便甚麼買賣都以黃豆芝麻作價，誰看得起鹽？」我說。

「是呀，駝子哥，那時一百包鹽也討不到荷花姐，何況是給人做小？」玉蘭說。

「荷花也真是黃連命！」駝子哥歎口氣：「本來王寡婦把她當作搖錢樹，聚寶盆，想不到鬼子一糟蹋，變成了爛棉絮？還拖了兩個孽種。」

「駝子哥，要是荷花姐被寧波佬帶去做小，我們這張八仙桌就缺了一隻腳。」玉蘭望著駝子哥說：「你能不能想個法子把荷花姐留下來？」

「玉蘭，我找你們兩位也正是為了這件事。」

「駝子哥，三個臭皮匠，抵個諸葛亮，先看你有沒有甚麼錦囊妙計？」我插嘴。

駝子哥望望我，又望望玉蘭，嚥了一下口水，咳了兩聲，尖聲尖氣地說：

「你們兩位現在也是紅花綠葉兒，該懂事了。不瞞你們說，我害了許多年的單相思，我知道你們會笑我癩蛤蟆想吃天鵝肉。人就是這麼奇怪，不到黃河心不死，現在到了這個節骨眼兒，天鵝落了地，我想撿個破罐兒，兩位看我有沒有這點狗屎運氣？」

玉蘭望望我，我馬上鼓勵駝子哥：

「駝子哥，好事多磨，說不定姻緣石上早有了你們的名份？」

「家鳳，女人心，海底針，我雖早有此心，還不知道荷花意下如何？我可不能霸王上弓。」

「駝子哥，荷花姐面前我倒可以方圓幾句，王三嫂那一關恐怕不大好闖？」玉蘭說。

「婊子的臉，見錢笑，王寡婦無非要錢！」

「駝子哥，你能拿得出一包半鹽？」玉蘭笑著問他。

「玉蘭，我打開天窗說亮話，我在你二舅家放了十年牛，也積了十幾擔黃豆，自然敵不過寧波佬。要是荷花不嫌我這個癩蛤蟆，爺就肉包子打狗。」

「駝子哥，要是百花洲半路殺出個程咬金，那怎麼辦？」

「玉蘭，這我倒放心。」駝子哥胸有成竹地說：「百花洲的男人要的是清水貨，絕不撿破罐兒，何況荷花還有兩個小雜種，誰肯把屎往自己身上糊？我怕的是過路財神，他們只要人長得俏，不在乎清水貨和窯姐兒，反正是弄去做小。百花洲的人娶媳婦當迎神，吊頸鬼搽粉，死要臉。許百萬都不打算討她做小，除了我，誰要小風騷？」

「駝子哥，你王大娘偷茄子，瞄準了？」玉蘭笑著問他。

「玉蘭，別的我都看清楚了，就是摸不透荷花的心！」

「好，駝子哥，我們為你朝趟南海，盡盡心。」

玉蘭笑著把我的衣袖輕輕一牽，駝子哥向我們雙手一拱：

「肥水不落外人田，拜託你們兩位。」

玉蘭輕輕一笑。

我們一跨進王三嫂的大門，就聽見她們母女兩人在荷花房裏拌嘴，我們悄悄地走到房門口，王三嫂一發現我們，馬上住嘴，笑臉相迎。荷花也站起來招呼我們。

「荷花姐，母女臍帶相連，妳怎麼和三嬸頂嘴？」玉蘭笑著問她。

「玉蘭，妳荷花姐真是黃連命！」荷花眼圈兒一紅，無限委屈地說：「娘為了一包半鹽，要我跟寧波佬做小……」

「你們兩位不要信她的話，虎毒不吃兒，我實在是為她好。人家是跑五湖四海的大老闆，吃的是油，穿的是綢，她嫁過去，一生吃用不盡，免得跟我受苦，我做娘的一番苦心，她反而一點也不領我的情，你們說冤不冤？」王三嫂打斷了荷花的話，向我們訴苦。

「娘，您說得好聽！人家又不是明媒正娶。有錢的大爺隨便化幾個子兒臨時解解飢荒，一旦玩厭了就一腳踢開，像踢掉一雙爛草鞋，女兒還打得起官司告得起狀？」荷花說。

「妳不要想得這樣絕，男人雖然都是饞嘴的貓兒，愛打野食，只要妳抓得住，他就跑不脫。」

「娘，我早就傷透了心，還能打情罵俏不成？」荷花望著王三嫂，又指指兩個小傢伙：「何況他不要這兩個冤孽，我怎麼放得下心？」

「這兩個小冤孽，誰也不會接收，只有娘願意挑起這個擔子。娘總不會虐待他們，妳還耽甚麼心？」

「娘，癩痢頭的兒子也是我身上一塊肉，不管我自己怎樣丟臉，我一時也捨不下他們。」

「妳還年輕，以後的日子長得很，不如趁早找個靠山。當初娘要不是為了妳，也不會落到這個樣子，妳不要褲腰帶兒打了死結。」

「娘，六親同命，一切我都認了。我只想安安靜靜地過苦日子，不願意再讓那些野男人糟蹋。您的好意，女兒謝了。」

王三嫂望望我們重重地歎口氣，玉蘭望了我一眼，笑著對王三嫂說：

「三嬸，荷花姐既然不願意嫁給外人，妳也不必趕著鴨兒上架，嫁在本鄉本土，妳也有個依靠。」

「玉蘭，妳的話倒是一句好話，只是本鄉本土的人都摸清了我娘兒倆的米桶，誰肯討她？」

「駝子哥倒很有這個意思。」我連忙插嘴。

王三嫂嗤的一笑，指著我說：

「家鳳，你是讀書人，馬上就可以做新郎倌了，怎麼講這種渾話？」

我臉上一陣熱，彷彿做錯了一件事。玉蘭馬上替我解圍：

「三嬸，不是表哥講渾話，是駝子哥拜託我們來的。」

「怎麼？他癩蛤蟆也想吃天鵝肉？」王三嫂一聲冷笑，隨即板著臉說：「幸好他自己沒有來，不然老娘要掌他的嘴。」

我和玉蘭臉上都有點兒掛不住，荷花馬上對王三嫂說：

「娘，您怎麼這樣對他們兩位講話？」

王三嫂立刻滿臉堆笑，向我們一揖：

「剛纔我在氣頭上，口不擇言，得罪了兩位，千萬不要見怪。麻煩你們轉告駝子鬼，叫他不要作白日夢，我娘兒倆再低三下四，荷花也輪不到他駝子鬼。」

玉蘭和我面面相覷，她輕輕地拉拉我的衣袖，示意我走。我剛一開步，荷花就叫住我們：

「兩位請慢一步。」

我們停下來，荷花對王三嫂說：

「娘，您不要老是這山望得那山高，端著凳子墊腳。我丟盡了醜，受盡了辱，又攀上了哪一個？到頭來只落了兩個孽，一身雞屎臭，這都是您的軍師。您還要把駝子說成個癩蛤蟆，這又何苦？」

「人望高處走，水往低處流，娘總希望把妳送上梧桐樹。」

「娘，當我是黃花閨女時，您並沒有把我送上梧桐樹，現在殘花敗柳，說這話兒有甚麼意思？」

「荷花，難道妳要從飯鍋裏跳到粥鍋裏？人家大老闆不嫁，要跟一個毫無出息的駝子？」

「娘，我早想過了，最少駝子比人家大老闆可靠。」

我和玉蘭開心地一笑。王三嫂突然一跳三尺高，指著荷花說：

「妳瘋了，百花洲的男人死光了？甚麼人不比駝子好？」

「娘，您不要跳腳，我知道百花洲比駝子好的男人太多，您可知道百花洲的風俗，連填房也要娶身家清白的黃花閨女？他駝子要不是一身殘疾，還會要我？」

王三嫂怔了一會兒，又望望荷花，勸告她說：

「妳不要睜開眼睛溺尿，我看駝子是冬筍兒不能成器，妳何必和他做個掛名的夫妻？」

「娘，我不管他是冬筍兒春筍兒，我要替這兩個冤孽找個爹，免得他們成為百花洲的孤魂野鬼。」

「駝子肯認這筆賬？」王三嫂懷疑地望著我們。

「三嬸，只要妳和荷花姐答應，他一定肯認。」王蘭連忙回答。

「姓章的大老闆出了一包半鹽，他駝子能出幾粒？」王三嫂望望我和玉蘭。

「三嬸，妳放心，偷雞也要蝕把米。駝子哥存了十幾擔黃豆，雖然不能和寧波佬相比，他願意一五一十孝敬妳。」

「玉蘭，妳的話當真？」王三嫂望著玉蘭一笑。

「三嬸，有表哥為證，我怎麼敢空口說白話？」

王三嫂望望我們，又望望荷花，順水推舟地說：

「既然你們有情有意，我再找駝子談談，看他葫蘆裏賣的甚麼藥？」

「三嬸，妳不必勞步，我去找駝子哥來。」打鐵趁熱，我說出這句話就飛奔出來。

駝子哥聽我把經過情形告訴他，笑得眼睛瞇成一條縫，看來有點兒陰陽怪氣。

「家鳳，想不到小風騷對爺倒有情有意？總算皇天不負苦心人！」他拉著我的手輕輕地說。

「王三嫂那一關還沒有過，你不要樂極生悲。」我說。

「我會用肉包子塞住狗嘴。」他向我擠擠小眼睛。

我連拖帶提，把他帶到王三嫂的面前。

王三嫂打量了他兩眼，似笑非笑地問他：

「駝子，聽說你想娶荷花，究竟是真心還是假意？」

「一片真心！」駝子哥馬上回答：「如有半點假意，天誅地滅！」

「你養得活她？」王三嫂指指荷花。

「做牛做馬，我也要養她。」駝子哥望了荷花一眼。

「還有兩個小的，和我這個老的，難道你有三頭六臂？」

駝子哥望望那兩個小傢伙，又望望王三嫂，怔了半天，咬咬牙說：

「八仙過海，各顯神通，別人能養，我也能養。」

「看你三寸釘，口氣倒還不小。」

「不過我先說明，我不能供你們吃油穿綢，我吃糊你們吃糊，我吃粥你們吃粥。」

「我要吃油穿綢，荷花就輪不到你，人家大老闆拔一根汗毛也比你的腰粗！不過聘禮你可不能少，還要明媒正娶。」

「我會託江先生出面做個媒。聘禮我也會盡力而為，我存了十五擔黃豆，我一粒也不留，完全交給你，我只有這麼大的家當，行不行在妳？」

王三嫂打量駝子哥一眼，笑著問他：

「你沒有藏私？」

「我孤人一個，往褲襠裏藏？」

「你癩蛤蟆要想吃天鵝肉，本來這點兒聘禮不夠，我念在本鄉本土，便宜你算了。」

駝子哥吐了一口氣，王三嫂又對他說：

「你孤家寡人一個，我也沒有後，我看你就作個招郎如何？」

「招郎？」駝子哥望著王三嫂：「那不是要跟妳姓王？」

「自然。」

「對不起。」駝子哥搖搖頭：「我老子娘只留我這條根，我還想為向家傳傳後。」

「你相信你能傳後？」

「我想是這麼想，靈不靈要看圓房以後？」

我噗嗤一笑，玉蘭臉一紅，轉過頭去。

「你既不願作招郎，那這兩個小的就要跟你姓了？」

駝子哥望望那兩個小傢伙，又望望荷花，停了半天，突然把腰一挺：

「好吧！看在玉皇大帝的面上，我認了這兩筆爛賬！」

荷花輕輕地吐了口氣，王三嫂也不再盤問，只平靜地說：

「口說無憑，我們還要麻煩江先生白紙黑字。」

駝子哥點頭同意。

當天晚上，王三嫂和駝子哥一同拜託大爹寫了一式兩張字據，載明他們議定的一切條款。

正月十五是個黃道吉日，駝子哥要我替他寫了「向氏門中歷代祖宗之位」的紅紙條子，貼在王三嫂的祖宗神龕右邊。傍晚，他和荷花換了一身新衣，荷花頭上蓋了一塊紅布，由我和玉蘭陪著他們拜了堂，又把他們雙雙送入洞房。

駝子哥站在踏板上，踮著腳替荷花取下紅布蓋頭，笑著對她說：

「小風騷，我們真是好事多磨。」

「駝子鬼，要不是你姑奶奶經過千磨萬劫，你癩蛤蟆還想吃天鵝肉？」荷花笑著回答他。

駝子哥尖聲尖氣地笑起來，雙手把我和玉蘭往房外推，輕輕地說：

「不要做蠟燭！好事成雙，你們也回去拜個堂。」

第二十七章　青梅竹馬花朝雨　玉女金童午夜心

晚上，我在姑姑家裏，談起駝子哥和荷花的事，姑姑和姑爹都好笑。姑爹笑著對姑姑說：

「玉蘭的娘，真是芝麻種在綠豆裏，想不到荷花會和駝子配成雙？」

「惟願荷花也替駝子結個繭兒，好傳宗接代。」姑姑說。

「玉蘭的娘，妳白活了幾十歲。」姑爹捧著白銅水煙袋一笑：「蠶兒不吐絲，繭兒怎麼結？」

「你別滿嘴的豆渣，哪有蠶兒不吐絲的？」

「嘿，駝子是隻古怪蠶兒，尖聲尖氣，他吐甚麼絲？」

姑姑罵了姑爹一句，望望我和玉蘭，又輕輕地對姑爹說：

「玉蘭的爹，我看哪天也替他們選個黃道吉日？早點兒了結我們的心願。」

玉蘭叫了聲「娘」！盯了姑姑一眼，身子一旋，連忙溜走。姑姑望著她的背影一笑。她好像春筍兒日長夜大，身腰十分窈窕，看來比姑姑還高。

「玉蘭的娘，妳別急著抱外甥，」姑爹雙手捧著白銅水煙袋，望著姑姑的臉上說：「玉蘭纔十七，家鳳也不到十八，妳別看他們長得快。加了肥的葫蘆瓠子，皮青肉嫩，還有得長。」

「像他們這種年齡圓房的，百花洲多的很。」

「玉蘭的娘，他們可不比別人。練武的人最重視的是童子功，最好是永不破身，所以少林、武當兩派的高僧高道，功夫要比在家人高一等。」

「玉蘭的爹，我看你有點兒走火入魔？難道你還想家鳳當和尚道人不成？」

「玉蘭的娘，妳不要會錯了意！」姑爹連忙陪個笑臉：「我是勸妳不要急，他們是古鼎練仙丹，還差一把火，再過兩年也不算遲。女兒姪子都是妳的，妳還怕他們變卦不成？」

姑姑望望我，慈愛地說：

「寶，你不要像玉蘭一樣害臊，這是人生大事，駝子也要圓房，你自己的意思怎樣？」

「姑，我們既然學了三腳貓兒，自然要聽姑爹的話，千年狐狸纔能修成仙，我們這幾年苦總不能白吃？」

姑爹聽我這樣說連忙點頭，拍拍我的肩說：

「家鳳，你到底讀書明理。這兩年好好地練功，不要分心，玉蘭和我這份家當，不都是你的？」

姑爹沒有兒子，只有玉蘭這顆掌上明珠，我知道他講的是真話。姑姑那更是不用說，恨不得把心掏給我。

我告辭時，玉蘭纔從房裏走出來，輕輕地對我說：

「表哥，我送你。」

我看看她的眼神，知道她有話講，不便拒絕。

「表哥，剛纔爹和娘講些甚麼？」一走出大門她就輕輕問我。

「妳沒有聽見？」我故意問她。

「怪難為情的，還好意思偷聽？」窗口的燈光，射在她的臉上一片羞紅，像朵粉紅的玫瑰。

我只好把姑姑和姑爹的意思都告訴她，她聽了一言不發，我有點奇怪，故意問她：

「妳贊成姑姑的意見，還是姑爹的意見？」

「表哥，爹和娘已經算開通的了，這種事情我們怎麼好表示意見？」

「妳說給我聽有甚麼關係？我絕不告訴他們。」

「表哥，你壞，你自己怎麼不說？」

「我贊成姑姑的意見，希望早點兒圓房。」我附著她的耳朵輕輕地說。

她頭一低，一聲不響。過後纔悠悠地說：

「爹的意見自然很對，不過現在不比太平盛世，百花洲是蛇鼠一窩。」

「妳也希望早點圓房？」我笑著問她。

「表哥，你別在黃連樹下彈琴，我心裏亂的很！」

「玉蘭，大樹底下好遮陰，妳煩個甚麼心？」我握著她的手說。

她沒有作聲，我覺察到她兩隻亮晶晶的眼睛正穿過黑暗，向我凝視。她的呼吸有點兒急促，熱氣噴在我的臉上，像溫暖的春風帶著一點兒花香。

「我得罪了妳是不是？妳怎麼鴉雀無聲？」我抖抖她的手，輕輕地問。

「表哥——」她輕輕地叫了我一聲，又把話嚥住。

我心裏有點兒急，她和我講話從來沒有這麼吞吞吐吐，我用力抖抖她的手，她的身子震動了兩下。我又有點兒不忍，打趣地問她：

「玉蘭，妳嘴裏啣了塊紅薯？怎麼吞吞吐吐？」

她嗤的一聲，又輕輕問我：

「表哥，你注意今井沒有？」

「我一看見他的光頭就好笑，真像個葫蘆瓢……」

「表哥，人家說正經話，你怎麼開玩笑？」她扭扭身子擺擺手，又一本正經地問我：「你覺得他和武田、荒木兩人怎麼？」

「比那兩個傢伙好。」我毫不考慮地回答。

今井不像武田、荒木那麼不可一世，完全不把我們百花洲的人放在眼裏，開口罵人八格野鹿，動手就一耳光，不然就是一皮靴踢過來。今井到現在還沒有打罵過人，甚至我們忘記向他行禮，他也睜一隻眼，閉一隻眼，不馬上給我們難堪。最難得的是他沒有霸佔荷花，也沒有打別的女人的主意。他是百花洲的太上皇，指定要誰誰還敢說個不字？但是他沒有做。偶爾他還給我們一張笑臉，這像冬天的陽光，非常難得。我很少看見日本人笑，他們總是板著一張死臉，彷彿我們欠了他們一屁股債。彷彿他們根本不會笑。今井是我看見的唯一會笑的日本人，所以我對他的印象比武田、荒木好。

「表哥，你不要看左了？」玉蘭輕輕地說：「我看他是個老狐狸，笑裏藏刀！」

「玉蘭，妳不要一竹篙打倒一船人，籮底揀紅薯，說不定也有個把好的？」

「表哥，你和大舅一樣，鯾魚腸子。」

「玉蘭，疑心生暗鬼，我們也不能冤枉人家。」

「表哥，你這話兒纔叫好笑，難道我還敢冤枉日本人？」玉蘭委屈地說。

「玉蘭，妳好像話中有話？葫蘆藤扯上絲瓜架，究竟是怎麼回事兒？妳說說看。」

玉蘭嗤的一笑，手兒一抖，右腳輕輕一頓：

「表哥，你讀聖賢書怎麼說村話？」

玉蘭這一說，我倒有點兒不好意思。雖然我不能做到「非禮勿視，非禮勿聽，非禮勿言」，但我和玉蘭兩人在一塊的確沒有講過一句村話。我本來是想使她開心，纔說出那句村話，她笑是笑了，還是輕輕地責怪了我兩句。

玉蘭看我不作聲，又握著我的手，溫柔地說：

「表哥，〈賢文〉上說『知人知面不知心』，看人不能只看表面，我看今井絕不是個正人君子？」

「何以見得？」

「他歪著眼睛看人！」

「妳怎麼發現的？」

「因為他這樣看我。」

我不敢再開玩笑，也不作聲，過了很久纔對她說：

「那妳要小心一點兒。」

「表哥，你放心，」她反而安慰我說：「我不是荷花姐，爹教我的這幾手三腳貓兒，大概還可以對付得了個把人？不過我不能不告訴你一聲。」

聽她這樣說，我放了一點兒心。她最近進步很大，身手特別矯捷，姑爹要我們兩人認真比劃過幾次，我也沒有把握將她完全制服，普通人自然更不是她的對手。

「要不要告訴姑姑一聲？」我問。

「娘怕熱的燙了我，冷的冰了我，何必告訴她，讓她心上吊個吊桶兒？」

「那我們早點兒圓房好了？」我笑著打趣。

「表哥，你好不害臊？我可講不出口。」

我把她往身邊一拉，想親她一下，她一個「金蟬蛻殼」，滑溜出去，站在四五尺外笑著對我說：

「表哥，現在不要猴兒上樹，爹說的，過兩年洞房花燭。」

我只好規規矩矩地送她回去。走到她閨房的窗口，她突然蜻蜓點水似地在我的臉上親了一下，又像受驚的小鹿，輕輕一躍，閃到門口，回眸一笑，飄然進屋，把門閂上。

我有點飄飄然，呆呆地站在她的窗口。平時我們耳鬢廝磨，沒有甚麼異樣的感覺，現在我卻有點兒如醉如癡，彷彿跌在雲裏霧裏。

突然，她在窗裏嗤的一笑，我抬頭一望，她那張又紅又白的鵝蛋臉兒正貼著窗櫺望著我抿著嘴兒微笑。姑爹的青磚古屋很大，窗子也一人多高，我對她是可望而不可及。

「表哥，不要一個人站在外面發呆，小心受寒，快點兒回去。」她輕輕地對我說。

「我情願凍成個大冰棒，絕不回去。」我雙手攀著窗櫺說。

「表哥，不要耍賴，」她向我皺眉一笑：「快點兒回去，明天再來。」

「玉蘭，你打起黃鶯兒，又不讓猴兒上樹，還好意思趕我回去？」

「表哥，孔夫子說男女授受不親，我們可不能讓人家講閒話。」她狡黠地說。「你深更半夜站在我的窗口，不是給人家留個話柄？」

「玉蘭，天塌下來我也不管。我們百花洲的人對叫化子也有個打發，絕不會讓他空手來，空手去。」

「表哥，你真是團魚咬住手指頭，死不放口。」她笑著搖搖頭，飄然離開窗口。

我不知道她去幹甚麼？我想她絕不會這樣把我撇下，逕自睡覺。我悠然自得地站在窗外，雖然天氣很冷，窗櫺如冰，我的兩手仍然抓著不放。

一會兒她就回到窗口，突然把拳頭往我手上一塞，我張開手一接，原來是一把大紅棗。我剛接住，她就把手抽了回去，迅速地把窗門一關，只露出一絲縫，她透著縫兒向我輕輕一笑：

「表哥，有了紅棗猴兒就不必上樹，寒氣很重，快點兒回去。」

我還想和她講話，她卻咯嗤一聲，把窗門拴上，又淘氣地輕輕叫了聲「表哥」。

第二十八章 江上遺民長夜淚 閨中玉女老臣心

清明節這天，大爹破例離開了百花洲，和我們一道去楓樹鎮那邊祖墳山上掃墓。百花洲是沙土，全百花洲的人的祖墳都在楓樹鎮那邊。我們的祖墳山有好幾處，我祖父母的墳山卻和姑爹的祖墳山相連，玉蘭的祖父母也葬在那邊，都是買了不過十幾年的山地，據說風水好的很。我們看不出來，只覺得風景不錯。

吃過早飯我們就提著錢紙和清明標子過江。一路上桃紅李白，油菜花金黃，精神十分舒暢，大爹也顯得很高興。

在一個三叉路口，碰見兩個揹槍的便衣，圍著五六個挑黃裱棉花的行商，逼著「抽稅」。那幾個人湊不足那筆「稅金」，那兩個便衣不肯放行，要帶他們到隊部去。那幾個人向大爹求情，希望他講個人情。大爹不認識他們，既然遇上了這種事，也只好方圓幾句。那兩個揹槍的不肯買賬。大爹問他們是哪一隊部的，他們起初不肯講，最後纔吞吞吐吐說是余千的人。大爹說和余千認識，同時說出自己的姓名，那兩人纔勉強答應，還特別聲明：

「江先生，靠山吃山，靠水吃水，本來閻王老子我們也不買賬，既然你同情他們，這筆賬就記在你的頭上。他們是過路財神，走了就抓不著毛，你有根有柢，跑不掉。」

要是在太平日子，大爹可能賞他們兩個耳光。最少要訓他們幾句，可是現在他向那兩個人笑笑：

「我江漢鼎行不更名，坐不改姓，更不會為這點小事腳底板搽油，你們請余千到我家裏收賬好了。」

那兩人望了大爹一眼，然後回轉頭對那幾個行商咆哮：

「你們滾！今天算你們狗屎運氣。小鬼少不了閻王的債，下次記住多帶點兒現款，不然把你們一個個丟進江去。」

那幾個人屁都不敢放，向大爹作了一個揖，挑起黃錶棉花就跑。

大爹看看那幾個人翻過一個山坡，便把長袍下擺一提，領先行走，那兩個便衣也縮進山邊一棵棠梨樹下坐著抽煙，張網捕魚。

「想不到余千收買路錢？」姑爹說。

「如果再不天亮，老百姓真活不了。」大爹說。

我們要祭掃幾處遠祖的墳墓，和姑爹、玉蘭中途分手，約定在祖父母的墳山會合。

今年掃墓的人似乎沒有往年多，錢紙的份量也一年年減少，以往用籮挑，現在用手提。以往小孩子比大人多，一路蹦蹦跳跳，打打鬧鬧，追蝴蝶、採野花，像一群小猢猻。清明節在大人是盡孝思，小孩卻當作春遊的快樂日子。現在小孩子少了，自然減少了清明節的熱鬧氣氛。

我們趕到祖父母的墳山時，姑爹已經祭掃完畢，他和玉蘭正在拔我祖父母墳前的野草。大爹幾年沒有上墳，很多感慨，他用錢紙擦擦祖父母的大碑石上綠色的青苔。玉蘭幫我上香，插清明標子，燒錢紙。鞭砲一響，大爹就率領我們磕頭，玉蘭站在我旁邊也盈盈下拜。她穿的長旗袍，起立不便，伸過手來讓我拉了一把。

「要是外公外婆多活幾年，看你們長得這麼高了，一定很高興。」姑爹望望我們說。

大爹也望了我們一眼，喜上眉梢。要我們陪他登上墳後的山坡，看看風景。

我們兩家的墳山，形如太師椅，叢林茂密，背山面湖，風景清幽，離城裏又有十來里路。我們站在椅背上縱目四望，可以清楚地看出楓樹鎮和百花洲日本警備隊的太陽旗、在江裏來來往往的帆船，以及日本人的汽艇屁股後面迎風招展的紅膏藥。縣城在太陽的光輝下，如煙如霧，江邊躉船碼頭外面停了一隻灰色的砲艇，屁股後也飄著太陽旗。

「玉蘭，妳還記不記得杜工部的那首〈春望〉五律？」大爹突然問玉蘭。

我們早已唸完了四書五經，也讀了不少詩詞，玉蘭尤其喜歡唐詩，無論律詩、絕句，她讀一兩遍就能背出，而且不會忘記。我只能一時強記，很快就會忘得一乾二淨，即使羚羊掛角，也會張冠李戴，往往把杜甫的扯成杜牧的，李白的扯成白居易的，李商隱的扯成韋應物的。玉蘭絕不會犯這種錯誤。大爹常常罵我芝麻種在綠豆裏，夾纏不清，所以他問玉蘭不問我。

玉蘭笑著點點頭。大爹又說：

「妳背背看？」

玉蘭望了我一眼，輕輕咳嗽一聲，迎風吟詠起來：

國破山河在，城春草木深；感時花濺淚，恨別鳥驚心。
烽火連三月，家書抵萬金；白頭搔更短，渾欲不勝簪。

我望望大爹，他的頭髮已經花白，他本來是烏雲蓋頂，幾年功夫就老下來了。

玉蘭背完，大爹對我們兩人說：

「你們步〈春望〉原韻，各做一首，詩題自定。」

兩年前他開始教我們做詩，就是步某某韻，不讓我們自己選韻，到現在還是步韻。玉蘭望著我苦笑，又對大爹說：

「大舅，您總是要我們步韻，真是給我們戴緊箍咒。這個簪字就不好押，能不能讓我們自己選？」

「妳剛會走就想跑？妳爹教你們的三腳貓兒，還不是先練坐樁？」大爹笑著對玉蘭說：「杜甫是詩聖，不但〈秋興〉八首獨步古今，這首〈春望〉我也特別喜歡，你們依樣畫葫蘆，只要能寫出一句也就了不起。妳洋老鼠翻車，還想翻出甚麼新花樣不成？」

玉蘭臉一紅，嗤的一笑，又望了我一眼。她碰了釘子，我還敢講半句話？玉蘭越大，大爹越喜歡她，甚至有點寵她，我越大，大爹對我越嚴，很少誇獎我一句，也難得給我一個笑臉。這自然是由於我作詩作文都趕不上玉蘭，他常常自歎：「江家的風水真的轉了向！」慧芬姐有時替我抱不平，說不能怪我太蠢，是玉蘭太聰明，兩下一比，纔顯得我不行。大爹卻不信她這一套，怪我不肯用心。慧芬姐和我兩人的份量，也比不上玉蘭。所以我從不作聲，也不妒忌玉蘭，看她那麼聰明我心裏反而高興，我覺得男人蠢一點兒沒有關係，女人要是沒有一顆玲瓏心，那纔殺風景！何況姑姑爹早就要把玉蘭許配我，玉蘭也早巳心許，我正好坐享豔福。百花洲不作興「雞婆還年」，女人不會作出頭的柱子，我還和玉蘭爭甚麼長短？

玉蘭看我不作聲，又問大爹：

「大舅，哪天交卷？」

「明天好了。」大爹說。

「大舅，那可不成，最少得寬限三天。」玉蘭向我擠擠眼睛。

「一首小詩，還用得著三天？要是像從前提考籃兒進京殿試，萬歲爺還會等妳三天？」

「大舅，現在時代不同，我也沒有那樣的高才，三天還要急出我一身大汗啦！」

「妳要是有一點兒憂世愛國之心，即景生情，可以一揮而就，杜詩不是無病呻吟，是至情至性之作，所以感人。練武不能花拳繡腿，學詩也不能專求押韻。妳要從根本處學，不要只學皮毛。」

玉蘭不敢再逞嘴。

大爹走下山坡，玉蘭跟在後面，她回頭看了我一眼，連忙停住。山徑很窄，兩人不能併排行走，她退到路邊，讓我過去。

「不是新春不是年，何必這樣多禮？」我輕輕對她說。

「自古道禮多人不怪，」她輕輕一笑：「走盡天下十八省，馬屁不穿崩。表哥，我自然要奉承你一點兒。」

我禁不住悄悄地握住她的手，她的臉微微一紅，嘴角向大爹的背影一呶，我連忙放手，上前一步，她隨即跟在我的背後。

「表哥，大舅今天又給我們出了個難題目，這首詩兒你是不是胸有成竹？」走下山坡，玉蘭輕輕問我。

「竹子都在山上，」我指指滿山的綠竹說：「我是草包一個，還能寫得出杜甫這種詩兒？」

「表哥，別開黃腔，我和你說正經話兒。」玉蘭向我皺眉一笑。

「說實話，我枯竹子搾不出油來。妳才高八斗，寫好了讓我抄兩句兒。」

「表哥，你這樣偷懶，小心大舅罵你。」

我望望大爹，他已經和姑爹他們走進油菜田壟，他人高腿長，一馬當先，我和玉蘭不知不覺落後十幾丈遠。

「大爹早說了江家風水轉了向，我挨罵是家常便飯，妳一枝獨秀，他只疼妳。」我故意酸溜溜地說。

「表哥，你不要會錯了意，」她笑著安慰我：「其實大舅是望你成龍，就算真的風水轉了向，九九歸一，轉來轉去還不是轉到你身上？」

「我哪有這麼大的福氣？」我望著她說。

她嬌嗔地望著我，輕輕地白我一眼，輕輕地說：

「表哥，你是人在福中不知福。難道你還想坐金鑾殿不成？」

「我不愛江山愛美人，只羨鴛鴦不羨仙。」

她嗤的一笑，又嚇唬我說：

「表哥，你不想正經事兒，小心大舅剝你的皮？」

我正想回話，突然一陣嗡嗡的機聲，遠遠傳來。大爹他們連忙走到一棵榕樹下，站著不動。玉蘭把我一拉，把旗袍微微一提，爬到一個小山坡上的烏桕樹下，和我併肩而立。

一架兩個身子的飛機，在西南方出現，在縣城上空盤旋了幾圈，江邊的砲艇向它射擊，起先它不理會，後來突然一個俯衝，子彈格格地斜著向砲艇的甲板掃下，打得甲板上火星直噴，砲艇上的機槍馬上寂然無聲。上次我們曾經在江邊撿過這種飛機的彈殼，比警備隊的那種機槍子彈長大得多。

飛機向砲艇掃射了兩次，然後頭一昂，沿著長江下飛，像個空中騎士，如人無人之境。在百花洲、楓樹鎮盤旋了一周，沒有發現甚麼目標，又向南飛去。

「表哥，我看這飛機起飛的地方一定不遠，說不定天快亮了。」玉蘭說。

最近我們的飛機時常來，每月總有一兩次，每次都不超過三架，一架兩架居多，數目雖然這樣少，就沒有一架日本飛機攔截，這也助長了我們的志氣，覺得日本人在走下坡。偶爾從城裏那張八開小報上，我們早已知道美國人正和我們站在一起，因此深信鬼子一定會敗，天一定會亮起來。

大爹和姑爹他們已經離開大榕樹，我也牽著玉蘭走下坡來。她穿了旗袍不大方便，初次穿更不習慣。但是旗袍一穿她就更像個大人了。

回到百花洲，一上岸我們就發現大楊樹幹上貼了紅紙條子，我和玉蘭走近一看，原來是「日支親善角力比賽」，是警備隊今井出名貼的，規定後天下午在江邊草地上舉行，勝者可得食鹽一包，歡迎踴躍參加，促進「日支親善，共存共榮，相互提攜」。

「表哥，你想不想試試？」玉蘭笑著問我。

「騎驢子看唱本，走著瞧。」我說。「不知道鬼子葫蘆裏賣的甚麼藥？」

「說不定鬼子想討好我們中國人？」

玉蘭的話也不無道理，無論百花洲、楓樹鎮，甚至城裏的鬼子，都沒有初來時那麼氣燄萬丈，現在好像洩了氣的皮球，服裝的質料也沒有以前那麼考究，人是老的老，小的小，戴眼鏡的也比以前多。只有日本憲兵還是那麼精壯，那麼凶神惡煞。

「你不要把打架當過年，真人不露相，你那幾手三腳貓兒最好收藏一點，先把詩兒做好再說。」大爹看我站在樹下不走，揚起拐棍指著我說。

我只好先走開，玉蘭同情地望了我一眼。

回家吃過午飯以後，我甚麼地方也不去，捧著《唐詩三百首》，反覆吟哦，搜索枯腸，還是想不出一句好詩。杜甫的〈春望〉是四十個極普通的字，我就一句也寫不出來。

「家鳳，你好像大火燒著了屁股，究竟是怎麼回事？」慧芬姐不知底細，笑著問我。

我把真相告訴她，她同情地說：

「爹也真是，一年只有一個清明節，難得輕鬆一下，何必逼著你們做甚麼詩兒？」

「慧芬姐，請妳打打槍，替我想兩句兒好不好？」我笑著請求她。

「我連平仄都不懂，能想得出甚麼詩兒來？」慧芬姐搖頭一笑？「何況爹的意思不是要你們吟風弄月，是要你們憂世感懷。我少喝了幾滴墨水，怎麼『感』得出來？百花洲的事兒爹都不讓我插嘴，還能寫甚麼『國破山河在』？」

慧芬姐這幾年來更不是吳下阿蒙。大爹雖然沒有正式教她，她卻「剽學」了不少，不僅六才子書不在話下，詩詞也很有心得，她人聰明，年齡大，悟性特別高，也比我強。

「慧芬姐，妳幫我一點兒忙，不要藏私，不然交不了卷，大爹又會罵我。」

她聽我這樣說，同情地望著我：

「兄弟，你也用一點兒心啥！一旦玉蘭過了門，你還是不如她，看你有沒有臉？」

「慧芬姐，妳們女人都有一顆玲瓏心，我們男人怎麼能比？」

「這麼大的人了，你簡直不要鼻子。」慧芬姐的食指在我額上輕輕一點，笑著罵我。

經我再三請求，她纔勉強答應，我高興得把《唐詩三百首》往空中一拋，她白了我一眼：

「兄弟，難怪爹罵你，我先對你說好，你不要瞎子靠門框，自己也得動動腦筋纔是，不然交白卷可不能怪我？」

我表面上裝作很聽她的話，心裏卻輕鬆得很。我知道她不願意見我挨罵，她答應的事兒算數。

晚上我去姑爹家練拳，玉蘭又是一身短打，齊腰的黑緞襖，長夾褲。她一見面就笑著問我：

「表哥，你的詩兒作好沒有？」

「我又不是解縉，哪有這樣的高才？」我不慌不忙地回答。

她打量了我一眼，停了一會兒纔說：

「表哥，看樣子你是精工出細貨，這回顯顯真本事？」

「要是這首詩兒出得了爐，一定會使大爹另眼相看。」

她又打量了我一眼，我笑著問她：

「我看妳一定做好了？」

「磚瓦窯裏的粗貨，還是一個毛胚兒。」

我要她拿給我看，她起先不肯，隨後又望著我笑：

「表哥，我先小人後君子，這首歪詩兒真挖空了我的心思，你可不能照抄？」

「妳放心，表哥不會那樣沒有出息。」姑姑笑著插嘴。

她笑著從內衣口袋裏摸出半張毛邊紙，我接過來走到燈前邊看邊唸：

歲月胡塵裏
江山鐵蹄深
遺民長夜淚
閨女老臣心
紅粉千行淚
芝蘭萬斗金
東方何日白
我欲舞銀簪

我剛唸完，她就笑著把毛邊紙搶了過去，我笑著對她說：

「放心，妳送給我抄我也不敢抄，大爹知道我一肚子草，哭也哭不出這首詩兒來。」真的，不但我寫不出來，慧芬姐也未必能寫出來。

「表哥，你別給我戴高帽子，這不過是毛胚兒，出不了爐。」她向我一笑，燈光輝映之下，兩頰像抹了一層淡淡的胭脂，人也身長玉立。

「妳再一上釉，那就是今日老杜了。」我輕輕地打趣。

她嗤的一笑，白了我一眼，身子輕輕一扭，跑進房去。

第二十九章　擺擂臺揚威耀武　救遺民老將捐鹽

江邊綠草如茵，和風習習，楊花似雪，輕飄曼舞。

兩個鬼子兵，上身沒穿制服，只穿了一件白棉毛衫，抬著一麻包鹽，往一塊最平坦的草地上一放。

另外兩個鬼子兵，上身赤膊，下身黃馬褲，腳登大趾開叉的黑膠鞋，腰間繫了一根寬的白帆布帶，綑得很緊。這兩個鬼子兵比所有的鬼子兵身體都壯，腰粗背厚，肩臂上的肌肉，像鋼剁了殼的板栗。一高一矮，年齡都快三十。高的是上等兵大野，矮的是上等兵吉田，他們像兩隻好鬥的公牛，跟在今井的後面，走近鹽包，在草地上屈腿彎腰，活動筋骨。

楊木森和另外兩個警察，徒手在草地周圍走動，維持秩序。

人漸漸地圍了過去，像看把戲一樣，越聚越多。

駝子哥愛趕熱鬧，過來激我，他輕輕地對我說：

「家鳳，你學了這麼多年的三腳貓兒，今天正好顯顯身手。」

「駝子哥，你看人家壯得像兩條牯牛，我怎麼打得過？」

「嗨，你真孱！男子漢怎麼沒有一點兒膽？」他望著我調侃地說：「我要是有你這副身手，今天非給點兒顏色給鬼子一點顏色看不可！」

「駝子哥，人家是校場上的馬，我從來沒有出過場，過過手，我自己丟人不要緊，可不能給姑爹弄得灰頭灰臉。」

「家鳳，你真是扶不起的劉阿斗！我去叫玉蘭來替你打打氣，助助威。這種節骨眼兒，女人最有用處。」

一說完他就勾著頭向前直竄，我望著他的背影好笑。荷花走了出來，問我怎麼不去看熱鬧？我把剛纔的情形告訴她，她勸我說：

「你可以去看看，長點兒見識，自己倒犯不著出手。駝子正想鼓著你打架，你可別信他的鬼話。」

「我會摸摸自己的米桶。」

「這是鬼世界，人怕出名豬怕壯，千萬不要作出頭的柱子。」

駝子哥帶著玉蘭，匆匆趕來，他人未到聲音先到：

「家鳳，有玉蘭替你打氣，你總不能作縮頭的烏龜？」

我還沒有答話，荷花就澆他一頭冷水：

「爺，你別坐在黃鶴樓上看翻船，有本領你自己上陣，何必拖人下水？」

「爺要不是這身殘疾，他們就是兩條老虎，爺也要捋捋虎鬚，還用妳提？」駝子哥翻翻小眼睛，望著荷花：「你不要會錯了意，爺纔不是坐在黃鶴樓上看翻船，爺是希望家鳳替百花洲揚眉吐氣。」

「駝子哥，我知道你沒有壞意，我們去看看再說。」我乘機打個圓場。

駝子哥頭一點，一馬當先，我們三人跟著他走。玉蘭輕輕對我說：

「表哥，你城門樓上睡覺，好寬的心！詩兒未交，倒來看人家比武？」

「玉蘭，現在又不是三伏天，哪來的臭屍？」駝子哥生怕我打退堂鼓，連忙打岔。

玉蘭望望荷花，荷花陪著笑臉說：

「玉蘭，妳不要見怪，他是一隻長不熟的青皮柿子。」

人越聚越多，駝子哥不理會荷花的話，勾著頭往前竄。

百花洲六七年沒有這樣熱鬧過。日本人來以前，每年都有幾個熱鬧的大場面：一是燈節，二是龍舟競賽，三是盂蘭會，四是冬天酬神唱戲。至於馬戲團和牽著猴子、狗熊耍把戲的，不是固定節目，還不在內。日本人來後，一切重要活動都停鑼息鼓了，百花洲不再像從前那麼熱鬧。今天這場「日支親善角力比賽」，算是許多年來最熱鬧的一次，那一大包食鹽的誘惑力實在太大。

大家有看把戲的經驗，圍成了一個大圓圈，看熱鬧的人還像螞蟻趕路，向那個大圓圈匆匆地跑過去。像我這種年齡的小伙子，彷彿初生之犢，在路上就磨拳擦掌，躍躍欲試。

楓樹鎮也有人過來趕熱鬧，他們一下船就往人堆裏跑。余興發也過來了，但他沒有向這邊走來，他直接去大爹家。不知道他是來要米，要「買路錢」，還是趕熱鬧？玉蘭看見他不禁「咦」了一聲。

駝子哥先趕到人堆，但是人築成了一道堅固的圍牆，他被擋在牆外，擠不進去。他回頭望望我們，大聲地說：

「嗨！你們真是溫吞水，怎麼不快點來？」

「爺，你烏龜過門檻，快又有甚麼用？」荷花接腔。

「唉，妳怎麼老同爺唱反調？」駝子哥睜著兩隻小眼睛望著荷花。他已經取消了「小風騷」這個口頭禪，荷花也摘下了「姑奶奶」這頂帽子。

「爺，我就是和你一拉一唱，你還不是五音不全，荒腔走板？」荷花望著他似笑非笑。

駝子哥臉孔微微一紅，咧嘴露牙一笑，細聲細氣地說：

「妳關帝廟前的影壁牆，挨過不少大銃，怎麼怪得爺五音不全，荒腔走板？」

「爺，你狗掀門簾子，全憑一張嘴。」荷花輕輕地白他一眼：「現在到了這個節骨眼兒，你怎麼又做縮頭的烏龜？」

駝子哥仰著頭望望這面人牆，廢然一歎：

「爺要是有管大銃，馬上轟垮這面影壁牆！」

「爺，你癩蛤蟆又咬住了板凳腳。」荷花嗤的一笑。

「家鳳，不要辜負了你的三腳貓兒，快替我們開個道！」駝子哥望著我請求地說。

我只好一馬當先，向人堆裏擠，剛一接觸，兩邊的人看看是我，連忙讓出一條路，輕輕地說：

「少先生，你來得正好，百花洲要靠你這個文武全才。」

「豈敢，豈敢，我是來看熱鬧的。」我也輕輕回答。

我一進來，玉蘭和荷花他們就隨後跟進。駝子哥人矮，我讓他站在我的前面，圈子裏邊。場子中央，吉田正和一個二十來歲的小伙子交上了手，這小伙子幾年前在放牛，現在長得比我還高，像隻小牛犢兒，衝勁十足，但不到五個回合，就被吉田摔得四腳朝天。他只有一股勁，吉田卻會借力使力，所以很快失敗。但他不失為一條好漢，身子一挺，站了起來，拍拍屁股，走進人堆。

他出馬不利，一時沒有人敢再上陣。幾年前被拉去的那批壯丁，陸續回來了十幾個人，他們當中有兩個身體魁梧，氣力也足，年齡也快到三十歲，照理可以和吉田較量一下，但是他們不敢出手。其他的都是剛長大的二十上下的小伙小，由於長久缺鹽，又吃得太差，看來都有點兒面黃飢瘦，氣力不足，不如剛纔那個小伙子。

大野坐在鹽包上抽煙，悠閒得很；吉田在場子中央踱來踱去，像隻矮腳虎，揚揚自得。

冷場了半天，纔有一個青年人脫掉上衣，赤膊走了出來，一看面生得很，駝子哥說他是楓樹鎮的人。

他的個子比吉田大一點兒，結實得很，也是矮腳虎一型的人，大概二十四五歲的樣子。

他們兩人一交手，就互相抓住腰帶，肩膀抵著肩膀，像兩隻角鬥的牛，在草地中央磨來磨去，嫩綠的草被他們踩出水來。

忽然吉田身子一旋，抓住那人一隻手臂，肩膀一歪，用力一摔，把那人從肩上摔了過去。

大家唉了一聲，有人輕輕地說：

「我看這包鹽拿不到手，連吉田這隻矮腳虎都打不過，還能制服大野那頭獅子？」

有人望望我，我裝作沒有看見。駝子哥拉拉我的手，輕輕地說：

「家鳳，我看你要出場了？百花洲不能丟這個人。」

「爺，你不要燒冷灶，家鳳家裏還沒有完全斷鹽，何必慫他上楊樹杪？」荷花瞪著他說。

「團魚悶在醋罈裏，妳能憋住這口氣？」駝子哥問她。

「爺，我大字底下少一點，憋不住也得憋。你癩蛤蟆鼓甚麼氣？」

「人爭一口氣，佛爭一爐香。鬼子赤手空拳，我們還打他不過，全百花洲的人臉都要丟光，爺怎麼不氣？」駝子哥鼓著小眼睛望著荷花。

「駝子哥，你別急，強中更有強中手，說不定會有人打下鬼子的擂臺？」玉蘭輕輕地說。

「家鳳是樹葉兒落下來都怕打破頭，鬼子分明有幾手兒，百花洲這些捋牛尾巴的，誰有這個能耐？」

「爺，真人不露相，百花洲橫直幾十里路，你怎麼知道沒有個把高手？」

「高手？」駝子哥望了我一眼，一聲冷笑：「高手成了縮頭的烏龜！」

玉蘭用手肘碰了我一下，輕輕一笑。我知道駝子哥使的是激將法，我也好笑。

吉田已經喝過茶，擦過汗，從大野手裏接過一枝旭光煙，在嘴角悠然地抽著，完全沒有把周圍的人放在眼裏。

突然人群中擠出一個彪形大漢來，我一看不是別人，正是余興發。大家不期然地「呀」了一聲，有人輕輕地說：

「余興發真吃了豹子膽，居然敢和鬼子對手剝皮？」

「我們不會點水，鬼子又不認識他，他自然敢在船頭上跑馬。」

「這傢伙真是亡命之徒！」

「他一條扁擔打下太古碼頭，沒兩手兒還敢出馬？今天這個擂臺恐怕也只有他能打下。」

「只要他余興發能打下這個擂臺，我們百花洲的人捆緊褲腰帶，多出幾十擔米也值得。」

大家你一句我一句，余興發已經脫掉上衣，像一條準備角鬥的大牯牛，昂著頭往場子中間一站，聲勢逼人，大家都替他鼓掌助威。

吉田和大野唧噥了一會兒，我以為大野會出場，想不到還是吉田應戰，大野的架子真不小。

吉田把煙頭取下來，用腳踏熄，然後向場子中間走來。他比以前兩次小心謹慎，余興發的架勢，殺下了他的驕氣。

余興發站著不動，兩隻牛眼瞪著吉田，看樣子他一下可以把吉田壓扁。

吉田一步步向他走近，大家心情都緊張起來，全場鴉雀無聲。

吉田本來矮，他取的姿勢又低，走到余興發面前三四尺遠，就不再前進，只是弓著身子游來游去。余興發不想向他進攻，只擺著一個坐山虎的架勢，準備迎擊。

吉田突然身子一挫，向余興發一衝，一下抱住余興發的腰，余興發右臂一挾，把吉田的頸子挾住，吉田想把余興發扛起，沒有辦到；余興發把吉田左右摔動，也沒有把他摔倒，吉田卻被他挾得滿臉通紅，兩眼直翻。

余興發的臂像隻老虎鉗，把吉田緊緊夾住；吉田兩隻手像一對大螃蟹的螯，也夾著余興發的腰不放。兩人僵持了一會兒，余興發的氣力有點不穩，吉田的肩膀拚命往上抬，余興發腳步浮動，大家開始耽心起來。

情勢越來越不好，余興發心躁氣浮，吉田突然頭一撞，雙肩一抬，把余興發摔了出去，余興發砰的一聲，倒在地上。

大家啊了一聲，又唉聲歎氣。

「唉！牛大壓不死蝨婆！」

「余興發三個老婆，貪多了女色，鐵打的金剛也會毀壞。」有人這樣說。

吉田已經被幾個鬼子高高抬起，今井拍拍他的肩，和他哪哩哇啦，不時大笑。大野替他擦汗，遞給他一枝旭光煙，另外一個鬼子又端上一盌茶，吉田得意非凡。

余興發爬起來悻悻地走開，在場邊撿起衣服就往外擠，灰頭灰臉地跑出去。

大家唉聲歎氣，還有人輕輕地罵余興發：

「紙老虎！草包！只會騎在自已人頭上，一個鬼子也打發不了。」

「家鳳，到了這個節骨眼兒，你總不能不替百花洲爭點兒面子？」駝子哥望著我說。

「余興發都不是他的對手，我不是雞蛋碰石頭？」我笑著回答。

「那你這幾年的三腳貓兒不是白學了？」駝子哥生氣地說。

「駝子哥，隔行如隔山，這路道不同。要是打生死架，讓我拳腳並用，說不定我可以打他個人仰馬翻。」

「我看你總是湯罐裏燉鴨，獨出一張嘴！」駝子哥兩眼一翻，氣虎虎地說。

這回荷花沒有作聲，玉蘭卻輕輕地對我說：

「表哥，你出去會他一陣怎樣？憑爹教我們的幾手獨門兒，不會對付不了一個吉田。」

「要是我敗下陣來，那可失了姑爹的面子。」

「萬一你敗了，我會請爹來。」玉蘭向我一笑：「我相信爹可以收拾他們。」

我望望場子裏，還沒有人出來，卻有些人垂頭喪氣地走開。吉田在鹽包旁邊屈腿彎腰，耀武揚威。

「還有沒有人出場？要是再沒有人出場，這包鹽他們就抬回去了。」楊木森大聲地向大家宣佈。

大家聽楊木森提起那包鹽，馬上有千萬隻眼睛盯著它，饞涎欲滴，都捨不得走，可是也沒有人敢出場。

「家鳳，那包鹽要抵幾十包黃豆，你不為百花洲爭面子，也不看在那包鹽的份上？」駝子哥又慫恿我。

「駝子哥，這包鹽是火中的紅薯，燙手。」我說。

照比賽規定必須把吉田、大野兩人打倒，纔能領那包鹽，現在吉田三戰三勝，大野還沒有出手，難關還在後頭。

旁邊有見過我學過三腳貓兒的人，也紛紛對我說：

「江家少先生，我們好久沒有吃鹽，你要是能贏到那包鹽，隨便賞我們一點兒，也是一大功德。」

我望望玉蘭，她點點頭說：

「表哥，你不妨試試。」

我自信打敗吉田沒有問題，因為他那幾手兒，我已經看得清清楚楚，我有對付他的辦法，何況他已經打過三場，我是養精蓄銳，我覺得我身體裏的力量好像正在膨脹，彷彿土裏的筍尖兒要探出頭來。

大野沒有出過手，我不知道他的虛實，照情形看，他一定在吉田之上，能不能打敗他？那就難說。

我照規定把長夾袍和內衣脫掉，交給玉蘭。她看我上身赤膊，兩頰飛上一層淡淡的紅雲，輕輕地對我說：

「不要怕，記住爹的話，練拳也要練膽。」

「放心，我會把他擺平。」我對玉蘭說。

想不到我一出場，周圍就響起一片笑聲，還有人開玩笑地說：

「這樣細皮白肉，躲到閨房裏去吧，打甚麼擂臺？」

「這不是江家的小秀才？我看他連一隻雞也抓不住？」

接著又是一陣哄笑。

這些話雖然十分難聽，可是我不怪他們。因為百花洲這麼大，除了鄰舍親戚知道我在學三腳貓兒，其餘的人並不清楚。姑爹自己更不肯招搖，我們一向是晚上關起大門來學，連日本鬼子也不知道。

吉田打敗余興發，更趾高氣揚，完全沒有把我放在眼裏。事實上我沒有余興發高大，也沒有他壯，我不到十八歲，只是有點兒像個大人的樣子，還不是真的大人。

吉田像散步樣地走過來，慢慢地從嘴角上取下香煙屁股，用指頭輕輕一彈，彈在草地上，用黑膠鞋輕輕一踏，然後划動著兩臂，笑著走近我。

我站著不動，故意露出膽怯的樣子，他也故意做出幾個撲擊的姿勢嚇唬我，其實他的腳步停止未動。隨後他又彎腰弓背，把姿勢取得很低，像貓兒老虎準備撲擊，我知道這次絕不是戲弄我，不敢大意。他的身子向我一衝，我立刻向左邊一閃，右手迅速地扣住他的手腕，順著他的衝勢向前一摔，他跌出一丈多遠，跌成個狗吃屎。

今井和大野一躍而起，其餘的日本人也緊張地站起來，周圍的人立刻歡呼大笑。

玉蘭笑得像一朵迎春花兒，荷花向我連連點頭，駝子哥用力拍手，雙腳直跳，高興得像個小丑。

吉田爬了起來，奇怪地望了我一眼，悻悻地走了回去。

大野和他唧噥了幾句，把披在身上的大毛巾一拋，向我走來。他比吉田高一個頭，也比我高，真是虎背熊腰，四平八穩，年到力到。

我不敢輕敵，他也小心謹慎。我不進攻，他也不敢隨便出手，面對面相持了一會兒，他纔突然向我一撲，我想借力使力，像先前摔倒吉田一樣把他摔倒，只是向右邊一閃。但是大野相當狡猾，他的衝力並未用足，及時穩住身子，當我扣上他的手腕時，他也搭住我的手，同時抓住我的腰帶，使我無法抽身，我也只好扣住他的帆布腰帶。如果真的拚命，我會使一下殺手，把他的手臂折斷，但這是「親善」比賽，我不能傷他，也怕闖禍，所以不能使出絕招兒。

大野的力氣大，也真有幾手兒，只是和我們的路子不大相同。他幾次想把我摔倒，都沒有辦到，我想把他擺平也很困難，因為他的身體比我重，力氣比我大，又是個老手，不像我初出道兒。

我們糾纏了很久，終於雙雙倒下，但他的頭和手臂壓在我的身上，所以算我輸。

今井和其他的鬼子都圍過來把大野簇擁過去。

姑爺突然出現在我身邊，扶起我，拍拍我的肩說：

「家鳳，你打的不壞，比我料想的好。」

「姑爹，我失了您的面子。」我臉上一陣熱。

「不要緊，你退到旁邊去，讓我會會他。」

我回到原來的地位，玉蘭連忙替我披上衣服，輕輕地問我：

「表哥，你怎麼不使出爹教你的那幾手絕招兒？」

「我怕出人命。」

「家鳳，你真是婆婆經，還怕整死日本人？」駝子哥馬上接嘴。

「駝子哥，八月十五殺韃子，不是這個時候。」

「到了手的鹽你又丟掉，那多可惜。」

「爺，你別狗咬鴨子呱呱叫，」荷花望著駝子哥說：「玉蘭的爹已經出場，那包鹽跑不掉。」

我已經穿好衣服，姑爹的短夾襖還沒有脫掉。楊木森對他說：

「徐大叔，不打赤膊會吃虧，你還是脫掉好。」

「麻煩你和日本人說一聲，能免就免了，百花洲吃過大虧，我還在乎兩件衣服？」

楊木森已經會講不少日本話，原來和楓樹鎮警備隊共用的那個剃頭佬翻譯，住在楓樹鎮警備隊，很少到百花洲來，楊木森就警察翻譯一擔挑了。

楊木森和今井比手劃腳嘰嚷了幾句，今井點點頭，隨即叫吉田出場，姑爹對楊木森說：

「我是要會會大野，不是他。」

「徐大叔，能勝過吉田的人纔能和大野比賽，你也不能例外。」

「好吧！」姑爹笑著點點頭。「請他放馬過來。」

吉田不知道虛實，看看姑爹又是四十多歲的人，外表又沒有他和大野那樣強壯，勇氣百倍地走了過來。他雖然輸給我，但是輸得太快，輸得有點兒莫名其妙，並不十分心服。

吉田走近時，姑爹纔坐了個騎馬樁，吉田突然停步，猶豫地望望他，姑爹笑著向他招招手，他乘機偷襲過來，姑爹馬步未移，上身向左一歪，右手輕輕一翻，把吉田彈出去好幾尺遠，吉田像隻大青蛙，仆在地上，姑爹站起來向他拱手一笑：

「得罪，得罪。」

今井和大野又雙雙站了起來，嚴肅地望著姑爹。今井向大野耳語幾句，大野大步走了過來。姑爹不再坐樁，等大野走近，立刻伸手在他面前虛晃一招，大野也像先前對付我一樣，想把姑爹纏住，他身子一衝，姑爹像旋風一轉，立刻變換了個位置，面對著大野的寬背，伸手輕輕一拍，大野叭的一聲，倒了下去。

大家又歡呼起來。駝子哥拍手跳腳。玉蘭抱住我，高興得掉下眼淚。

「薑是老的辣！」

「老將黃忠，寶刀未老！」

大家七嘴八舌，議論紛紛。姑爹毫不在意，笑著對楊木森說：

「這兩場不算，你告訴他們，兩人一齊上。」

大家一驚，又議論紛紛。楊木森和今井一講，今井滿臉笑容，點頭同意。大野和吉田交談了幾句，立刻出場，昂頭闊步，充滿信心。

他們兩人走近，便左右分開，繞著姑爹轉，變成了一前一後，姑爹腹背受敵，玉蘭非常耽心，她拉拉我的袖子輕輕地說：

「表哥，爹雙拳難敵四手，說不定會吃虧。」

她的話剛說完，大野突然吼叫一聲，兩人同時向姑爹猛撲，前後包抄，姑爹及時向旁邊一閃，他們沒有抓著，兩人反而撞在一塊，砰的一聲，吉田倒退幾步，大野身子搖了幾搖，牙齒出血。

周圍的人哄笑起來。姑爹笑著向他們兩人拱拱手：「得罪，得罪。」

今井聰明得很，見風轉舵，手一招，把他們兩人叫回去，隨即對楊木森咕嚕幾句，楊木森大聲地對姑爹說：

「徐大叔，今井要你把這包鹽搬回去。」

圍觀的人都羨慕地望著姑爹，姑爹望了大家一眼，對楊木森說：

「百花洲十家有九家斷了鹽，很多人得了水腫病，麻煩你分給大家，給我留幾斤就行。」

大家一窩蜂地向鹽包湧過去，姑爹笑著向我們走來，玉蘭碎步迎上去，笑盈盈地說：

「爹，您還沒有老。」

「爹就是拚了老命，也得替百花洲爭口氣，替家鳳翻個本兒。」姑爹笑著回答。

第三十章　真人露相惹大禍
玉女獻身解倒懸

寫詩我繳了白卷，有點兒不敢見大爹。打敗了吉田之後，心裏不免沾沾自喜。雖然沒有勝過大野，贏得那一包鹽，最少也可以將功折罪。玉蘭也笑著對我說：

「表哥，我看你那首詩兒可以免了。」

「葫蘆結在絲瓜架上，恐怕大爹不認賬？」

「你有這一功，我陪你去擋一陣，還少不得向大舅請個賞兒。」玉蘭滿面春風地說。

「妳別把算盤打斷了橋，小心碰一鼻子灰？」

「我諒想不會？」她向我一笑：「我只要把余興發敗在吉田手下的事兒一提，你的面子可就不小。」

「要是我多吃了幾斤鹽，打敗了大野，得了一個全勝，那我的腰桿兒也要粗一倍。現在是沒有過河濕了一隻腳，臉上也只有這麼大的光彩。能夠不挨罵，賴掉那首詩兒，就是我的造化。」

「表哥，你也別把冬瓜看成茄子，這個擂臺也的確難打。要不是這幾年缺鹽，你少長了幾斤氣力，大野真會敗在你的手下。」

她這樣說，我的勇氣信心也增加不少。

駝子哥和荷花，早已向大爹報了信兒。我和玉蘭走到，他們還在向慧芬姐、大媽形容這件事兒，駝子哥指手劃腳，口水直噴。他把姑爹說成老將黃忠，把我說成長板坡的趙子龍。

「大舅，今天您應該給表哥一個大賞。」玉蘭興沖沖地對大爹說。

大爹沉著臉沒有作聲，玉蘭一怔，望了我一眼，又鼓著勇氣對大舅說：

「大舅，表哥替百花洲爭了個大面子，你連一句誇獎的話兒也捨不得說？」

「我早說了真人不露相，他那幾手三腳貓兒還甚麼能？」

「爹，您真是鐵公雞，一毛不拔。」慧芬姐笑著替我解圍？「家鳳賣了那麼大的力，您還潑他一頭的冷水？」

「妳架上的黃鶯，少管閒事！」大爹白了慧芬姐一眼：「打蛇要打頭七寸，他這分明是打草驚蛇。我不賞他兩耳光，就算給他天大的面子！」

慧芬姐和玉蘭面面相覷，駝子哥夾起尾巴溜走。大媽笑眯眯地對我說：

「家鳳，你別聽他的鬼話，他老虎不吃人，樣子難看，我會煮幾個荷包蛋給你吃，多放點兒鹽，好讓你長幾斤力氣。」

玉蘭拉著我的袖子輕輕扯了幾下，我乘機溜了出來。駝子哥一看見我，滿臉尷尬，搭訕地說：

「我真沒有想到馬屁拍在馬腿上？你大爹那幾句話簡直是指著禿子罵和尚。」

「駝子哥，馬尾串豆腐，別提！」我沒有好氣地說：「本來我不想出洋相，你硬說我是縮頭的烏龜，現在碰了一鼻子灰，怪誰？」

駝子哥睜著兩隻小眼睛，怔了半天，隨後滿臉堆笑地對我說：

「家鳳，算我狗咬耗子，這筆賬記在我頭上好了。」

玉蘭和荷花一道出來，臉上都沒有光彩。荷花指著駝子哥說：

「爺，你黃鶴樓上看翻船，現在可開心了？」

駝子哥望著荷花哭笑不得。玉蘭笑著對荷花說：

「荷花姐，這也不能完全怪他，其實誰不想出口氣？」

「還是玉蘭講了句公道話，」駝子哥雙手一拍：「不然我真變成了百花洲的罪人。」

「駝子哥，那倒未必？」玉蘭安慰他說：「表哥雖然在大舅面前碰了一鼻子灰，百花洲總算嚐到了一點兒鹹味。」

「玉蘭，我無功不受祿，妳可別往我臉上貼金。」我說。

「表哥，九九歸一，爹幾十歲的人了，要不是為了替你攀回一點兒面子，他還會出這個鋒頭？」玉蘭望著我一笑：「你想想看，對是不對？」

玉蘭的話很有道理，姑爹不是一個愛出鋒頭的人，年輕時都不冒失，這些年來別人幾乎忘記他是一個學武的人，要是我的火候到了，不栽在大野的手裏，他是絕不會出手的。

鬼子已經回到祠堂裏，楊木森也分好了鹽。有的人雙手捧了一捧，有的人把鹽裝進對襟夾襖的口袋，大家都沒有想到這筆意外的財喜，高興得像一群楊樹頂上噪晚的烏鴉。

楊木森提著麻袋走了過來，麻袋底墜著，大概還留了十來斤鹽。他把麻袋交給玉蘭：

「玉蘭姑娘，妳爹倒真慷慨，現在的鹽貴如金，他一句話就分了。」

「意外之財，見者有份，怎麼好意思獨吞？」玉蘭說。

「幸虧是他，不然誰也拿不到手。」楊木森望著我一笑：「少先生，你別見怪，以後多吃點兒鹽，我們家裏牛觸角，事先也要吃斤把鹽煮黃豆，你血氣未足，鹽更不可少。」

「這些鹽夠吃幾個月。」玉蘭提提鹽包說。

「本來我還想給你們多留一點兒，想不到大家放搶，要不是我一屁股坐上去，這點兒鹽也救不住。」楊木森笑著說。

玉蘭要分點給他，他不肯要，因為他們吃的鹽不成問題，還可以走點兒私，搞點兒外快。

「駝子哥，你沒有功勞也有苦勞，你也分點兒去。」玉蘭笑著對駝子哥說。

「玉蘭，說真的，我倒沒有想到分肥。我搖著旗兒助威，只望臉上增點兒光彩。你們兩位春筍兒，需要加點兒肥，一斤鹽，十斤力，你們吃了有用處。我吃肉不長肉，一拳搥不死個螞蟻，何必分你們的？」駝子哥說。

「爺，大成殿上掛孔夫子像，你這倒像幅『畫』兒。」荷花笑著接嘴：「鴨兒上不了架，斷了翅膀的鷂鷹上不了天，吃鹹吃淡，都是一個樣兒。」

駝子哥望著荷花兩眼直翻。玉蘭噗哧的一笑，連忙在麻包裏捧了一捧鹽給荷花。荷花沒有想到，只好牽起衣角兜住。玉蘭還要捧一捧給她，她一把按住玉蘭的手：

「夠了，夠了，這夠我們吃個把月。妳快點兒提回去，你爹費了一頓手腳，還沒有嚐到鹽味哩！」

我怕玉蘭再婆婆經，拎起麻袋就走。

姑爹捧著白銅水煙袋呼嚕呼嚕地吸煙，姑姑看見我提著麻袋進來，眉開眼笑地說：

「寶，你旗開得勝，總算沒有辜負你姑爹一片苦心。」

「玉蘭的娘，現在鴨兒上了架，妳總該服了我吧？」姑爹摸摸嘴巴說。

「爹，您還得意？剛纔大舅給我們碰了一鼻子灰！」玉蘭說。

姑爹一怔，姑姑也睜大眼睛望著玉蘭。姑爹問是甚麼原因？玉蘭一五一十地說了。姑爹沉著臉一聲不響，姑姑獨自開腔：

「他秀才造反，三年不成，家鳳剛剛冒出頭來，他就一瓢冷水，我看他是老糊塗了。」

玉蘭噗哧的一笑，姑姑又慈愛地對我說：

「他不賞我賞，晚上我蒸隻童子雞給你吃。」

姑姑的話使我心裏非常慰貼，一肚皮的委曲，立刻煙消雲散了。

玉蘭要分點鹽給大舅，姑姑卻笑著搖頭：

「這點兒鹽得來不易，妳大舅既然雞蛋裏找骨頭，何必再送上臉去給他打？他有本事他自己去打日本人的擂臺，看日本人會不會把他那幾根老骨頭摔斷？」

「娘，您怎麼開大舅的玩笑？」玉蘭笑哈哈地說：「大舅快六十了，又是根瘦竹篙，那不是雞蛋碰石頭？」

「妳表哥青石板上甩烏龜，硬碰硬，妳大舅還講風涼話，他雞蛋碰石頭，自然無話可講啦。」

「玉蘭的娘，妳別怪大舅，」姑爹悶了半天，突然開口：「說不定他站得高，望得遠？」

「玉蘭的爹，他一心望余千成正果，望來望去還不是望出狼子一窩？」

「玉蘭的娘，我忍了二十多年，沒有和人過手，今天怎麼沒有忍住？一下露了箱底？」

「玉蘭的爹，情形不同，這也難怪。要是我有你那幾手兒，我也會打下這個擂臺。」姑姑笑著說。

由於姑爹打下了這個擂臺，很快就傳遍了百花洲和楓樹鎮，一連幾天大家都談論這件事情，甚至添油加醋，把姑爹說成七俠五義中的人物，我也成了一個小五義。姑爹的名字立刻家喻戶曉，他的聲望一下子超過了大爹。

一天深夜，玉蘭和姑姑突然來捶我們的門，把我們所有的人都吵醒，大爹也從睡夢中爬了起來。

姑姑一見到大爹，就一把眼淚一把鼻涕地說：

「大哥，日本人把如松抓走了！今井說他勾結游擊隊。」

大爹一怔，臉色鐵青，半天說不出一句話。突然瞪著眼睛掃了我一眼，歎口大氣說：

「我說了真人不露相，打草驚蛇，樹大招風，果然出了亂子！」

「大哥，你看看有甚麼法子把如松救出來？」姑姑哭著說。

「日本人和我非親非故，我有甚麼法子從老虎口裏拖豬？」大爹兩手一攤。

「大哥，你不能見死不救！今井要把如松解到城裏憲兵隊去！」

姑姑大聲哭了出來。玉蘭往大爹身上一撲，嚎啕地說：

「大舅，你是及時雨，外人的事你都不推辭，爹的性命你總不能不救？」

大爹摸摸玉蘭的頭，掉下兩顆老淚，拍拍她說：

「妳別哭，平地一聲雷，大舅也六神無主，讓我仔細想想看。」

「大哥，你進城去找找楊國仁看，他是縣長，說不定日本人會買他一個面子。」姑姑止住哭泣說。

「別以為楊國仁當了縣長就有好大的面子！何況他一向趨炎附勢，如今又認賊作父，他自己的前程要緊，還肯惹上這個麻煩？」大爹說。

姑姑和玉蘭又哭了起來，大媽把姑姑拉在一旁勸慰，慧芬姐也把玉蘭拉在身邊，替她擦眼淚。

天一亮，大爹就去找楊木森陪他和今井直接交涉。他從來沒有和日本人打過交道，這是破天荒第一次。

今井起得很早，他帶著十來個部下在河邊做過早操，在堤上跑步，回來之後，楊木森再陪著大爹一道去見他。

據楊木森說。姑爹銬在祠堂的小柴房裏，吉田和大野兩人輪流看守他。

楊木森先替大爹向今井說明來意，想保姑爹出來，今井愛理不理地搖搖頭，還威脅說要解到憲兵隊去。大爹請求會會姑爹，今井也不准。大爹一句日本話也不會講，無法和今井交談，楊木森又怕今井，不敢多講。

保釋姑爹沒有成功，還從今井口裏證實真的要解憲兵隊，大爹心情更沉重，兩條濃眉結在一塊。

姑姑和玉蘭不停地哭泣，更使他坐立不安。他一聲不響地搭著第一班渡船過江到楓樹鎮去。他雖然沒有講一句話，但是我們猜得出來他是去找甚麼人。姑姑和玉蘭也存了一線希望，不再哭泣，只是焦急地期待著。

中午大爹垂頭喪氣地回來，姑姑急切地問：

「大哥，你是不是搬了救兵?」

「除非家麟、貽新打回來，誰也不是我們的救星！」大爹負氣地說。「要錢要糧找我江漢鼎，輪到我找他時，他就生怕損了一根撥火棍！」

姑姑和玉蘭又哭起來。大媽慨歎地說：

「唉，怎麼天兵天將也不下凡？觀音大士也不救苦救難？……」

「娘，鬼怕惡人，現在神也不敢問人間的事。」慧芬姐說。

我心裏盤算著，真到無路可走時，我準備和鬼子拚掉，打死一個夠本，打死兩個賺了一命。但是我不敢講出來。

晚上，楊木森特地跑了過來，期期艾艾地對大爹說：

「江先生，徐大叔的事現在有了一線生機。」

姑姑和玉蘭跳了起來，我們也為之一振，姑姑迫不及待地追問：

「木森，你快說，怎樣纔能解開這個死結？」

楊木森吞吞吐吐，望了玉蘭一眼，搖搖頭說：

「我實在不好開口，這個結只有玉蘭姑娘纔能解開。」

玉蘭一震。姑姑兩腳一軟，全身癱在椅子上，過了一會兒纔哭出聲來。玉蘭摟著她，和她哭成一團。

「木森，這是你的意思還是今井的意思？」大爹鐵青著臉問楊木森。

「江先生，我還敢出這個混賬主意？是今井叫我來傳話的。」楊木森回答。

大爹沉著臉沒有作聲，玉蘭和姑姑抱著頭哭，慧芬姐和我面面相覷，大媽唉聲歎氣。楊木森又接著說：

「今井說他還沒有結婚，也只有這樣纔能保證彼此『親善』，徐大叔纔不會和皇軍作對，雙方都有好處。不然他明天就把徐大叔解到憲兵隊去。」

姑姑又哇的一聲哭了出來。玉蘭卻揩揩眼淚，揉揉姑姑的胸口說：

「娘，哭出一缸眼淚也是枉然，今井既然出了這個題兒，救出爹來再說。」

「寶，妳瘋了？妳金枝玉葉兒的，怎麼能讓鬼子糟蹋？」姑姑睜大眼睛望著她。

「娘，先救爹的性命要緊，別的事兒退一步再想。」

「玉蘭的話很有道理，」楊木森說：「徐大叔的性命要緊！」

「不行，不行！一朵鮮花不能插在牛屎上！」姑姑雙腳直頓。

「四妹，妳既要救如松，又要保全玉蘭，這不比當年在老子娘面前好強使氣，請問妳有甚麼辦法兩全其美？」

「大哥，我不能丟祖宗三代的人！你男子漢大丈夫，難道除了昭君和番以外，就沒有別的法子？」姑姑負氣地回答。

「四妹，我老骨頭一把，黃土蓋到眉毛尖上來了，鋼刀架在頸上，我也不在乎。無奈我呼天不應，我看三十六著，也只有這一著了。」

姑姑又嚎啕大哭，玉蘭含著眼淚勸她：

「娘，我看天快亮了，不妨讓我在船頭上跑一次馬。妳放心，女兒絕不會使您丟人。」

姑姑抹抹眼淚，怔怔地望著玉蘭，悲楚地說：

「寶，妳這片孝心，應該感動王母娘娘、玉皇大帝，既然逼進了這條死衚子，娘也只有請外公外婆在天之靈暗中保護妳。……」

姑姑沒有說完又哭了起來。玉蘭轉身對楊木森說：

「麻煩你回覆今井一下，既然日本向中國提出過二十一條，他這一條不算多，我答應了，但是也請你告訴他，不能傷我爹一根汗毛。」

「玉蘭姑娘，我楊木森一根汗毛蘸不了幾滴水，人家的拳頭比我大，恕我不能助你一臂之力，妳這兩句話我一定傳到。」

楊木森一走，姑姑抹抹眼淚吩咐我說：

「家鳳，上香！」

我站上方桌，在祖宗牌位面前點起三柱長香。姑姑牽著玉蘭雙雙跪拜，又哭又說，我們跪在她的後面，姑姑的話使我們心酸，我們都跟著她哭了起來。

第三十一章 父女同命除寇首
小鳳單身渡大江

今井要玉蘭先過去纔放姑爹，大爹和姑姑堅持先放姑爹纔讓玉蘭過去，結果今井讓了步，但是特別說明不准姑爹離開百花洲一步。

姑爹出來之後纔知道是玉蘭交換他，他又急又氣，對姑姑和玉蘭說：

「妳娘兒倆怎麼聰明一世，糊塗一時？我活了大半輩子，鬼子要剮要刮，我絕不叫饒，怎麼可以把玉蘭送進虎口？她花兒正開，果兒未結，怎麼能雨打風吹？她和家鳳的事又怎麼交代？我這塊老臉皮又往哪兒擺？」

姑姑又懊惱又疼惜地哭了起來。玉蘭望望我眼圈兒一紅，咬咬牙對姑爹說：

「爹，您剮了刮了也是白送這一條命，今井既然爛了心，您死了他也不會放過我。多謝您傳了我幾手三腳貓兒，鐵將軍把門，我可以自保。說不定東方一夜白，還可以完璧歸趙？怎麼說都比今井把您送到憲兵隊強。」

姑爹重重地歎口氣，滾出兩顆眼淚。

百花洲再窮的人家嫁女兒，也要穿紅著綠，吹吹打打，熱鬧一番。玉蘭卻一件新衣也不肯穿，完全日常打扮。姑姑哭訴著對我們說：

「要是你們的好日子，我會把玉蘭打扮成個千金公主。現在是黃鼠狼拖雞，我千年美夢一場空……」

姑姑說著說著又哭泣起來。玉蘭也淚流滿面。我想乘機走開，讓她們哭個痛快，姑姑卻把我一拉，自譴地說：

「寶，你原諒姑姑老糊塗了，只顧自己哭，連一句私話兒也沒有讓你們講。以後隔了千重山，牙齒和舌頭也不能碰在一塊了！該我迴避一下，你有甚麼話兒儘管和玉蘭講吧。」

姑姑抹抹眼淚，走了出去，隨手把房門帶上。

自從姑爹被捕時起，姑姑和玉蘭就寸步不離，相依為命，我和玉蘭一直沒有單獨講過話，心裏的話好像國了一籮筐，可是姑姑一走，我一句話也講不出來。玉蘭也呆呆地望著我，突然哇的一聲撲在我身上哭了起來。

「表哥，娘是千年美夢一場空，我又何嘗不是年初一，當頭當面？原先指望黃連樹下蓋蜂窩，現在老狐狸攔腰一口，為了救爹一條命，我不得不肉包子打狗，你不要見怪纔好。」過了半天，她抬起頭來眼淚婆娑地說。

「要是我能救姑爹一條命，我也願意跳火坑，怎麼能怪妳？」

「表哥，你放心，我們雖然沒有拜過天地，但我們情逾手足夫妻，生死事小，失節事大，不管怎樣，我一定還你一個清白的身體。」

「玉蘭，船頭上跑馬不容易，妳要特別當心。」

「表哥，你抓住我，看我能不能金蟬蛻殼？」她強作歡笑，讓我抱住她。

我只好順她的意思雙手箍住她，但沒有怎麼用力，我實在沒有心思考驗她。她身子一扭，輕易地滑了出去。

「表哥，你何必留一手兒？今井不會這麼斯文的！」她望著我說，要我再用力抱住她。

我真的用力把她抱住，她卻馴得像隻貓兒，躺在我懷裏不動，泫然欲泣。

我又驚又喜，心裏有一種說不出的甜中帶酸的味兒，像吃了一顆酸梅。

「玉蘭，妳在今井手裏恐怕很難金蟬蛻殼。」

她像受驚的白兔，一下掙脫了我的手，望著我滾出兩顆眼淚，幽幽地說：

「表哥，你放心，我不是荷花姐，我不會讓今井佔半點便宜。」

「玉蘭，鬥力不如鬥智，我希望妳和姑爹兩全其美，麟哥打回來時我們再甕中捉鱉。」我握著她的手，連忙安慰她。

「表哥，今井的確是隻老狐狸，我也不知道是么是六？」她滿面愁容地說。「但願外公外婆在天之靈，助我一臂之力，能夠逃過這場大劫最好，萬一混不過關，我也只好要他一鍋兒爛！」

我正想接腔，忽然姑姑在門外輕輕咳嗽一聲，玉蘭連忙掙脫我的手，高聲地說：

「娘，您請進來。」

門呀然而開，姑姑搖晃著身子走了進來，打量了我一眼，歉然一笑：

「寶，我打擾你們了？」

「娘，您說哪兒話來？」玉蘭依著姑姑說。

姑姑撫摩著她烏亮柔軟的頭髮，輕輕歎了口氣，含著淚說：

「寶，妳不要上上粧？」

「娘，送肉上砧，上給誰看？」玉蘭望著姑姑悽然一笑。

姑姑又啊的一聲摟著玉蘭哭了起來。

我不想眼見玉蘭投入虎口，悄悄離開。

深夜我們還沒有睡。不但我毫無睡意，大爹、大媽、慧芬姐他們也不想睡，大家垂頭喪氣，心裏像塞了一塊大鵝卵石。

突然一聲槍響，我們同時驚跳起來，我想跑出去看看，慧芬姐雙手把我一抱，顫著聲音說：

「兄弟，槍子兒沒長眼睛，外面伸手不見五指，你不要盲人騎瞎馬，亂跑亂撞。」

「我看這槍聲有點兒蹊蹺？」我說，我實在耽心玉蘭。

「說不定是步槍走火？」慧芬姐說。

「慧芬姐，妳聽錯了，這不像步槍。」

「不管是甚麼槍，你少管閒事！」大爹瞪著我說。

楊木森忽然跌跌撞撞地跑了進來，結結巴巴地對大爹和我說：

「兩位趕快避一避！」

「出了甚麼事？」大爹鎮靜地問他。

「玉蘭姑娘殺死了今井和吉田，徐大叔一刀砍死了大野……」

大爹縱聲大笑起來。楊木森膽怯地說：

「江先生，玉蘭姑娘和徐大叔也歸了陰。」

大爹的笑聲突然一頓，抹抹眼淚說：

「夠本！夠本！」

我抓起一條長板凳想衝出去，楊木森雙手一攔，大爹大喝一聲：

「站住！不必你再去送死！」

「少先生，祠堂門口架起了機關槍，千萬不要過去！」

「快點兒從後門溜走，我要王老倌從後河送你過江去。先到余千那兒學會打槍，再見機行事。」大爹吩咐我。

「江先生，你不避一下？」楊木森問。

「我生在百花洲，死在百花洲，我老骨頭一把，天塌下來也不在乎！」

大爹看我站著不動，指著我大罵：

「畜牲！你還不快點給我滾！」

我摔下長凳，慧芬姐遞給我一根桑樹扁擔，我打開後門，向麥田逃走。

小麥已經過腰，夜色如墨，我憑著經驗摸上了小路，向北急走。我一向怕鬼，從來沒有單獨走過夜路，可是此刻我心裏一團火，燒得我非常難過，我真希望碰見一個無常鬼，好掄起扁擔打他個四腳朝天，洩洩我的怨恨。可是我甚麼也沒有碰到，我掄著扁擔唰唰地掃過麥穗。一路蛙聲咯咯，虫聲唧唧；油菜和小麥洋溢著一股青香之氣。百花洲的春天像個風情萬種的少女，此刻我卻心如死灰。

趕到北河渡口時，雄雞開始喔喔長啼。我一個人坐在渡口，想起許多往事，想起五六歲時和玉蘭一道開始讀人手足刀尺，雄雞喔喔啼，一直到今天為止，我們從來沒有分離過。現在卻陰陽異路，我的眼淚突然像潰決了的九龍口，再也堵不住。

天濛濛亮時，我上了王老頭的船。太陽起山時，我在楓樹鎮上游三四里路的地方上了岸。

我找到了余千，說明經過情形和來意。他先皺皺眉，做出一副貓兒哭老鼠的樣子說：

「本來我想助你大爹一臂之力，又怕百花洲的老百姓遭殃，所以我沒有派人過去，想不到還是出了人命！」

對余千按兵不動，我心裏很不高興，因此我不作聲。他打量了我一眼，笑著拍拍我的肩：

「老弟，我非常歡迎你，聽說你是個文武全才，我余千最喜歡這種角色。」

「名師出高徒，一點不假。」余興發接嘴：「他大爹的筆墨，他姑爹的拳腳，都傳給他了。要不是那天打擂臺，我真不相信他年紀輕輕的會有那樣的好身手。」

「可惜我不會打槍。」我說。

「老弟，這很容易，」余千指著余興發說：「我把你交給他，包你一學就會。」

余興發和我本來很熟，他非常高興得到我這麼一個部下。他拍拍我的肩說：

「老弟，現在我真是老虎長了翅膀，天王老子我余興發也不放在眼裏。」

吃過早飯，余興發就教我打槍，他們只有步槍、手槍，沒有機槍，連手榴彈也很少，不過這兩種槍都是新牌子貨，子彈也不一樣。余興發挑了一桿最新的步槍給我，還發了五十發子彈。他非常鄭重地對我說：

「別人初來我不會給他撥火棍，老弟，你半夜起來吃盌肉，熬到了！叫化子盤蛇，槍是我們的討飯棍，你可不能有半點兒差池。」

「放心，誰也別想在我手裏奪傢伙，不信，你試試。」我想增加他對我的信心，故意向他挑戰。

他打量了我一眼，出我意外地突然欺過身來抓住我手上的槍，猛力一奪，我馬步一沉，槍托向上一掀，朝他肩上一推，他像喝醉了酒，倒退幾步，纔勉強站住。豎起大姆指對我一笑：

「老弟，你是個角色！」

「對不起，恕我放肆。」我雙手把槍遞給他。

他教了我立射、跪射、臥射三個姿勢，和扣板機的要訣，我照著他的指示，朝五十公尺外的一棵樟樹打了三槍，拍拍拍的槍聲，尖銳刺耳。此地距楓樹鎮日本警備隊不過三里路，只隔一個山頭，我耽心地問他：

「會不會招神惹鬼？」

「老弟，現在你是我們自己人，我不妨打開天窗說亮話，鬼子不敢捉隻蝨婆在自己頭上抓。」

我想再打幾槍出出胸中的悶氣，他抓住我的手腕哈哈一笑：

「老弟，細水長流，你不要把五十發子彈一天打掉，那我們盤甚麼蛇？」

我望著他哭笑不得。

第三天，駝子哥突然過江來告訴我三個消息：一是大爹被鬼子逮走，解到城裏關進憲兵隊；二是姑爹和玉蘭葬上了祖墳山；三是百花洲的警備隊補了一個頭目，補了今井那幾個缺。新頭目認為百花洲有游擊隊，老百姓都是刁民，對百花洲管得很嚴，渡口查得很緊，非常注意我的行蹤，逮住了我要砍頭示眾。

「你現在第一件事是想辦法救出你大爹，他上了年紀，受不了憲兵隊那種酷刑，那些大狼狗吃人不吐骨頭……。」

駝子哥一走，我就找余興發商量，我看過《水滸傳》李逵江州劫法場，和別的小說裏劫獄的故事，我也想把大爹劫出來。

余興發雖然同情我，但他搖搖頭說：

「這不比當年我用一根扁擔打碼頭，憲兵隊也不是警備隊，銅牆鐵壁，雞蛋怎麼能碰石頭？」

「你不是說天王老子你都不放在眼裏？」我頂他一句。

「老弟，不是我怕。」他把胸脯一拍：「蛇無頭不行，余老闆向來不願意青石板上甩烏龜，這種事兒他絕不會點頭的。」

我也明知道余千不會做這種事，但是我沒有別的希望，還是硬著頭皮找他。

余興發代我說明了一切，余千聽完之後用一隻獨眼打量我，似笑非笑地說：

「你府上老老少少都是好角色，連你表妹也是位烈女。不過你們走慣了陽關大道，不會過獨木橋，你大爹直來直往，連一個彎兒也不會轉，纔吃這個大虧！當初他要是肯當維持會長，不是榮華富貴？怎麼會落得現在這樣的下場？」

我聽了余千這種話心裏很氣，但一想他《三字經》都沒有讀完，西瓜大的字認不滿一籮筐，他講的都是眼面前的事實，一點不假，我要求他幫大忙，怎麼能怪他？一口衝上來的氣，只好硬壓下去。

「余老闆，只要你肯幫忙我救出大爹，以後你要我跳火坑我也幹。」

「老弟，不是我余千不肯出力，城裏是龍潭虎穴，鬼子人多槍好，江邊還有兵艦，我只有半瓢兒水，潑了就收不起來。」

「用不著你興師動眾，只要你肯挑十個人給我，龍潭虎穴由我去。」

余千又用一隻眼睛打量我，我乘機解釋說憲兵隊的那幢房子我很熟，從前是警備司令部，我和司令的兒子是同學，他曾經帶我在裏面玩過，還挖過圍牆腳，抓過蟋蟀。我以為余千會同意，想不到他拍拍我的肩，哈哈一笑。

「老弟，你的膽量倒不小，日本憲兵可不是蟋蟀。單是那十幾條狼狗，你就沒有辦法打發，不要白送掉一條小命。」

「余老闆，大爹對你不薄，你總不能見死不救？」

余千一怔，他沒有想到我會說這種話。停了一會兒，他纔回答我：

「要是他像你一樣，跑到我這邊來，我余千少不得要保護他一下，否則我余千就不配作這個地頭蛇。你老弟要我老虎嘴裏拖豬，打開天窗說亮話，我余千也不會捨命陪君子。」

余興發怕我下不了臺，把我一拉，打趣地說：

「老弟，你這麼性急，早該生兒子。小夥計燙酒，慢慢來吧，說不定我們能想出個法子。」

余千也改變口氣安慰我：

「留得青山在，不怕沒柴燒，你老弟的日子還長得很！說不定你大爹吉人天相，能逃過這一劫關?當年他擁護『南軍』，被北方傍佬拖上過法場，也只是『陪斬』，一場虛驚。如果我余千出面劫獄劫法場，那反而加重了他的罪名。」

余千這番話，是跛子「過堂」，自然也有點兒歪理。我雖然知道他葫蘆裏賣的甚麼藥，但在人家的屋簷下，還能喧賓奪主?我一肚子悶氣無處發洩，只好單人匹馬跑到祖墳山去。

清明節過去還不到十天，那次玉蘭和姑爹插的清明標子還沒有完全褪色，現在他們父女兩人都躺在祖墳旁邊。我一看見兩堆黃土，便淚如泉湧，泣不成聲，新墳沒有碑石，我不知道哪一座是姑爹的，哪一座是玉蘭的？據駝子哥告訴我，玉蘭是用今井的武士刀，先殺死今井，吉田趕過去，她又一刀砍倒了吉田，結果大野用刺刀把她刺倒，胸口刺了好幾刀。大野隨後又帶著幾個鬼子去逮姑爹，姑爹掄起單刀先把大野砍倒，又砍倒另外一個鬼子兵，他腦殼上也中了一槍。

玉蘭船頭上跑馬，終於沒有跑過來，和今井一鍋兒爛，姑姑的美夢一場空，家破人亡，我一想起玉蘭的聲音笑貌，和耳鬢廝磨的情形，真是肝腸寸斷，伏在墳上不知道天昏地黑。……

第三十二章　荷花冒死傳噩耗　小鳳朝天開亂槍

荷花突然過江來找我。

她鬢邊插著一朵白絨球，黑布鞋周圍蒙著一圈白夏布，面色蒼白。我看了一驚，她怎麼戴這樣的重孝？

她看我怔怔地望著她，眼圈兒一紅，幽幽地說：

「家鳳，駝子過世了！」

我倒退兩步，目瞪口呆，過了半天纔問：

「他得的甚麼病？是不是絞腸痧，怎麼這樣快？」

「甚麼病也沒有得，活活地被鬼子丟進長江了。」

「鬼子怎麼要下這樣的毒手？」

「他那天從你這邊回去，被鬼子盤問了一番，鬼子說他通風報信，把他往麻袋裏一塞，又加了一塊大石頭，拋進江心，連屍首都撈不到……」

荷花蒙著臉哭了起來。我的眼淚也奪眶而出，我不知道怎樣安慰她好？

「家鳳，現在我真的作了寡婦！以前他貧嘴賤舌，罵我小寡婦上墳，如今果然應驗了！我真是黃連命，想不到他的命比我更薄，我這小寡婦無墳可上，我們真是白白地夫妻一場。」荷花抹抹眼淚，悽然欲絕地說。

「荷花姐，駝子哥死得這麼慘，妳又何必冒這個大風險？」

「家鳳，我不能不來，」她忍住眼淚說：「一則是木森表哥打聽出你大爹單獨關在憲兵隊後邊的黑牢裏，你趕快想個辦法把他救出來；二則駝子的死我也應該向你報個喪。我們四個人已經去掉兩個，你應該特別當心，鬼子已經把你上了生死簿，百花洲你千萬不能回去。」

「荷花姐，妳跑了這一趟，不是惹了一身騷？回去不也是凶多吉少？」

「我寡婦上墳不用裝，婦道人家總要好些。」

「荷花姐，妳就留在這邊，遇事我也有個商量，不必再船頭上跑馬。」

「家鳳，不行！」她向我苦笑：「我那兩個孽，離不開我，小東西還沒有斷奶。」

想起武田、荒木留下的那兩個孽種，我真為她叫屈，不知道她流過多少眼淚？現在竟連自己的生死也不顧，還要回去照顧他們。

「荷花姐，鳳凰窠裏出老鴉，妳犯不著為他們冒險。」

「家鳳，你不生兒子不知道肉痛，我既然十月懷胎，他們就是四不像，我還是狠不下心來。」

我不能強迫她，只好讓她回去。

最近連續的慘變，使我的情感變得非常脆弱。我好像又變成了一個小孩，非常留戀那種青梅竹馬的日子，而現在只剩荷花和我兩人，我有點兒不忍和她立刻分手，一直把她送到江邊。

我清楚地望見祠堂門口的旗桿上飄揚的太陽旗，望見我們的房屋和姑姑的房屋，和在打麥場上走動的人，雖然我分辨不出那是誰？還有那一望無際的小麥油菜，起伏著萬頃綠波。

我望著百花洲出神。

「家鳳，你回去，不要站在江邊。」荷花對我說。

「荷花姐，怕甚麼？楓樹鎮的鬼子是縮頭的烏龜。百花洲的鬼子不能一下子飛過來。」我說：「我要是余千，這兩邊的鬼子我會一夜之間把他們宰光。」

「家鳳，你是不是學會了打槍？你有余千那一手兒就行。」

我只打三粒子彈，就沒有再打，要學到余千那種程度，最少得三百粒子彈。子彈貴如金，他們不讓我打，我怎麼辦得到？因此我搖搖頭。

荷花有點兒失望，黯然離開。隨後又忽然想起甚麼來似的轉過身來對我說：

「家鳳，我還忘記告訴你一件事。」

「甚麼事？」我連忙趕上兩步。

「你家麟哥有信回來。」

「他的『生意』做得怎樣？」

「還是不大得意，」她望著我頓了一下再說：「而且，而且你貽新姐夫連『老本』也賠掉了！」

「難道貽新姐夫陣亡了？」我怔怔地望著荷花。

「唉！真是屋漏偏遭連夜雨，這還用明說？」荷花同情地望著我：「你家麟哥勸你慧芬姐另行婚配，妳大媽和慧芬姐早就成了淚人兒，再加上你姑姑……」

「我回去看看！」我如萬箭穿心，恨不得插翅飛過江去。

荷花雙手把我一抱，急出了眼淚，大聲地說：

「家鳳，你昏了頭，你怎麼能自投羅網？你再也死不得，你大爹還等著你去搭救！你爹要我特別囑咐你，不要糊塗！」

我頭上像澆了一瓢冷水，頭腦漸漸清醒，我啊的一聲哭了出來，我聽見自己像牛叫。

我撇下荷花，一口氣跑回黃家大屋，拿起槍朝天打了兩槍，余興發一把搶過去，睜著一對牛眼大聲問我：

「你瘋了？」

第三十三章　楓樹鎮鬼子下跪　百花洲小鳳投槍

我營救大爹的打算始終得不到余千的支持，我要他讓我帶一小隊人去消滅百花洲和楓樹鎮的警備隊，他也不同意。我曾經和他吵過兩次，他說我是一條紅了眼睛的騷牯子，看見樹樁子都想鬥。他弄了一個黃花閨女給我，想消滅我的「火氣」，我又搶白了他一頓。他自己已經有了三個女人，生活像個土皇帝。他對我一再容忍，是把我當作一塊料，想把我「磨」成「器」，變成他的左右手。他已經感覺得到余興發一隻臂膀不夠。可是我不打算長久和他鬼混，我暗中計畫逃到後方去當兵，好痛痛快快地和鬼子打幾仗。

忽然平地一聲雷，日本人投降了！

本來我一點也不知道。一天天未亮時余興發突然把我叫醒，輕輕地對我說：

「老弟，現在機會來了，去楓樹鎮打鬼子！」

我一躍而起，臉不洗，口不漱，提起槍就跟著他出來。稻穀場上已經集合了三四十個揹槍的老百姓，都是余興發的人。

余興發向他們把槍一揮，就和我帶頭走。他已經把我提作他的副手。我憑著姑爹教我的幾手三腳貓兒，和大爹的聲望，再加上半瓶兒墨水，倒也能使這些莊稼漢、碼頭腳伕，以及和余千、余興發稱兄道弟，大盌喝酒，大塊吃肉的江湖好漢，心悅誠服。

初秋的天氣，清早有點兒涼意，空氣新鮮得很，我的精神格外振奮，我終於有了和日本鬼子面對面打一仗的機會，洩洩我心中的積憤。

趕到楓樹鎮時，天纔大亮，我們散開向警備隊包圍。我一看情形不對，警備隊門口的竹棍上掛著一塊白布，一個鬼子兵徒手站在門口，垂頭喪氣。

余興發端著槍直衝過去，我縱身一躍，跑在他的前面，我還沒有衝到門口，站在門口的鬼子兵撲通一聲，向我雙腳一跪，我一呆，余興發超過我直衝進去，我也跟著衝進去。余興發抓著戴中尉領章的鬼子的胸脯大聲喝問：

「你們的槍藏到哪兒去了？」

「可惜你們來遲一步，剛纔被新四兒繳去了。」翻譯在旁邊回答。

「王八蛋！原來你是個孬種！」余興發用力一推，那個中尉砰的一聲，撞在牆壁上。

余興發隨即衝了出來，挑了十個人和我站在一道，吩咐其餘的人說：

「你們給我看住這些狗雜種，老子回頭再收拾他！」

隨後又對我們說：

「走！我們去百花洲！」

「喂，到底是怎麼回事？」我莫名其妙，忍不住問余興發。

「日落西山，鬼子降了！」余興發一面回答我，一面向江邊奔跑。

我怔了一下，幾乎不相信這是事實，余興發回過頭來對我說。

「快！黃鼠狼拖雞，我們已經損失了幾十條槍，不能再丟雞！」

我拔腳跟著他跑，我希望抓住那個將大爹送進憲兵隊，將駝子哥丟進江心的鬼子頭目。

我們一踏上百花洲，就碰見荷花在江邊提水，她一看見我就歎口氣：

「嗨！家鳳，你們來遲一步，新四兒把鬼子連人帶槍弄走了。」

「走了多久？」我連忙問。

「頓把飯的工夫。」荷花說。

「追！」余興發下了個命令。

我連家也不回去，跑在余興發的前面，他捨不得十幾條槍，我想抓住仇人。

我們十二個人二十四條飛毛腿，在剛剛收割的芝麻黃豆地裏，抄近路向北河渡口飛奔。

我一跑上長提，就發現一條船擠著三四十人，裏面有十幾個鬼子兵，正扯著白布滿蓬，順風鼓浪向對岸前進，船已過了江心，長江北面比南面寬一倍多，江邊又沒有第二條船，我望著滾滾的江水歎了口氣。

余興發一跑上長堤看見這種情形就咬著牙齒罵了一聲，又直衝下去，衝到江邊舉起槍朝船上砰砰地打了幾槍，子彈落在江面，像冰雹打在塘裏卜卜響，激起一小團一小團白色的水花。

船上也回了幾聲冷槍，也落在水裏。

走了仇人，我突然像隻洩了氣的皮球，心灰意冷。我把槍枝子彈交給余興發，余興發瞪著一對大牛眼問我：

「你又發了甚麼瘋？槍也不要了？」

「現在我用不著。」我搖搖頭。

「老弟，沒有槍你盤甚麼蛇？」

「我不是盤蛇的料。」

「余老闆已經進城接洽收編，少不了他一個大隊長！水漲船高，你的中隊長也跑不掉。現成的榮華富貴你不要？」

「謝謝余老闆的栽培，我沒有死在日本鬼子手裏，就算萬幸，還想甚麼榮華富貴？」

「你真是個拗相公，和你大爹一樣！」余興發指著我的鼻尖罵：「我原以為你多喝了幾年墨水，比我們捋牛尾巴的聰明，想不到你比牛還蠢！」

第三十四章 黃葉飄飄人何去 長江滾滾水東流

雖然勝利了，鬼子憲兵隊已被接收，大爹的下落卻如石沉大海，怎樣打聽也打聽不出來。幾個月的工夫，大媽彷彿老了十年，慧芬姐也清瘦了許多。不見大爹回來，她們更加悲痛絕望了。

姑姑哭瞎了兩眼，人也完全變了一個樣子，現在是一個乾瘦的老太婆。為了安慰她，我搬過來和她一塊住，玉蘭的閨房作了我的房間。她的一切姑姑都保持原狀。我面對著姑姑為她準備的嫁粧：紅漆棗木梳粧臺、紅漆大中小腳盆、櫥櫃、衣架，以及她的遺物，我便不禁心酸。她書桌上那張六寸的放大照片，是去年十六歲生日照的，春風滿面，笑靨微展，像一朵晨曦中宿露盈盈的水蓮。姑姑愛睜著一對無光的眼睛，用手摸摸相框，喃喃自語，我有淚也不敢輕彈。

我懷著一顆悲痛的心，開始整理姑爹的舊業。我首先將那把大罾，移到江邊，攀點魚賣。因為鹽價陡跌，魚價上漲，叫得出錢來。

一天傍晚，我正獨坐江邊攀魚，望著一艘大輪船，裝著滿船的「皇軍」向下行駛，有的在甲板上散步，有的伏在鐵欄杆邊，欣賞風景，談笑自若。他們來的時候是兵艦、飛機、大砲，打得我們中國人血肉橫飛，像來了一群凶神惡煞；他們投降了，我們卻用大輪船把他們送走，他們又還樣悠然自得。說不定船上就有武田、荒木和百花洲駐過的別的鬼子？武田、荒木造的孽，還留在百花洲；玉蘭、姑爹的屍骨未寒；大爹不知道死在哪兒？駝子哥的屍骨還沉在江底，他們卻安然地從駝子哥的屍骨上面駛過。我心裏一陣迷惘，像掉進米湯盆裏，糊里糊塗。

突然我聽見許百萬叫我，我回頭一看，發現他身邊還站著一個一身草綠軍服，腰間掛著小手槍的青年軍官，他懷疑地望著我，我也瞪著眼睛望著他，他顯然是和許百萬剛剛下船。

「嗨！你家麟哥回來了你都不認識？」

許百萬一句話提醒了我，我連忙跑近他們。家麟哥和我都說不出一句話，我們都含著兩泡眼淚。許百萬打趣地說：

「嘿，你兄弟倆一般高，加一翻，滿貫。」

「家鳳，我真沒有想到你長得這麼高，我簡直不認識了。」家麟哥首先開口。

家庭的變故，和百花洲的事，我想許百萬已經告訴他，我用不著再講。許百萬看我不作聲，又對家麟哥說：

「家麟，你這次及時回來正好！你是王麻子老店，正牌子，拔根汗毛，比我們的腰還粗。這幾年來百花洲的土都刮掉三尺，百花洲的人也變成了魚蝦。日本鬼子既然放虎歸山，廟堂上還沒有你唸的經，自然怪不得你；像余千這種地頭蛇，你總可以給他一個下馬威？」

家麟哥沉著臉一言不發，許百萬又接著說下去：

「你爹一心望他成龍，送錢送糧，想他保個風調雨順，六畜平安。誰知你們家庭遭了大難，他倒袖手旁觀，連你爹本人，他也見死不救。他現在越長越粗，這種地頭蛇你也饒過他？」

「現在一天的烏雲還沒有散，說不定馬上就要起風暴。我只能在家裏住一夜，明天就走，顧得了騾子顧不了馬，你老前輩看我一塊鐵能打幾根釘？」

許百萬聽家麟哥這樣說，兩眼瞪瞪地望著他，鸚哥嘴變成了大啞巴。

家麟哥一回到家裏，大媽和慧芬姐就摟著他哭成一團，他的眼淚在眼眶裏打轉，咬著牙不讓它掉下來。

許百萬悄悄地溜到荷花家去。

大媽和慧芬姐雖然明知道大爹沒有一點兒希望，可是一直不敢設靈位，家麟哥毅然決然地對大媽說：

「娘，那種鬼門關進去了就出不來，爹一定歸了西，我們應該設個靈位，免得爹作孤魂野鬼。」

大媽只好同意。我立刻去楓樹鎮訂做靈牌，賒了幾丈白大布回來，連夜趕做孝服。

這天晚上家麟哥和我在玉蘭房裏睡。姑姑眼睛看不見，只能聽出他講話的聲音，摸摸他的耳朵、眼睛、鼻子……一面哭，一面說：

「兒，你怎麼不早點兒打回來？我望白了頭，望穿了眼睛，結果還是魚兒蝦兒一鍋兒爛……」

家麟哥也哭了起來，哭得非常傷心。我把姑姑送進她自己房裏，他纔慢慢止住眼淚。

我們見面以後，一直很少交談，現在纔有機會單獨談話。

他告訴我許多後方情形，和他怎麼打仗吃苦，都是我想不到的事，他說貽新姐夫是剛升連長時陣亡的，他們兩人一直在一個師裏，七八年來馬不停蹄，他們像個救火隊，哪兒有戰事就往哪兒跑，大大小小打過不少仗，卻沒有負傷，他自己也認為是奇事，他三個月前纔升營長。這次是接收武漢，馬上又要開到北方去，所以特別請了四天假，就便回家探望一下，路上來回要三天；因此只能在家裏耽擱一天，他本來希望看看所有的親人，想不到連大爹也看不到。

「想不到玉蘭也長得這麼大了，真是難料得很！」他望望玉蘭的照片重重地歎口氣：「如果不是黃鼠狼拖雞，我一定會趕回來喝你們一杯喜酒。」

我問他結婚沒有？他搖搖頭，自嘲地說：

「自己不知道哪天死，何必害人作寡婦？」

他已經二十七八，還是孤家寡人；慧芬姐也二十四五，還在家裏作老女兒。百花洲的人向來是男十八，女十六就結婚，最多遲一兩年，他們是過時的葫蘆，可以做水瓢了。

他對自己的婚事並不在意，對慧芬姐的婚事卻很關心，因為百花洲沒有合適的人。我要他介紹他的朋友、同事，他用力搖搖頭。

「我燒了香，許了願，盡得了忠就盡不了孝；娘是風前燭，瓦上霜，慧芬不能嫁得太遠，而且貽新的事已經傷過她一次心，我做哥哥的也不忍拖她下水。」

「那不是褲腰帶兒打了死結？」

「遇到這種亂世，有甚麼辦法？」

這天晚上我們談到雞叫還沒有睡覺。姑姑在房裏也翻來覆去，歎歎氣又嚶嚶地哭泣。家麟哥要我過去勸慰姑姑，我沒有去，因為這種情形已非一日，姑姑一聽見我的聲音，一摸到我眼睛、鼻子，她更會想到玉蘭，哭得也更傷心。

天一亮我就去楓樹鎮把大爹的靈牌請回來，又去請涂道士來安靈。涂道士往年在九龍口雖然碰了大爹一鼻子灰，但他一聽我說請他替大爹安靈，他也歎口氣：

「你大爹是百花洲的大門，想不到會死在鬼子手裏？他在生是個正直人，死了也是個正直鬼，我要好好地替他超度超度，說不定他已經成了百花洲的土地神？」

吃過早飯以後，我們都穿起慧芬姐和荷花她們連夜趕作的孝服，替大爹安靈開弔。因為時間倉促，我們沒有發訃聞，附近的人還是聞風趕了過來。許百萬也從兩三里路外趕來，送了一提錢紙，恭恭敬敬地向大爹靈位磕了三個頭，嘴裏還自說自話：

「長子，你在生之日，我們牙齒舌頭時常相碰，可是我心裏還是服了你。現在你歸了西，我們生死異路，但願你封了土地神，保佑百花洲風調雨順。」

祭奠快完畢時，縣政府忽然派來一個公差，給大爹送了一份參議員的聘書和開會通知來。新縣長請大爹進城開會，商量地方上的事情，使我們啼笑皆非，只好把聘書和開會通知在靈前焚化。

家麟哥匆匆地搭著縣政府的差船進城，我們把他送到江邊。我扶著姑姑，慧芬姐扶著大媽，她們已經肝腸寸斷，泣不成聲，家麟哥的眼淚也在眼眶裏打滾，最後他把右手搭在我的肩上，哽咽地說：

「家鳳，我燒了香，許了願，顧得了騾子顧不了馬，一千斤擔子你要替我挑五百斤。現在滿天的烏雲還沒有散，以後百花洲說不定更是風風雨雨，天翻地覆……」

他話未說完就跳上船。大媽、姑姑、慧芬姐，啊的一聲，哭成一團。

他的小木船揚起半截白帆，逆水西上。一艘黃煙囪的大輪船卻載著滿船的「皇軍」順流而下。輪船的大浪，使小船顛顛簸簸，像隻搖籃，晃來晃去。

發黃的楊樹葉兒，隨著陣陣秋風，打著轉兒，紛紛飄下，落在慧芬姐和荷花的身上，落在大媽和姑姑的飄飄的白髮上。

我望著滾滾的長江，心裏一片茫然……

民國五十四年（一九六五）乙巳十二月長城出版社初版
民國六十一年（一九七二）壬子十月中華書局二版
民國八十九年（二〇〇〇）庚辰四月校正定本

墨人博士著作書目（校正版）

書目	類別	出版者	出版時間
一、自由的火焰 與《山之禮讚》合併	詩集	自印（左營）	民國三十九年（一九五〇）
二、哀祖國 易名《墨人新詩集》	詩集	大江出版社（臺北）	民國四十一年（一九五二）
三、最後的選擇	短篇小說	百成書店（高雄）	民國四十二年（一九五三）
四、閃爍的星辰	長篇小說	大業書店（高雄）	民國四十二年（一九五三）
五、黑森林	長篇小說	香港亞洲社	民國四十四年（一九五五）
六、魔障	長篇小說	暢流半月刊（臺北）	民國四十七年（一九五八）
七、孤島長虹（全集中易名為富國島）	長篇小說	文壇社（臺北）	民國四十八年（一九五九）
八、古樹春藤	中篇小說	九龍東方社	民國五十一年（一九六二）
九、花嫁	短篇小說	九龍東方社	民國五十三年（一九六四）
一〇、水仙花	短篇小說	長城出版社（高雄）	民國五十三年（一九六四）
一一、白夢蘭	短篇小說	長城出版社（高雄）	民國五十三年（一九六四）
一二、颱風之夜	短篇小說	長城出版社（高雄）	民國五十三年（一九六四）

一三、白雲青山	長篇小說	長城出版社（高雄）	民國五十四年（一九六五）
一四、春梅小史	長篇小說	長城出版社（高雄）	民國五十四年（一九六五）
一五、洛陽花似錦	長篇小說	長城出版社（高雄）	民國五十四年（一九六五）
一六、東風無力百花殘	長篇小說	長城出版社（高雄）	民國五十四年（一九六五）
一七、合家歡	長篇小說	臺灣省新聞處（臺中）	民國五十四年（一九六五）
一八、紅樓夢的寫作技巧	文學理論	臺灣商務印書館（臺北）	民國五十五年（一九六六）
一九、塞外	短篇小說	臺灣商務印書館（臺北）	民國五十五年（一九六六）
二〇、碎心記	長篇小說	小說創作社（臺北）	民國五十六年（一九六七）
二一、蠶姑	長篇小說	小說創作社（臺北）	民國五十七年（一九六八）
二二、鱗爪集	散　文	水牛出版社（臺北）	民國五十七年（一九六八）
二三、青雲路	短篇小說	臺灣商務印書館（臺北）	民國五十八年（一九六九）
二四、變性記	短篇小說	臺灣商務印書館（臺北）	民國五十八年（一九六九）
二五、龍鳳傳	長篇小說	幼獅書店（臺北）	民國五十九年（一九七〇）
二六、火樹銀花	長篇小說	立志出版社（臺北）	民國五十九年（一九七〇）
二七、浮生集	散　文	聞道出版社（臺南）	民國六十一年（一九七二）
二八、墨人詩選	詩　集	臺灣中華書局（臺北）	民國六十一年（一九七二）
二九、鳳凰谷	長篇小說	臺灣中華書局（臺北）	民國六十一年（一九七二）

三〇、墨人短篇小說選	短篇小說	臺灣中華書局（臺北）	民國六十二年（一九七三）
三一、斷腸人	短篇小說	臺灣學生書局（臺北）	民國六十二年（一九七三）
三二、詩人革命家胡漢民傳	傳記小說	近代中國社（臺北）	民國六十七年（一九七八）
三三、心猿	長篇小說	學人文化公司（臺北）	民國六十八年（一九七九）
三四、山之禮讚	詩集	秋水詩刊（臺北）	民國六十九年（一九八〇）
三五、心在山林	散文	中華日報社（臺北）	民國六十九年（一九八〇）
三六、墨人散文集	散文	學人文化公司（臺中）	民國六十九年（一九八〇）
三七、山中人語	散文	臺灣商務印書館（臺北）	民國七十二年（一九八三）
三八、花市	散文	江山出版社（臺北）	民國七十四年（一九八五）
三九、三更燈火五更雞	散文	江山出版社（臺北）	民國七十四年（一九八五）
四〇、墨人絕律詩集	詩集	臺灣商務印書館（臺北）	民國七十六年（一九八七）
四一、全唐詩尋幽探微	文學理論	臺灣商務印書館（臺北）	民國七十六年（一九八七）
四二、第二春	短篇小說	采風出版社（臺北）	民國七十七年（一九八八）
四三、全唐宋詞尋幽探微	文學理論	臺灣商務印書館（臺北）	民國七十八年（一九八九）
四四、小園昨夜又東風	散文	黎明文化公司（臺北）	民國八十年（一九九一）
四五、紅塵（上、中、下三卷）	長篇小說	臺灣新生報社（臺北）	民國八十年（一九九一）
四六、大陸文學之旅	散文	文史哲出版社（臺北）	民國八十二年（一九九三）

四七、紅塵續集	長篇小說	臺灣新生報社（臺北）	民國八十二年（一九九三）
四八、墨人半世紀詩選	詩　選	文史哲出版社（臺北）	民國八十四年（一九九五）
四九、張本紅樓夢（上下兩巨冊）	修訂批註	湖南出版社（長沙）	民國八十五年（一九九六）
五〇、紅塵心語	散　文	圓明出版社（臺北）	民國八十五年（一九九六）
五一、年年作客伴寒窗	散　文	中天出版社（臺北）	民國八十六年（一九九七）
五二、全宋詩尋幽探微	文學理論	文史哲出版社（臺北）	民國八十九年（二〇〇〇）
五三、墨人詩詞詩話	詩詞・理論	詩藝文出版社（臺北）	民國八十九年（二〇〇〇）
五四、娑婆世界（定本）	長篇小說	昭明出版社（臺北）	民國八十八年（一九九九）
五五、白雪青山（定本）	長篇小說	昭明出版社（臺北）	民國八十九年（二〇〇〇）
五六、滾滾長江（定本）	長篇小說	昭明出版社（臺北）	民國八十九年（二〇〇〇）
五七、春梅小史（定本）	長篇小說	昭明出版社（臺北）	民國八十九年（二〇〇〇）
五八、紫燕（定本）	長篇小說	昭明出版社（臺北）	民國九　十年（二〇〇一）
五九、紅樓夢的寫作技巧（定本）	文學理論	昭明出版社（臺北）	民國九　十年（二〇〇一）
六〇、紅塵六卷（定本）	長篇小說	昭明出版社（臺北）	民國九　十年（二〇〇一）
六一、紅塵法文本	巴黎友豐（you fong）書局出版		二〇〇四年初版

附註：

▲北京中國文聯出版社二〇〇三年出版　大陸教授羅龍炎・王雅清合著《紅塵》論專書

▲臺北市昭明出版社出版墨人一系列代表作、長篇小說《娑婆世界》、一百九十多萬字的空前大長篇《紅塵》（中法文本共出五版）暨《白雪青山》（兩岸共出六版）、《滾滾長紅》、《春梅小史》、《紫燕》，短篇小說集、文學理論《紅樓夢的寫作技巧》（兩岸共出十四版）等書。臺灣中華書局出版的《墨人自選集》共五大冊，收入長篇小說《白雪青山》、《靈姑》、《鳳凰谷》、《江水悠悠》（爲《東風無力百花殘》易名）、《短篇小說・詩選》合集。《哀祖國》及《合家歡》皆由高雄大業書店再版。臺北詩藝文出版社出版的《墨人詩詞詩話》創作理論兼備，爲「五四」以來詩人、作家所未有者。

▲臺灣商務印書館於民國七十三年七月出版先留英後留美哲學博士程石泉、宋瑞等數十人的評論專集《論墨人及其作品》上、下兩冊。

▲《白雪青山》於民國七十八年（一九八九）由臺北大地出版社第三版。

▲臺北中國詩歌藝術學會於一九九五年五月出版《十三家論文》論《墨人半世紀詩選》。

《紅塵》於民國七十九年（一九九〇）五月由大陸黃河文化出版社出版前五十四章（香港登記、深圳市印行）。大陸因未有書號未公開發行僅供墨人「大陸文學之旅」時與會作家座談時參考。

▲北京中國文聯出版公司於一九九二年十二月出版長篇小說《春梅小史》（易名《也無風雨也無晴》）；一九九三年四月出版《紅樓夢的寫作技巧》。

▲北京中國社會科學出版社於一九九四年出版散文集《浮生小趣》。

▲北京群眾出版社於一九九五年一月出版散文集《小園昨夜又東風》；一九九五年十月京華出版社出版

長篇小說《白雪青山》大陸版，第一版三千冊，一九九七年八月再版一萬冊。

▲長沙湖南出版社於一九九六年一月初出版墨人費時十多年精心修訂批註的《張本紅樓夢》，分上下兩大冊精裝一萬一千套。立即銷完，因未經墨人親校，難免疏失，墨人未同意再版。

Mo Jen's Works

1950 *The Flames of Freedom*（poems）《自由的火焰》
1952 *Lament for My Mother Country*（poems）《哀祖國》
1953 *Glittering Stars*（novel）《閃爍的星辰》
The Last Choice（short stories）《最後的選擇》
1955 *Black Forest*（novel）《黑森林》
The Hindrance（novel）《魔障》
The Rainbow and An Isolated Island（novel）《孤島長虹》（全集中易名爲富國島）
1963 *The spring Ivy and Old Tree*（novelette）《古樹春藤》
1964 *Narcissus*（novelette）《水仙花》
A Typhonic Night（novelette）《颱風之夜》

Ms.Pei Mong-lan（novelette）《白夢蘭》

The Joy of the Whole Family（novel）《合家歡》

Flower Marriage（novelette）《花嫁》

1965 *White Snow and Green Mountain*（novel）《白雪青山》

The Short Story of Miss Chung Mei（novel）《春梅小史》

The Powerless Spring Breeze and Faded Flowers（novel）《東風無力百花殘》(《江水悠悠》)

Flower Blossom in Loyang（novel）《洛陽花似錦》

1966 *The Writing Technique of the Dream of Red Chamber*（literature theory）《紅樓夢的寫作技巧》

Out of The Wild Frontier（novelette）《塞外》

1967 *A Heart-broken Story*（novel）《碎心記》

1968 *Miss Clever*（novel）《靈姑》

Trifle（prose）《鱗爪集》

1969 *The Road to Promotion*（novelette）《青雲路》

1970 *A Sex-change Story*（novelette）《變性記》

The Biography of the Dragon and the Phoenix（novel）《龍鳳傳》

1971 *A Brilliantly lighted Garden*（novel）《火樹銀花》

1972 *My Floating Life*（prose）《浮生記》

Selection of Mo Jen's Poems《墨人詩選》
A Heart-broken Woman (novelette)《斷腸人》
Phoenix Valley (novel)《鳳凰谷》
Mo Jen's Works (five volumes)《墨人自選集》
Selection of Mo Jen's short stores《墨人短篇小說選》
1978 Hu Han-ming, the Poet and Revolutionist (novel)《詩人革命家胡漢民》
1979 The Mokey in the Heart (i.e. The Purple Swallow renamed)《心猿》
1980 The Hermit (prose)《心在山林》
A Collection of Mo Jen's Prose (prose)《墨人散文集》
A Praise to Mountains (poems)《山之禮讚》
1983 Mountaineer's Remarks (prose)《山中人語》
1985 My Candle Burns at Both Ends (prose)《三更燈火五更雞》
Flower Market (prose)《花市》
1986 A Mundane World (novel, four volumes, over 1.9 million words)《紅塵》
1987 Remarks on All Poems of the Tang Dynasty (theory)《全唐詩尋幽探微》
1988 Remarks On All Tsyr (prose poem) of the Tang and Sung Dynasties (theory)《全唐宋詞尋幽探微》
1991 The Breeze That Came From The East Last Night in My Little garden Again (prose)《小園昨夜又東風》

1992 *Travel for Literature in Mainland China* (prose) 《大陸文學之旅》

1995 *Selection of Mo Jen's Poems, 1992-1994* 《墨人半世紀詩選》

1996 *I'll look upon the World* 《紅塵心語》

Chang Edition of the Dream of Red Chamber 《張本紅樓夢》（修訂批註）

1997 *Cherish thy guests and the Muses* 《年年作伴寒窗》

1999 *Saha Shih Gai* 《娑婆世界》

1999 *Remarks on All Poems of the sung Dynasties* 《全宋詩尋幽探尋》

1999 *Mo Jen's Classical Poems and Prose Poems* 《墨人詩詞詩話》

2004 *Poussiere Rouge* 《紅塵》法文譯本

墨人博士創作年表（二〇〇五年增訂）

年度	年齡	發表出版作品及重要文學紀錄摘要
民國二十八年己卯（一九三九）	十九歲	在東南戰區《前線日報》發表〈臨川新貌〉。淪陷區著名的上海《大美晚報》隨即轉載。
民國二十九年庚辰（一九四〇）	二十歲	在《前線日報》發表〈希望〉、〈路〉等新詩作品。
民國三十年辛巳（一九四一）	二十一歲	在《前線日報》發表〈評夏伯陽〉書評等文。
民國三十一年壬午（一九四二）	二十二歲	在各大報發表〈苦難的行列〉、〈贛州禮讚〉〈長詩〉、〈老船夫〉、〈盲歌者〉、〈自己的輓歌〉、〈抹去那怯弱的眼淚吧〉、〈生命之歌〉、〈快樂鳥〉、〈鷂鷹與雲雀〉等詩及散文多篇。
民國三十二年癸未（一九四三）	二十三歲	在各大報發表長詩〈鋤奸隊長〉、〈搜索連長〉、〈遙寄〉、〈寫在第七個七七〉、〈父親〉、〈受難的女神〉、〈城市的夜〉及〈火把〉、〈擊柝者〉、〈橋〉、〈古鐘〉、〈汽笛〉、〈山居〉、〈沙灘〉、〈夜行者〉、〈孤芳〉、〈蚊蟲〉、〈蒼蠅〉、〈鬣鷴〉、〈陽光〉、〈深秋〉、〈贈某詩人兼寫自己〉、〈哀亡命詩人〉、〈自供〉、〈自墨詩抄〉、〈哀歌〉、〈生活〉、〈給偶像崇拜者〉、〈戰書〉、〈燈下獨白〉、〈夜歸〉、〈失眠之夜〉、〈悼〉、〈殘英〉、〈黃昏曲〉、〈補綴〉、〈復活的季節〉、〈擬戀歌〉、〈晨雀〉、〈春耕〉、〈天空的搏鬥〉等長短抒情詩。另發表散文及短篇小說多篇。

民國三十三年甲申（一九三九）	二十四歲	發表〈山城草〉五首及〈沒有褲子穿的女人〉、〈襤褸的孩子〉、〈駝鈴〉、〈無聲的哭泣〉、〈長夜草〉、〈春夜〉、〈擬某女演員〉、〈蛙聲〉、〈麥笛〉等詩及散文多篇。
民國三十四年乙酉（一九四五）	二十五歲	發表〈最後的勝利〉及〈煉獄裏的聲音〉、〈神女〉、〈門〉等長詩與散文多篇。
民國三十五年丙戌（一九四六）	二十六歲	發表〈夢〉、〈春天不在這裡〉等詩及散文多篇。
民國三十六年丁亥（一九四七）	二十七歲	發表〈冬天的歌〉、〈流浪者之歌〉、〈手杖、煙斗〉及長詩〈上海抒情〉等與散文多篇。
民國三十七年戊子（一九四八）	二十八歲	主編軍中雜誌，撰寫時論，均不署名。
民國三十八年己丑（一九四九）	二十九歲	七月渡海抵臺、發表〈星獄〉、〈滿妹〉、及長詩〈自由的火燄〉、〈人類的宣言〉等及散文多篇。
民國三十九年庚寅（一九五〇）	三十歲	發表〈站起來，捏死他！〉、〈滾出去，馬立克！〉、〈英國人〉、〈海洋頌〉等詩。出版《自由的火燄》詩集。
民國四十年辛卯（一九五一）	三十一歲	發表〈春晨獨步〉、〈炫與殉〉、〈悼三閭大夫屈原〉、〈詩聯隊〉、〈心聲之歌〉、〈子夜獨唱〉、〈真理、愛情〉、〈友情的花朵〉、〈啊，西風啊！〉、〈歲暮吟〉、〈師生〉、〈往事〉、〈天書〉、〈歷程〉、〈雨天〉、〈火車飛馳在海岸線上〉、〈帶路者〉、〈送第一艦隊出征〉等詩、及〈哀祖國〉長詩。
民國四十一年壬辰（一九五二）	三十二歲	發表〈未完成的想像〉、〈鄭上吟〉、〈窗下吟〉、〈白髮吟〉、〈秋夜輕吟〉、〈秋訊〉、〈渴念、追求〉、〈寂寞、孤獨〉、〈冬眠〉、〈我想把你忘記〉、〈想念〉、〈成人的悲歌〉、〈訴〉、〈詩人〉、〈詩〉、〈貝絲〉、「春天的懷念」五首、〈和風〉、〈夜雨〉、〈臺灣海峽的霧〉等及散文、短篇小說多篇。出版《哀祖國》詩集。

民國四十二年癸巳（一九五三）	三十三歲	發表〈寄台北詩人〉等詩及散文短篇小說多篇。高雄百成書店出版短篇小說集《最後的選擇》收入〈華玲〉、〈生死戀〉、〈梅蘭馨〉、〈敵人的故事〉、〈最後的選擇〉、〈蔣復成〉、〈姚醫生〉等七篇。大業書店出版長篇小說《閃爍的星晨》一、二兩冊。
民國四十三年甲午（一九五四）	三十四歲	發表〈野萊〉、〈海鷗〉、〈鳳凰木〉、〈流螢〉、〈鵝鑾鼻〉、〈海邊的城〉、〈長夏小唱〉及散文、短篇小說多篇。
民國四十四年乙未（一九五五）	三十五歲	發表〈雲〉、〈F-86〉、〈題GK〉等詩及散文、短篇小說多篇。香港亞洲出版社出版長篇小說《黑森林》、並獲中華文獎會國父誕辰長篇小說第二獎（第一獎從缺）。
民國四十五年丙申（一九五六）	三十六歲	發表〈四月〉等詩及散文、短篇小說多篇。
民國四十六年丁酉（一九五七）	三十七歲	發表〈月亮〉、〈九月之旅〉、〈雨和花〉等詩及長篇小說《魔障》。
民國四十七年戊戌（一九五八）	三十八歲	暢流半月刊雜誌社出版長篇連載小說《魔障》。
民國四十八年己亥（一九五九）	三十九歲	發表短篇小說、散文多篇。文壇雜誌社出版長篇小說《孤島長虹》（全集中易名為《寶島》）。
民國四十九年庚子（一九六〇）	四十歲	發表〈橫貫小唱〉等詩及散文、短篇小說多篇。
民國五十年辛丑（一九六一）	四十一歲	發表〈熱帶魚〉、〈豎琴〉、〈水仙〉等詩及短篇小說甚多。奧國維也納納富出版公司編選的《世界最佳小說選》選入短篇說〈馬騮〉，同時入選者有諾貝爾文學獎得主威廉福克納、拉革克菲斯特等世界各國名作家作品。

民國五十一年壬寅（一九六二）	四十二歲	發表〈青鳥〉、〈兩腳獸〉、〈晚會〉、〈祈禱〉等詩及短篇小說甚多。奧國維也納納圖出版公司又將短篇小說《小黃》（以江州司馬筆名撰寫者）選入《世界最佳小說選》，同時入選者有諾貝爾獎得主蕭洛霍夫、郭沫若及世界各國名作家作品。
民國五十二年癸卯（一九六三）	四十三歲	香港九龍東方文學社出版中篇小說《古樹春藤》。發表短篇小說、散文甚多。
民國五十三年甲辰（一九六四）	四十四歲	香港九龍東方文學社出版短篇小說集《花嫁》，收入〈教師節〉、〈劉二爹〉、〈三嫣〉、〈異鄉人〉、〈花嫁〉、〈扶桑花〉、〈南海屠鮫〉、〈高山曲〉、〈古寺心聲〉、〈誘惑〉、〈隱情〉、〈美珠〉、〈新苗〉、〈心聲淚影〉等十四篇。高雄長城出版社出版中短篇小說集《水仙花》，收入〈水仙花〉、〈銀杏表嫂〉、〈圓房記〉、〈江湖兒女〉、〈天鵝〉、〈賭徒〉、〈搶親〉、〈黃龍〉、〈風雪歸人〉、〈花子老爹〉、〈晨鐘寺的居士〉、〈人與樹〉、〈過客〉、〈阿婆〉、〈馬腳〉、〈小黃〉等十六篇。高雄長城出版社出版中短篇小說集《白夢蘭》，收入〈情敵〉、〈空手〉、〈師生〉、〈斷夢〉、〈黃昏曲〉、〈白夢蘭〉、〈平安夜〉、〈凱塞琳．萊蒙托夫與我〉、〈陽春白雪〉、〈亂世佳人〉、〈傷心之旅〉、〈白衣清淚〉、〈護士與病人〉、〈如夢記〉、〈除夕〉等十五篇。　高雄長城出版社出版《中華日報》連載的二十五萬字長篇小說《白雪青山》。　發表短篇小說、散文甚多。
民國五十四年乙巳（一九六五）	四十五歲	高雄長城出版社出版連載長篇小說《洛陽花似錦》、《春梅小史》、《東風無力百花殘》三部。　發表短篇小說、散文甚多。省政府新聞處出版長篇小說《合家歡》。
民國五十五年丙午（一九六六）	四十六歲	是年五月赴馬尼拉華僑文教講習會講授「紅樓夢的寫作技巧」及新詩課程一個月。商務印書館出版文學理論專著《紅樓夢的寫作技巧》，全書共十五萬字。商務印書館出版中短篇小說集《塞外》，收入〈塞外〉、〈騙子〉、〈百合花〉、〈天山風雲〉、〈白金龍〉、〈白狼〉、〈秋爾紫鵑〉、〈齊萬秋的衣缽〉、〈半路夫妻〉、〈百鳥聲喧〉、〈風竹與野馬〉、〈美人計〉、〈夜襲〉、〈花燭劫〉等十四篇。

民國五十六年丁未（一九六七）	四十七歲	發表短篇小說、散文甚多。小說創作社出版連載長篇小說《碎心記》。
民國五十七年戊申（一九六八）	四十八歲	小說創作社出版《中華日報》連載長篇小說《癡姑》。水牛出版社出版散文集《鱗爪集》，收入〈家鄉的魚〉、〈家鄉的鳥〉、〈雪天的懷念〉、〈秋山紅葉〉、〈學問與創作之間〉等散文七十六篇、舊詩三首。
民國五十八年己酉（一九六九）	四十九歲	商務印書館出版中短篇小說集《青雲路》。收入〈世家子弟〉、〈青雲路〉、〈空棺記〉、〈久香〉等四篇。
民國五十九年庚戌（一九七〇）	五十歲	商務印書館出版中短篇小說集《變性記》。收入〈變性記〉、〈嬌客〉、〈歲寒圖〉、〈泥龍〉、〈祖孫父子〉、〈秋風落葉〉、〈老夫老妻〉、〈恩愛夫妻〉、〈布販與偷雞賊〉、〈芳鄰〉、〈沙漠王子〉、〈沙漠之狼〉、〈世界通先生〉、〈寶珠的祕密〉、〈奇緣〉等十五篇。幼獅文化事業公司出版長篇小說《龍鳳傳》。臺北立志出版社出版長篇《火樹銀花》出版全集時易名《同是天涯淪落人》。
民國六十年辛亥（一九七一）	五十一歲	立志出版社出版長篇小說《火樹銀花》。發表散文多篇及在高雄《新聞報》連載長篇小說《紫燕》。
民國六十一年壬子（一九七二）	五十二歲	闢道出版社出版散文集《浮生集》。收入〈文藝的危機〉、〈貝克特高風〉、〈五十年華〉等散文十三篇、舊詩六首。學生書局出版短篇小說散文合集《斷腸人》。收入短篇小說〈斷腸人〉、〈薇薇〉、〈相見歡〉、〈滄桑記〉、〈恩怨〉、〈夜宴〉等七篇及散文〈文學系與文學創作〉、〈大學國文教學我見〉、〈作家之死〉等十五篇。　中華書局出版《墨人自選集》五大冊。包括長篇小說《白雲青山》、《癡姑》、《鳳凰谷》、《江水悠悠》（《東風無力百花殘》易名）及《短篇小說、詩選》（精選短篇小說二十八篇、抒情詩一〇六首），共一百五十萬字。
民國六十二年癸丑（一九七三）	五十三歲	發表散文多篇。列入英國劍橋國際傳記中心（International Biographical Centre Cambridge England）出版的《國際詩人名錄》（*International Who's Who in Poetry, 1973*）。

民國六十三年甲寅（一九七四）	五十四歲	出席第二屆世界詩人大會。發表散文多篇。
民國六十四年乙卯（一九七五）	五十五歲	列入正中書局出版的《中華民國文藝史》（1975）。發表〈臺北的黃昏〉新詩一首及散文多篇。
民國六十五年丙辰（一九七六）	五十六歲	列入英國劍橋國際傳記中心出版的 *Men of Achievement. 1976* 發表〈歷史的會晤〉新詩及散文、短篇小說多篇。
民國六十六年丁巳（一九七七）	五十七歲	應 I.B.C 邀請於三月間赴義大利翡冷翠出席國際文藝交流大會（The 3rd I.B.C. International Congress on Arts and Communications）。會後環遊世界。發表〈羅馬之雲〉、〈羅馬之松〉、〈翡冷翠的女郎〉、〈翡冷翠之柳〉、〈塞納河〉等詩及羅馬掠影」、〈翠城記〉、〈威尼斯之旅〉、〈藝術之都翡冷翠〉、〈西雅奈與比薩斜塔〉、〈美國行〉、〈江戶、皇宮、御苑〉、〈環球心影〉等遊記。在《中國時報》發表有關中國文化論文〈中國文化的三條根〉，在《新生報》發表〈文藝界的"洋"瘋癲〉等多篇。
民國六十七年戊午（一九七八）	五十八歲	近代中國社出版長篇傳記小說《詩人革命胡漢民傳》。列入英國劍橋國際傳記中心出版的《國際名人辭典》（*Dictionary of International Biography. 1978*）、《國際知識分子名錄》（*International Who's Who of Intellectual. 1978*）、《國際人名剪影》（*International Register of Profiles*）、《國際社會名人錄》（*International Who's Who in Community Service*）、發表〈六月之荷〉詩一首。在各報發表〈中國文化的宇宙觀〉、〈中國文化的真面目〉、〈文化、社會形態與當代文學創作（為亞洲文學會議而作）〉、〈人與宇宙自然法則〉等。出席亞洲文學會議。 列入中華書局出版的《中華民國當代名人錄》（*Who's Who of R.O.C. 1978*） 列入行政院新聞局編印的一九七八年英文《中華民國年鑑名人錄》（*China Yearbook Who's Who*）。

民國六十八年己未（一九七九）	五十九歲	學人文化事業有限公司出版長篇小說《心猿》（《紫燕》易名）。發表短篇小說〈春〉、〈杏林之春〉。長詩〈哀吉米・卡特〉及〈山之禮讚〉五首。短篇〈客從故鄉來〉、〈人瑞〉。理論〈中國古典小說戲劇〉、〈抗戰文學的整理與再創作〉（《中央日報》）等多篇。
民國六十九年庚申（一九八〇）	六十歲	秋水詩刊社出版詩集《山之禮讚》、收集六十四年以後新詩四十四首及七言絕律詩十首。　中華日報社出版散文集《心在山林》，收集〈花甲聲中過〉、〈老當益壯〉、及抒情寫景散文數十篇。 臺中學人文化事業出版有限公司出版《墨人散文集》收集〈文化、社會形態與當代文學創作〉、〈人與宇宙自然法則〉、〈中國文化的三條根〉、〈宇宙為心人為本〉、〈文藝界的「洋」瘋癲〉等理論性散文數十篇。 在《中央日報・副刊》發表〈紅樓夢研究的正確方向〉、《中華日報・副刊》發表〈人生六十樹常青〉、《青年戰士報・新文藝副刊》發表〈山中人語〉專欄文章〈山水之間〉、〈生命長短價值觀〉、〈寶刀未老〉、〈七進七出鬼門關〉、〈報人甘苦〉、〈杏壇生涯〉等。 接受《大華晚報》採訪組副主任程榕寧兩次訪問，一為談胡漢民生平，一為談《易經》、《道德經》、命學，並發表〈醫學命學與人生〉專文。
民國七十年辛酉（一九八一）	六十一歲	繼續撰寫《山中人語》專欄。 應臺中市《自由日報》特約撰寫《浮生小記》專欄。 應行政院新聞局邀請參觀本省農漁畜牧事業單位，並在《中央日報》發表〈人在福中〉散文。 接受臺灣廣播公司《成功之路》節目訪問，於四月廿七日晚八時半播出。 在高雄《新聞報》發表〈撥亂反正說紅樓〉（六月十七、十八日）論文。
民國七十一年壬戌（一九八二）	六十二歲	九月赴漢城出席第二屆中韓作家會議，並在東京參加中日作家會議，曾暢遊南韓、北海道、大阪至東京名勝地區，歸後撰寫〈韓國掠影〉、〈秋遊北海道〉，發表於《中央日報》。 列入中華民國名人傳記中心出版的《中華民國現代名人錄》。

		列入英國劍橋國際傳記中心出版的《傑出男女傳記》（*Men and Women of Distinction*）並附照片。 列入美國 MarQuis 公司出版的《世界名人錄》（*Who's Who in the World*）第六版。 接受義大利藝術大學授予的文學功績證書。
民國七十二年癸亥（一九八三）	六十三歲	商務印書館出版散文集《山中人語》，收集散文七十篇。
民國七十三年甲子（一九八四）	六十四歲	商務印書館出版《論墨人及其作品》上、下兩冊，包括評論文章六十餘篇。 列入義大利 Accademia Itlia 出版英、法、德、義四種文字的《國際文學史》（*The History of International Literature*）及《百科全書：當代人物（*The Encyclopadeia: Contemporary Personalities*）》。 端午節（六月四日）開筆撰寫已構思準備十餘年的一百餘萬字的大長篇小說《紅塵》，年底完成初稿四十餘萬字。 十月在韓國漢城舉行的第四屆中韓作家會議，事忙未能出席，但提出一萬餘字的論文（古典與現代）一篇。
民國七十四年乙丑（一九八五）	六十五歲	由江山出版社出版《三更燈火五更雞》、《花市》散文集等兩本，前者收入散文、理論二十四篇，後者收入散文遊記二十七篇。 八月一日退休，專心寫作《紅塵》，於十二月底完成九十二章，告一段落，共一百二十萬字，超出《紅樓夢》十餘萬字，內有絕律詩（聯）三十二首。
民國七十五年丙寅（一九八六）	六十六歲	年初開始研讀《全唐詩》，撰寫《全唐詩尋幽探微》，十一月完成，共十二萬餘字，一面在《新聞報・西子灣》發表，並連同歷年所作絕律詩三十七首，定名為《墨人絕律詩集》，一併交與臺灣商務印書館簽約出版。 列入美國 A.B.I. 出版的 5000 Personalities of the World；英國 I.B.C. 出版的 *The International Authors and Writers Who's Who.*

民國七十六年丁卯（一九八七）	六十七歲	訪問考察東南亞地區、國家馬來西亞、新加坡、泰國、菲律賓、香港十七天，並出席多次座談會。 商務印書館出版《全唐詩尋幽探微》（附《墨人絕律詩集》）。 《紅塵》長篇小說於三月五日開始在《臺灣新生報》連載。 七月四、五日出席在臺北市召開的抗戰文學研討會。 八月一日出席在高雄市召開的第七屆中韓作家會議。
民國七十七年戊辰（一九八八）	六十八歲	元月二日完成《全唐宋詞尋幽探微》（附《墨人詩餘》）全書十六萬字。設於美國深受世界尊重的「國際大學基金會」（The Marguis Giuseppe Sciclun a 1855-1907 International University Foundation）（Founded 1973）授予榮譽文學博士學位。 臺灣商務印書館出版《全唐宋詞尋幽探微》。
民國七十八年己巳（一九八九）	六十九歲	臺北大地出版社三版長篇小說《白雪青山》。 世界大學（World University）授予榮譽文學博士學位。
民國七十九年庚午（一九九〇）	七十歲	五月應大陸黃河文化實業公司邀請，作四十天文學之旅，與北京、上海、杭州、九江、武漢、西安、蘭州等地作家座談中華文化、文學創作，坦誠交換意見，獲得一致共識、真摯友情與尊敬，廣州電視臺並全程錄影，製作專輯播出，六月底返臺後即撰寫《大陸文學之旅》專著。 艾因斯坦國際學院基金會（Albert Einstein 1879-1955 International Academy Foundation）授予榮譽人文學博士學位。 榮列英國劍橋國際傳記中心出版的IBC Book of Dedications，占全書篇幅五頁，刊登照片五張，介紹五十年創作生涯，十分翔實，篇幅之大，為全書冠，並禮聘為IBC副總裁。
民國八十年辛未（一九九一）	七十一歲	二月底新生報出版《紅塵》，二十五開本，上、中、下三鉅冊。黎明文化事業公司出版《小園昨夜又東風》散文集。 應香港廣大學院禮聘為中國文學研究所客座指導教授。 《紅塵》榮獲新聞局著作金鼎獎及嘉新優良著作獎。

民國八十一年壬申（一九九二）	民國八十二年癸酉（一九九三）
七十二歲	七十三歲
文史哲出版社出版《大陸文學之旅》。 應聘香港廣大學院中研所客座指導教授。 一月五日開筆寫《紅塵續集》、自九十三章起至一百二十章止、共四十萬字、六月十日完稿、《紅塵》全書共一百九十萬字。續集自十二月一日開始在《臺灣新生報・副刊》連載近年、雙破長篇鉅著及連載紀錄。中國廣播公司《中廣小說選播》節目、亦於十二月一日十四時三十分、在AM657千赫第一廣播網開始播出長篇鉅著《紅塵》上、中、下三冊、由蘇愛華小姐導播、集該公司播音精英、通力合作、龍老夫人一角由播音元老白銀飾演、其餘人物均爲一時之選、效果奇佳、前所未有。　北京「中國文聯出版公司」出版《也無風雨也無晴》。 墨人故鄉九江《師專學報》、於本年起開闢《墨人研究》專欄、與《陶淵明研究》、《黃山谷研究》、並稱三大專欄、甚受教育、學術界重視。	十月下旬、偕《秋水》詩刊同仁涂靜怡、雪柔、麥穗、汪洋萍、飄信子、林蔚穎等爲慶祝《秋水》創刊二十周年、訪問哈爾濱、北京、西安三大都市、與當地詩人座談交流、水乳交融、兩岸詩人因而建立深厚友誼。十一月初、隻身訪問昆明、探親、昆明作協主席曉雪、八十多歲老作家李喬、小說家張昆華、《春城晚報》副總編輯熊廷武、副刊主編原因、理論家教授余斌、作家湯世傑、李錦華等集會歡迎、其中多爲白族、彝族等少數民族作家、乃以雲南少數民族文化資源努力創作相勉、深獲共鳴。資深作家彭荊風、晚間並來下榻處暢談。 繼續應聘香港廣大學院中研所客座指導教授三年。 十二月新生報社出版《紅塵續集》、全書共四大冊、其實前後一貫、爲一整體、該報爲方便、乃以《續集》名之。一生心願心血得以完成、在輕、薄、短、小及商品文學獨占市場情況下、亦一大異數。北京「中國文聯出版公司出版《紅樓夢的寫作技巧》。

年代	年齡	事蹟
民國八十三年甲戌（一九九四）	七十四歲	一月開始研讀自北京購回的《全宋詩》、擬續寫《全宋詩尋幽探微》。 四月十一日接受臺北復興廣播電臺《名人專訪》節目主持人裴雯小姐訪問；談一生寫作歷程及大長篇《紅塵》寫作經過。 臺北《世界論壇報》副社長兼副刊主編詩人評論家周伯乃先生，特自五月三十一日起一連三天出版特刊，慶祝七十晉五誕辰暨創作五十五周年，除刊出《小傳》、《七五人生一首詩》、《中國新詩與傳統詩詞的整合》、《叩開生命之門》三篇新作外，並刊出蒙古族女詩人作家薩仁圖娅的《墨人：屈原風骨中華魂》，及馬來西亞霹靂州立女子中學校長、詩詞家、散文作家彭士麟女士論《紅塵》與大陸作家作品比較的書信、墨人著作校長、詩詞家、散文作家彭士麟女士論《紅塵》與大陸作家作品比較的書信、墨人著作目錄、美國兩個榮譽文學博士、一個人文學博士照片三張、《紅塵》獲獎照片一張、及周伯乃《無限的祝禱》文等。 八月七日，中國時報系的《工商日報・讀書版・大書坊》刊出荷齡的《紅塵》墨人專訪文章，並配合攝影記者何日昌拍攝的墨人及《紅塵》四冊照片。 大陸廣州暨南大學中文系教授兼臺港暨海外華文文學研究中心主任，評論家潘亞暾，費時月餘撰寫《紅塵續集》論文達一萬餘字的《偉大史詩的歸結》，於九月二十一至二十五日在臺北市《世界論壇報・副刊》全文刊出，見解不凡，對《續集》的成功更使他大吃一驚，因此，更肯定《紅塵》的史詩價值、地位。 八月二十八日第十五屆世界詩人大會在臺北召開，僅提出《中國新詩與傳統詩詞的整合》論文一篇，並未出席，論文則由《中國詩刊》主編曾美霞女士代讀。
民國八十四年乙亥（一九九五）	七十五歲	一月，臺北文史哲出版社出版《墨人半世紀詩選》（一九四二——一九九四）。 一月十日應臺北廣播電臺《藝文夜話》主持人宋英小姐訪問，許導播秀玲決定十日開播《紅塵》全書四冊，每日廣播兩次。 中國詩歌藝術學會主辦、中國文藝協會協辦，於五月二十二日在臺北市中國文藝協會舉行《墨人世半紀詩選》學術研討會，與會詩人、評論家六十餘人，討論情況熱烈，並印發海峽兩岸評論家王常新、古繼堂、古遠清、李春生、楊允達、周伯乃等十三家論文專集。各家均推崇、肯定新舊詩兩方面的成就與半個多世紀的貢獻。

		英國劍橋國際傳記中心頒贈二十世紀文學傑出成就獎。 榮列一九九五年英國劍橋國際傳記中心出版的 The Definitive Book of the Deputy Directors General of the IBC, 佔全書篇幅五頁、刊登照片五張，為全書之冠。
民國八十五年丙子（一九九六）	七十六歲	臺北圓明出版社出版涵蓋儒、釋、道三家思想的散文集《紅塵心語》。卷首有珍貴的文學照片十餘張。 臺北中國詩歌藝術學會出版《十三家論文》論《墨人半世紀詩選》。
民國八十六年丁丑（一九九七）	七十七歲	臺北中天出版社出版與《紅塵心語》為姊妹集的散文集《年年作客伴寒窗》，各篇亦均以五、七言詩作題，內中作者詩詞亦多，並附錄珍貴文學資料訪問記、特寫、著作目錄等十餘篇。出任「乾坤」詩刊顧問，並主編該刊古典詩詞。 完成《墨人詩詞詩話》、《全宋詩鈎幽探微》兩書全文。
民國八十七年戊寅（一九九八）	七十八歲	構思六年的以佛學精義結合修行心得化為文學創作的長篇小說《婆娑世界》，於三月二十八日開筆、十二月脫稿。共三十八章、五十多萬字。 英國劍橋國際傳記中心（IBC）出版《二十世紀傑出人物》以照片配合文字將墨人傳記刊卷首重要位置，並頒發獎狀。大陸中國國際經濟文化交流促進會、燕京國際文化藝術研究會等七大單位編纂出版的《世界華人文學藝術界名人錄》，中國國際交流出版社出版的《世界名人錄》，均為十六開巨型中文本。
民國八十八年己卯（一九九九）	七十九歲	本年為來臺五十周年、創作六十周年、中國習俗八十歲，昭明出版社出版長篇小說《婆娑世界》。 美國傳記學會（ABI）出版二十世紀《五百位有影響力的領袖》，以照片配合文字將墨人傳記刊於卷首重要位置並頒發獎狀。照片及詩詞五首編入中國《當代吟壇》巨著。　美國「世界智庫」與艾因斯坦國際學會基金會」聯合頒贈墨人傑出成就榮譽獎，以紀念千禧年，並榮列中國出版的《中華精英大全》。 美國傳記學會頒贈墨人「二十世紀成就獎」。

民國八十九年庚辰（二〇〇〇）	八十歲	臺北昭明出版社陸續出版定本長篇小說《白雪青山》、《滾滾長江》、《春梅小史》；文學理論《紅樓夢的寫作技巧》、連同民國八十八年出版的長篇小說《娑婆世界》，並列為墨人一系列代表作品，以慶祝墨人八十整壽。臺北詩藝文出版社出版《墨人詩詞詩話》。臺北文史哲出版社出版《全宋詩尋幽探微》。
民國九十年辛巳（二〇〇一）	八十一歲	臺北昭明出版社出版長篇小說定本《紅塵》全書六冊及長篇小說《紫燕》定本。
民國九十一年壬午（二〇〇二）	八十二歲	五月三日偕長子選翰赴上海訪友小住。英國劍橋國際傳記中心授予「終身成就獎」。
民國九十二年癸未（二〇〇三）	八十三歲	八月底偕夫人及在臺子女四人經上海轉往故鄉九江市掃墓探親並遊廬山。
民國九十三年甲申（二〇〇四）	八十四歲	準備出版全集（經臺北榮民總醫院檢查無任何疾病。）巴黎 you-Feng 書局出版豪華典雅法文本《紅塵》。
民國九十四年乙酉（二〇〇五）	八十五歲	此後五年不遠行，以防交通意外，準備資料。計劃百歲前關筆撰寫新長篇小說。北京「中央出版社」出版《強國丰碑》，以著名文學家張萬熙為題刊出墨人傳略，為臺灣及海外華人作家唯一入選者。並先後接到北京電話、書函邀請寄送資料編入《一代名家》、《中華文化藝術名家名作世界傳播錄》。
民國九十五年丙戌（二〇〇六）至民國一百年（二〇一一）——	八十六歲至九十二歲——	重讀重校全集，已與臺北市文史哲出版社簽訂出版《墨人博士作品全集》合約，民國一百年年內可以出版。此為「五四」以來中國大陸與臺灣所未有者。